Frank Dölker/Stefan Gillich (Hrsg.)

Streetwork im Widerspruch

Handeln im Spannungsfeld
von Kriminalisierung und Prävention

Beiträge aus der Arbeit des Burckhardthauses, Band 16

Frank Dölker/Stefan Gillich (Hrsg.)

Streetwork im Widerspruch

Handeln im Spannungsfeld von Kriminalisierung und Prävention

TRIGA – Der Verlag

Bibliografische Information der Deutschen Bibliothek
Die Deutsche Bibliothek verzeichnet diese Publikation in der
Deutschen Nationalbibliografie;
detaillierte bibliografische Daten sind im Internet über
http://dnb.ddb.de abrufbar.

1. Auflage 2009
© Copyright TRIGA – Der Verlag
Feldstraße 2a, 63584 Gründau-Rothenbergen
www.triga-der-verlag.de
Alle Rechte vorbehalten
Druck: Daten- & Druckservice Spengler, 63486 Bruchköbel
Printed in Germany
ISBN 978-3-89774-685-5

Inhalt

Vom Dilemma des Widerspruchs im Spannungsfeld von
Kriminalisierung und Prävention 7
Frank Dölker/Stefan Gillich

I. Grundlagen

Handeln zwischen Prävention und ordnungspolitischer
Vereinnahmung: Anforderungen an Streetwork 16
Stefan Gillich

Soziales Handeln zwischen Kriminalisierung und Prävention –
Streetwork/Mobile Jugendarbeit »auf schwerer See«? 24
Andreas Klose

Sozialraumorientierung in Streetwork und Mobiler Jugendarbeit. 39
Stefan Gillich/Tom Küchler/Dieter Wolfer

»Da könnte ja jeder kommen ... !« – Streetworker als Profis
ohne Eigenschaften? 100
Frank Dölker

Überlebenshilfen – Schritte der jugendspezifischen
Straßensozialarbeit 114
Uwe Britten

Zur Zusammenarbeit von Mobiler Jugendarbeit und Polizei –
Voraussetzungen, Möglichkeiten und Grenzen 124
Georg Grohmann

»Es wird nichts so heiß gegessen, wie es gekocht wird« – Haltungen
und Einstellungen als Ressource Sozialer Fachkräfte zur
Gesunderhaltung im Berufsalltag 146
Irmhild Poulsen

II. Praxisfelder

Von der bunten Konsumwelt in die Schuldenfalle: Möglichkeiten
und Grenzen im Streetworkalltag 158
Mandy Grazek/Sandy Hildebrandt

Niederschwellige Beratung im Drogenbereich am Beispiel
»Kontaktladen Café Fix« in Frankfurt am Main 174
Stefan Weber

Streetwork in Wochenendszenen – Jugendarbeit zwischen Alkohol
und Party 183
Guido Gulbins/Isabell Stewen

»push & pull« – Empowerment und Partizipation in der stadtteilorientierten Mobilen Jugendarbeit. Von der Burgerbude in die amerikanische Botschaft 199
Frank Dölker

»SALUT!« Zwanzig Jahre BAG der Fanprojekte – Eine Glosse. 211
Dieter Bott

Leistungsbeschreibung in der Mobilen Jugendarbeit/Streework 217
Dieter Wolfer

III. Tagungsverlauf

Tagungsprogramm 228

Pressemitteilung 230

Autorinnen und Autoren 232

Übersicht über Dokumentationen des Burckhardthauses 234

Vom Dilemma des Widerspruchs im Spannungsfeld von Kriminalisierung und Prävention
Eine Einleitung

Frank Dölker/Stefan Gillich

Streetwork als eigenständiges Arbeitsfeld der Sozialen Arbeit, die sich an zentralen Handlungsprinzipien orientiert, ist aufsuchende Arbeit im niederschwelligen Bereich in der Lebenswelt der Klientel. Aufgrund akzeptierender Haltung sind Angebote an möglichst wenig Vorleistungen (Problembewusstsein, Einhaltung von Verbindlichkeiten, Drogenabstinenz) der Klientel gebunden, deren Lebenswelt überwiegend öffentliche Räume sind.

Streetwork und Mobile Jugendarbeit betonen immer wieder den präventiven Charakter der Arbeit. Durch niederschwellige Arbeit werden Menschen erreicht, die Ausgrenzung alltäglich und leibhaftig erleben. Ziel von Streetwork ist, die eigenen Handlungsmöglichkeiten der Menschen zu erhalten bzw. zu erweitern. Dies tun Streetwork und Mobile Jugendarbeit durch handlungsleitende Prinzipien, wie sie die Bundesarbeitsgemeinschaft Streetwork/Mobile Jugendarbeit auf ihrer Mitgliederversammlung 2007 aktualisiert und konkretisiert hat. Das Handeln Sozialer Arbeit wird jedoch erschwert, wenn Menschen kriminalisiert und institutionalisiert werden und alle öffentlichen Akteure (neben der sozialen Arbeit z. B. auch Polizei und Ordnungsbehörden) ihre präventive Bedeutung betonen.

Wir erleben, dass aus dem bundesdeutschen Sozialstaat im Laufe der letzten Jahre nach und nach ein Kriminalstaat gebastelt wurde. Das drastische Eindampfen der Wohlfahrt zwingt zur Repression gegenüber all jenen Personengruppen, die als Opfer der Leistungsgesellschaft nicht mehr benötigt werden. Die Personengruppen nehmen zu, die als Modernisierungsverlierer einer rückwärts orientierten Reformpolitik auserkoren sind. Je weniger großzügig die Sozialleistungen einer reichen Gesellschaft ausfallen, umso schlagkräftiger muss ihr Sicherheits- bzw. Gewaltapparat sein. Verteilungsgerechtigkeit als Grundverständnis und als gesellschaftlicher Konsens dessen, was die Gesellschaft zusammenhält, ist der Leistungsgerechtigkeit untergeordnet und als veraltet gebrandmarkt. Schließlich ist jeder seines Glückes Schmied. So wird die Messlatte dessen, wann das Schämen überhand nimmt und ein gesellschaftlicher Handlungs- und Korrekturbedarf einsetzt, bedenklich tief nach unten gehalten.

Streetwork und Mobile Jugendarbeit müssen sich notgedrungen auseinandersetzen mit der *Kriminalisierung* ihrer Klientel. Da muss es jemanden geben der ein Interesse daran hat, anderen deutlich zu machen, dass bestimmtes Verhalten kriminelles Verhalten ist. Als Gegenpol, sozusagen als die andere Seite, wird oft die *Prävention* benannt. Prävention kann vieles sein. Wir wissen von Präventionsräten, runden Tischen usw. Die Feuerwehr arbeitet präventiv, die Polizei geht präventiv in Schulklassen, die Ordnungsbehörde lässt präventiv Mitarbeitende durch Innenstädte flanieren oder entsorgt präventiv Graffitis direkt nach dem Sprühen, während Streetwork sich über den Präventionsansatz finanziert. Deutlich wird, dass verschiedene Berufsgruppen ein durchaus unterschiedliches Verständnis von Prävention haben, das in vielen Fällen diametral entgegengesetzt ist. Vor diesem Hintergrund muss sich Soziale Arbeit fragen, ob sie – im Sinne ihrer Klientel, für die sie immerhin zu handeln vorgibt – dabei auf »ihre Präventionskosten kommt«, was folglich für die Menschen übrigbleibt. Zwischen diesen Polen *handeln* Streetwork und Mobile Jugendarbeit. Mal projektorientiert für zwei Jahre, um als soziale Feuerwehr aktuelle Problemlagen mit als Störern wahrgenommenen Gruppen zu bearbeiten, an anderen Stellen als feste Institution, da einigen Kommunen dämmert, dass mit ordnungsrechtlichen Mitteln und Methoden sozialen Problemlagen nicht wirklich beizukommen ist. Immerhin versuchen Streetwork und Mobile Jugendarbeit mit ausgegrenzten und kriminalisierten Gruppen in Kontakt zu kommen, um Menschen bei der Bewältigung ihrer schwierigen Lebenslagen zu unterstützen. Da gilt zu fragen, ob Streetwork gegen Kriminalisierung bzw. gegen Ausgrenzung helfen kann? Wenn ja, wie und mit welchen Ansätzen? Und was kommt dabei heraus für diejenigen, für die Streetwork und Mobile Jugendarbeit vorgeben zu handeln? Ein wesentlicher Ansatz hierbei ist der Empowermentansatz.

In den Arbeitsfeldern hat sich bewährt, von einem defizitorientierten Blick Abstand zu nehmen. Dies ist der Erkenntnis geschuldet, dass die Adressaten von Streetwork trotz ihrer teilweise existentiellen Notlagen erhebliche Ressourcen und Fähigkeiten besitzen. Die Erkenntnis ist schließlich keine neue, dass pädagogische Interventionen und Veränderungsprozesse – so sie erfolgreich sein sollen – an eben diesen Ressourcen und Fähigkeiten ansetzen müssen. Das Konzept des Empowerment nimmt an Bedeutung im Bewusstsein der handelnden Akteure zu, auch als Emanzipationsbewegung in der Arbeit von und mit sozial benachteiligten Menschen. In seinem Kern beinhaltet dieser Ansatz eine deutliche Kritik an den zentralen Parametern des in der defizitorientierten Praxis weit verbreiteten Klientenbildes. Dieses

Defizit ist Anlass für die professionellen Interventionen, für die berufliche Existenz der Helfer.[1] Sie ist in vielen Fällen die Basis für die Finanzierung Sozialer Arbeit. Je kränker ein Klient, je anstößiger eine Gruppe oder je benachteiligter ein Quartier ist, umso wahrscheinlicher ist deren Finanzierung. Integraler Bestandteil eines auf Empowerment basierten Arbeitens ist, die Adressaten Sozialer Arbeit in allen Schritten bei jeglicher Entscheidung zu beteiligen. Nur so können nichtprivilegierte Personengruppen autonome, sich selbst betreffende Korrekturen eigener, ungünstig verlaufender Lebensentwürfe umsetzen.[2]

Aufsuchende Arbeit ist geprägt durch ihre direkten Zugangswege und die unmittelbare Nähe zur Klientel. Streetwork und Mobile Jugendarbeit erfüllen eine Brückenfunktion zwischen gesellschaftlichen Wert- und Normvorstellungen bzw. Ausgrenzungsmechanismen einerseits und Ausgegrenzten im weiteren Sinne andererseits. Dies erfordert von den Handelnden ein breit angelegtes Methodenrepertoire, Fachwissen in den unterschiedlichsten Disziplinen Sozialer Arbeit, hohe Kommunikationsfähigkeiten, ausgeprägte Sozialkompetenzen, Konfliktfähigkeit, Bereitschaft zur kritischen Selbstreflexion, Kreativität, Ausdauer und als Grundlage ein positives, auf Toleranz gebautes Menschenbild.

Streetwork handelt zwischen den Polen Prävention und ordnungspolitischer Vereinnahmung. Das politische Klima hat sich in den neunziger Jahren in der Bundesrepublik grundsätzlich geändert. Innerhalb des Sicherheitsdiskurses hat es bereits in den siebziger Jahren eine Verschiebung gegeben, von der »Sozialen Sicherheit« zur »Inneren Sicherheit«. Dies wird u. a. deutlich an der Ausgrenzung von unerwünschten Gruppen aus den Innenstädten, für welche die Ordnungspolitik die Definitionsmacht beansprucht. *Stefan Gillich* macht deutlich, dass Streetwork und Mobile Jugendarbeit dieser Entwicklung nicht hilflos ausgesetzt sind.

Einen dreistufigen Erklärungsansatz zur Kriminalisierung unerwünschter Personengruppen im öffentlichen Raum entfaltet *Andreas Klose*, um danach die Entwicklung des Präventionsbegriffes in den Arbeitsfeldern Streetwork und Mobile Jugendarbeit der letzten zehn bis fünfzehn Jahre aufzuzeigen. Kleinschrittig zeigt er das Alltagsdilemma auf, in dem sich Streetwork/

---

1 Um der Lesbarkeit willen wird in dem Buch die männliche Schreibform gewählt
2 Die Bundesarbeitsgemeinschaft Streetwork/Mobile Jugendarbeit verfolgt in den Einsteigerseminaren, die regelmäßig im Burckhardthaus in Gelnhausen durchgeführt werden, einen Empowermentansatz. Für viele Praktiker bedeutet dies eine neue Sichtweise, ermöglicht aber bei den meisten ein auf Gerechtigkeit und gesellschaftliche Teilhabe fokussiertes Alltagshandeln

Mobile Jugendarbeit befinden: Zum einen gefordert zu sein, an Präventivprogrammen mitzuwirken, zum anderen dadurch aber auch indirekt und oftmals ungewollt zu einer schleichenden »Kriminalisierung« der eigenen Adressatengruppen beizutragen. Er kommt zu der Erkenntnis, dass Prävention nur dort einen Sinn macht, wo kriminelle Handlungen stattfinden.

Die Bedeutung der Sozialraumorientierung in Streetwork und Mobiler Jugendarbeit machen *Stefan Gillich, Tom Küchler und Dieter Wolfer* deutlich. Die Sozialraumorientierung als stadtteil- oder gemeinwesenorientierter Ansatz sowie Streetwork sind von jeher eng miteinander verknüpft. Dann ist es naheliegend, den sozialraumorientierten Ansatz zu beschreiben und weiterzuentwickeln von der Konzeptentwicklung über eine gelingende Praxis bis zu Formen der Evaluation.

Entlang des Konzeptes der Mobilen Jugendarbeit zeigt *Frank Dölker* auf, welche Fähigkeiten und Kenntnisse Mitarbeitenden abverlangt werden und welche professionellen Persönlichkeitsprofile im Arbeitsfeld Streetwork vorausgesetzt werden sollten. Er setzt sich mit Empowermentprozessen auseinander und beschreibt ethnografisches Arbeiten als Grundlage von Interventionen. Ein ausdifferenziertes Verständnis von Beteiligung oder Partizipation ist Grundlage gelingender sozialräumlicher Mobiler Jugendarbeit. Wer parteilich für die Jugendlichen arbeitet, wer vorgibt, in »anwaltschaftlicher Funktion« für Jugendliche da zu sein oder wer im Sinne des Empowermentkonzeptes ressourcenorientiert an den Stärken der Jugendlichen anknüpfen möchte, sollte ein Verständnis und eine Vorstellung davon haben, wie man Jugendliche zu Akteuren in ihrem eigenen Lebensumfeld macht.

Jugendliche auf der Straße sind um ihre eigene Existenzsicherung bemüht. Durch das Hilfesystem sind Überlebensstrategien auf der Straße zu entwickeln, analog der Maslowschen Bedürfnispyramide. *Uwe Britten* setzt an der Existenzsicherung bei Straßenkindern an. Schritt für Schritt entwickelt er Parameter, die aufeinander aufbauend eine subjektorientierte Hilfe für deklassierte Personengruppen ermöglicht. Oft setzen danach Angebote der sozialen Wertschätzung an, teilweise werden sogar Aspekte der Selbstverwirklichung als tragende Bestandteile der sozialpädagogischen Interventionen deutlich. Diese Angebote scheitern oftmals. Für die Adressaten sind sie nicht attraktiv, da grundlegende Dinge, wie die körperlichen Existenzbedürfnisse (Nahrung, Gesundheit, Wohnraum), Sicherheit (Arbeitsplatz, Ausbildung, Durchsetzung von Rechten) oder soziale Beziehungen

(Familie, Freundesclique, Partnerschaft), unbearbeitet sind und vom (wohlmeinenden) Hilfesystem ignoriert bleiben. Das von Walther Specht entwickelte »funktionale Äquivalent« scheint in der Praxis zur Analyse passgenauer Angebote keine Berücksichtigung zu finden.

Georg Grohmann entwickelt Voraussetzungen, Möglichkeiten und Grenzen der Zusammenarbeit von Mobiler Jugendarbeit und Polizei. Vor dem Hintergrund seiner Untersuchung zeigt er die Notwendigkeiten einer abgegrenzten und professionell reflektierten Haltung von Sozialarbeit gegenüber der Polizei. Beide Berufsgruppen sind sich der gesellschaftspolitischen Bedeutung des jeweils anderen mittlerweile sehr bewusst. Möglichkeiten und Grenzen einer Zusammenarbeit scheinen in bestimmten, klar abgegrenzten Feldern und Settings möglich zu sein. Grundlagen sind behutsam ausgehandelte Kooperationskontrakte und persönliche Vertrauensebenen unter den agierenden Personen.

Zwischen allen Alltagsanstrengungen der handelnden Profis gewinnt die eigene Gesunderhaltung zunehmend an Bedeutung. Handeln in Widersprüchen, tägliche Konfrontationen mit menschlichem Leid, gesellschaftlichen Schieflagen, Ungerechtigkeit und Verelendung verursachen für helfende Berufsgruppen zunehmend Stress und »Ausbrennen«. Psychischer Druck, enormer Arbeitsdruck und oftmaliges Erleben des Scheiterns können zu einem schleichenden Burnout führen. Wie Praktiker es trotzdem schaffen, im Arbeitsleben gesund zu bleiben, wie es gelingt, Stress so zu begegnen, dass man auch nach vielen Jahren noch gesund und optimistisch diese schwierige, viel zu selten und zu wenig wertgeschätzte Arbeit erträgt und eine Befriedigung und eigene Erfolgserlebnisse erzielen kann, erforscht *Irmhild Poulsen*. Aktuelle Ergebnisse ihrer neuesten Forschung im Bereich der Burnout-Prävention werden vorgestellt.

Gelingende Ansätze machen Mut und zeigen, dass mit Innovation und klarem professionellem Profil immer wieder neuen beruflichen Fragestellungen und gesellschaftlichen Negativentwicklungen positiv und erfolgreich begegnet werden kann.

Die zunehmende Überschuldung der Adressaten erfordert mittlerweile ein dezidiertes Wissen im Bereich der Schuldenregulierung. Schuldnerberatungen, wie beispielsweise in Hessen skandalöserweise von der Koch'schen Landesregierung in einer Nacht- und Nabelaktion von der Finanzierungsliste gestrichen, verschwinden in vielen Kommunen. Gleichzeitig führen Handys als Alltagsprivileg, dubiose und unübersichtliche Vertragsbedingungen bei Internetgeschäften, sowie unverantwortliches Anbieten von Krediten und Ratenkauf bei vielen Jugendlichen zu einem aussichtslosem finanziellem Desaster. Kriminelle Handlungen erscheinen den Jugendlichen dann oftmals der letzte Ausweg aus der Schuldenfalle. *Mandy Grazek* und *Sandy Hildebrandt* machen deutlich, dass Streetwork zunehmend gefordert ist, sich diesen Themen zu stellen und Schuldnerberatung selbst anzubieten. Streetwork in Jena hat dies zu einer tragenden Säule ihres Kerngeschäftes im Bereich der Einzelberatung gemacht, hilft dadurch Jugendlichen zu einem Neustart und leistet einen echten und sinnvollen Beitrag zur Kriminalprävention im Sinne einer parteilichen Jugendsozialarbeit.

In Frankfurt/M. hat die akzeptierende, niederschwellige Drogenhilfe eine lange und aufgeklärte Tradition. Hier werden immer wieder neue Wege ausprobiert, deren Konzepte über die hessische Landesgrenze hinaus positive Beachtung finden. Druckräume, Streetwork in Crackszenen, Arbeitsprojekte mit Heroinkonsumenten sind nur einige Beispiele. *Stefan Weber* beschreibt das »Café Fix«, welches seit vielen Jahren im Bahnhofsviertel kontinuierliche, hoch spezialisierte Angebote anbietet und immer wieder neue Ansätze entwickelt, um die Menschenwürde bei kriminalisierten und verelendeten Personengruppen zu erhalten und sukzessive zurück zu gewinnen.

Guido Gulbins und *Isabell Stewen* beschreiben den Weg, den der Verein zur Förderung akzeptierender Jugendarbeit eingeschlagen hat. In Bremen wurde ein tragfähiges Konzept entwickelt zur aufsuchenden Arbeit in Wochenendszenen auf der dortigen »Partymeile«. Angelehnt an »Safer-Use-Angebote« in Zeiten von Techno, Rave und Ecstasy widmen sich Streetworker nun präventiv direkt in der Wochenendfeierszene dem überhandnehmenden exzessiven Alkoholmissbrauch und damit einhergehenden schweren gesundheitlichen Risiken sowie teilweise enthemmten Gewaltausbrüchen. Erste Ergebnisse sind Erfolg versprechend und zeigen den dringenden Bedarf, diesen Ansatz auch an anderen Orten zu implementieren.

Empowerment und Partizipation in der sozialräumlichen Arbeit werden von *Frank Dölker* am Beispiel »push & pull« in Fulda verdeutlicht. Um Stigmatisierung entgegenzuwirken, wird Jugendlichen, die im sozialen Brennpunkt in einer ehemaligen US-Kaserne aufwachsen, kulturelle Bearbeitung ihrer multiethischen Identität durch archäologische Spurensuche vermittelt. Unter dem Motto »zeigt uns, was ihr könnt« wird ein neues Lebensgefühl bei den jugendlichen Bewohnern entwickelt. Kreative Potentiale werden ermöglicht und freisetzt. Jugendliche werden vom »Störfall« zu hilfreichen, ernstzunehmenden Mitbürgern, die durch gesellschaftlich anerkannten Erfolg positives Selbstbewusstsein entwickeln, als Grundlage zukünftiger Emanzipation und gesellschaftlicher Teilhabe.

In einer Glosse widmet sich *Dieter Bott* der Leidenschaft Fußball. Zwischen einem Blick zurück auf die Fußballweltmeisterschaft 2006 in Deutschland und einem Ausblick auf das zwanzigjährige Bestehen der Bundesarbeitsgemeinschaft der Fanprojekte Ende 2009 liegt manches aus der Werbe- und Fußballindustrie auf dem Weg, was er mit bissiger Ironie beleuchtet.

In einem von der »Betriebswirtschaftlichung« der Sozialarbeit heimgesuchten Kennzahlenmissbrauch müssen Qualitätsstandards an der Wirksamkeit der Arbeit ansetzen. Sie erfordern Transparenz und sinnvolle Entwicklung von nachprüfbaren Parametern. Beispielhaft in der Darstellung und Fortentwicklung von Qualität und Wirksamkeit werden bei der Treberhilfe in Dresden Leistungsbeschreibungen als Kontrollinstrument und Qualitätsnachweis nicht nur theoretisch entwickelt. Vielmehr werden sie in die Alltagsarbeit als Kontrollschleifen integriert. In anschaulicher Form sind diese von *Dieter Wolfer* zur Nachahmung bereitgestellt. Die Arbeitsergebnisse von Streetwork/Mobile Jugendarbeit dürfen sich nicht an anderen Begriffen wie der Kriminalprävention oder der Aufrechterhaltung öffentlicher Ordnung messen lassen und sich dadurch permanent in Frage zu stellen, sondern sie bedürfen eigener »Messinstrumente«.

Streetwork und Mobile Jugendarbeit erfahren Erweiterung. Fast täglich werden in Deutschland neue Projekte gegründet und Mitarbeitende eingestellt. Eine Entwicklung, die trotz teilweise fachlich fragwürdiger Gründungsmotivation Mut für die Zukunft macht. Einschlägige Fort- und Weiterbildungen werden stärker nachgefragt denn je. Die Befürchtung, dass volkswirtschaftliche Fehlentwicklungen die Streichung von Streetworkprojekten zur Folge haben könnte, scheint nicht berechtigt. Die dauerhafte Fortentwicklung der Qualitätsstandards und das zähe Bemühen um fachpolitische und politische Anerkennung scheinen zu fruchten. Streetwork und Mobile Jugendarbeit sind auf einem guten Weg!

I. Grundlagen

Handeln zwischen Prävention und ordnungspolitischer Vereinnahmung: Anforderungen an Streetwork

Stefan Gillich

Kurz vor Weihnachten 2007 schlagen zwei männliche Jugendliche einen 76-Jährigen in einer Münchner U-Bahn-Station zu Boden und bringen ihm schwere Kopfverletzungen bei. Der bayrische Innenminister Herrmann fordert umgehend die Heraufsetzung der Höchststrafe für solche Straftaten. »Wenn es rechtlich möglich ist, werden wir den türkischen Straftäter ausweisen« (Frankfurter Allgemeine Zeitung FAZ 27.12.2007). Dieser türkische Straftäter, der 20-jährige Serkan A., ist geborener Münchner. Der zweite Täter ist ein 17-jähriger Grieche. Der hessische Ministerpräsident Koch nutzt den Vorfall, um im Wahlkampf 2008 Stimmung zu machen. Er greift SPD, GRÜNE und LINKE an, weil diese einen »Kuschelvollzug wollen« und er wirbt für Härte im Umgang mit jugendlichen Gewalttätern.

Tatsache ist – und das weiß Roland Koch – dass die Anzahl der Straftaten von 1997 bis 2006 um fünf Prozent gesunken ist. Für Hessen gilt, dass bei Gewaltkriminalität der Anteil ausländischer Tatverdächtiger unter 21 Jahren zwischen 1997 und 2006 von knapp 50 auf gut 30 Prozent gesunken ist (Süddeutsche Zeitung 05.01.2008). *Tatsache* ist auch, dass Arrest und Haft für Straftäter (gerade und auch für Jugendliche) nicht dazu führen, dass diese in die Gesellschaft re-integriert werden können, sondern das Gegenteil ist der Fall: die Rückfallquote beim Jugendarrest beträgt 70 Prozent und 80 Prozent bei Haftstrafen. Der *Skandal* ist, dass Roland Koch in Hessen und die CSU in Bayern einen jugendlichen Gewaltakt, wie er tagtäglich in der BRD passiert, nutzen, um rassistische sowie Law-and-Order-Parolen zu verkünden: Peter Ramsauer, CSU-Chef in Bonn, rügt »entrückte Richter«, die Lichtjahre vom Rechtsempfinden der Bevölkerung entfernt seien (FAZ 08.01.2008), Peter Gauweiler kritisiert die lasche Abschiebepolitik mit den Worten: »Es wird zu wenig abgeschoben und zu viel ... hereingelassen« (epd). Roland Koch schiebt ein Wahlkampfpapier nach, in dem er in den Raum stellt, es fänden in Deutschland »Hausschlachtungen in der Wohnküche« durch Ausländer statt, welche auch »ungewohnte Vorstellungen zur Müllentsorgung« hätten (FAZ 05.01.08). Dagegen setzt er »unsere deutsche Hausordnung«, die einzuhalten sei, denn »Ordnung ist das halbe Leben«.

Angela Merkel, die Kanzlerin, hat am 9. November 2007 im Bundestag einem Gesetz zur Veränderung des Jugendstrafrechts zugestimmt, in dem als Ziel des Jugendstrafrechts ausdrücklich festgehalten ist, dass der Erziehungs- und nicht der Strafgedanke an erster Stelle zu stehen habe. Anfang Januar 2008 gibt sie mit dem gesamten CDU-Vorstand den Forderungen Kochs nach. In der *Wiesbadener Erklärung* heißt es: »Die CDU fordert in ihrem einstimmigen Beschluss einen »Warnschuss-Arrest«, höhere Jugendstrafen bei schwersten Verbrechen und eine schnellere Abschiebung in bestimmten Fällen« (Spiegel Online 05.01.2008).

Kochs Vorschläge – und die seiner Mitstreiter – sind Teil einer neoliberalen Strategie. Zu den Hauptzielen aller neoliberalen Politiker und Akteure gehört neben dem Freien Markt auch Konkurrenz und Wettbewerb, der unbedingte Leistungsgedanke (Leistung muss sich wieder lohnen) sowie die Forderung nach einem starken Staat (rule of law). Der Staat habe die Pflicht, einerseits dafür zu sorgen, dass die Ökonomie möglichst wenig eingeschränkt wird und andererseits dafür, dass die negativen Folgen des neoliberalen Wirtschaftens abgemindert bzw. »ungeschehen« gemacht werden. Diese »negativen Folgen« drücken sich allerdings in *menschlichen Biografien* aus: Es handelt sich um Jugendliche, die weder eine Chance auf eine Bildungskarriere haben noch eine Möglichkeit, für sich eine sinnvolle und lebenswerte Perspektive in dieser »freien« Gesellschaft zu entwickeln; die das Komasaufen und Gewalthandlungen gegen sich und andere als kurzfristige Highlights betrachten – ohne Bedenken der Folgen. Solche Jugendliche stammen mehrheitlich – das zeigt das Beispiel New York ebenso wie die Situation in Frankfurt, Berlin und München – aus Migrantenfamilien, denen über Jahrzehnte hinweg Integration in jeder Hinsicht verunmöglicht wird. Verunmöglicht gerade von denen, die heute nach Gefängnis und Strafverschärfung rufen.

Der Armuts- und Reichtumsbericht der Bundesregierung (2008), der in dosierten Portionen der Öffentlichkeit zur Kenntnis gegeben wurde, kann nicht darüber hinwegtäuschen, dass der gesellschaftliche Umverteilungsprozess an Fahrt zugenommen hat. Die Kluft zwischen Arm und Reich hat sich weiter vertieft, und zwar sowohl beim Einkommen wie auch beim (Geld-)Vermögen. Armut steigt weiter an. Arbeitslose, Migranten, Alleinerziehende, Kinder und Jugendliche gehören zu den Hauptbetroffenen. In dem Bericht wird deutlich, dass zunehmender Reichtum in einem Gesellschaftssystem, das auf dem Privateigentum an Produktionsmitteln, der Konkurrenz und der Mehrwertproduktion durch Ausbeutung menschlicher Arbeitskraft basiert,

Armut zwangsläufig hervorbringt. Leistung wird glorifiziert mit Gehaltssteigerungen, Zulagen und Prämien. Armut ist insofern kein »Betriebsunfall«, sondern ein (soziales) Abfallprodukt der Marktwirtschaft zur Disziplinierung der Bürger. Wir können feststellen: »Ganz unten ist jetzt viel weiter oben«. Eine wesentliche Form der Disziplinierung ist die Kriminalisierung.

Bei dieser Entwicklung ist auch Soziale Arbeit gefordert. Soziale Arbeit muss wirkungsvolle Gegenpositionen entwickeln gegen eine erklärte (Sozial-)Politik, die abzielt
- auf die Privatisierung von Gerechtigkeitsfragen
- auf die Kriminalisierung von Armutsfragen
- auf Fordern statt Fördern und
- auf individuelle Leistungsbereitschaft statt auf solidarische Absicherung.

Im Sozialgesetzbuch (SGB) VIII und SGB XIII wird deutlich, dass Streetwork und Mobile Jugendarbeit lebenswelt- und adressatenorientierte Angebote sind mit dem Schwerpunkt präventiver, alltagsorientierter Hilfen (§ 11 Abs. 3 Nr. 6 SGB VIII). Sie sollen zur sozialen Integration von Menschen beitragen, die zum Ausgleich sozialer Benachteiligungen oder zur Überwindung individueller Beeinträchtigungen in erhöhtem Maße auf Unterstützung angewiesen sind.

Streetwork wendet sich an (jugendliche) Randgruppen, die in der Gesellschaft als »störend« erlebt werden. Streetworker sind »auf die Straße« oder an den teilprivatisierten Orten unterwegs, wo diese sich aufhalten. Sie unterstützt die Betroffenen dabei, Orientierung und neue Perspektiven zu finden. Durch diese spezielle Sozialarbeit können Problemgruppen frühzeitig angesprochen werden, die mit traditionellen Angeboten nicht oder viel zu spät erreicht werden können. Wir sehen: der Präventionsgedanke in der Sozialen Arbeit ist implizit, ob bei Jugendlichen oder Erwachsenen. An den Diskussionen um Prävention vor Ort hat sich Streetwork bislang wenig beteiligt – nicht zuletzt, weil sie ihre Hilfe häufig erst dann anbietet, wenn ihre Klientel bereits mit den konkreten Auswirkungen des Strafrechts konfrontiert sind oder sich in ausgegrenzten Lebenslagen befinden – also wenn Prävention bereits versagt hat.

Das Arbeitsfeld Streetwork muss die kritische Auseinandersetzung mit präventiven Zielen und Aktivitäten nutzen. Prävention meint nicht nur helfende, unterstützende oder maßvoll vorbeugende Maßnahmen. Besonders deutlich wird dies bei dem zunehmenden Einsatz privater Sicherheitsdienste und der Instrumentalisierung der Polizei bei der Verdrängung missliebiger Wohnungsloser oder Drogenabhängiger aus den Einkaufszentren der Republik. Streetwork kann in Präventionsgremien Garant dafür sein, dass präventive Aktivitäten nicht ausgrenzenden und lediglich problemverlagernden Charakter tragen, sondern dass Prävention durch Integration wirksam wird. Aber kann sie das wirklich, müssen wir uns ernsthaft fragen. Kann sie das alleine oder ist Streetwork damit nicht überfordert? Und: wo liegen Chancen und Grenzen?

Auf der kriminalpolitischen Ebene wird Prävention mit rigiden Konzepten assoziiert. Unter der Überschrift »Sicherheitsnetz« werden Abweichungen im öffentlichen Raum unnachgiebig und gnadenlos verfolgt. Die Verkopplung von Sicherheit und Sauberkeit ist ein verhängnisvolles Bündnis und endet in der Regel in einer Vertreibungspraxis, die sich gegen Personen richtet, anstatt sich mit den sozialen Ursachen und den Rahmenbedingungen zu beschäftigen. Adressaten der Vertreibungspolitik sind insbesondere Wohnungslose, Bettler und/oder Drogenkonsumenten, dazu gehört die Kriminalisierung von Graffiti-Sprayern oder die Schikanierung jugendlicher Migranten durch Ordnungsbehörden. Es geht nicht nur um die Dose Bier auf dem Bürgersteig oder die Spritze auf dem Kinderspielplatz, sondern auch immer um die Menschen, die diesem Abfall hinterlassen haben.

Das politische Klima hat sich in den neunziger Jahren in der Bundesrepublik grundsätzlich geändert. Innerhalb des Sicherheitsdiskurses hat es bereits in den siebziger Jahren eine Verschiebung gegeben: von der »Sozialen Sicherheit« zur »Inneren Sicherheit«. Die staatliche und kommunale Sozialpolitik orientiert sich nicht mehr an dem Leitmotiv der »sozialen Gerechtigkeit«, sondern ist Teil der Ordnungspolitik. Runde Tische oder Präventionsräte sind Teil dieser neuen Sicherheitspolitiken. Um das beeinträchtigte Sicherheitsgefühl wieder zu stärken, stellte der damalige Innenminister Kanther 1997 der Öffentlichkeit die »Aktion Sicherheitsnetz« vor, die u. a. eine konsequente Verfolgung auch von Bagatelldelikten wie Ladendiebstahl und Graffiti vorsah.

Der »Broken Windows«-Ansatz in New York Anfang der 80er-Jahre bot die inhaltliche Begründung für die ordnungs- und sicherheitspolitischen Verschärfungen.[1] Zusammengefasst geht es darum: Wird in einem Wohnge-

---

[1] Formuliert wurde der »Broken Windows«-Ansatz von James Q. Wilson und George L. Kelling. Unterstützt von William Bratton, der zwischen 1992 und 1994 das New Yorker Police Department leitete, wurde der Ansatz vom konservativen Bürgermeister Giuliani Anfang der neunziger Jahren in einem groß angelegten »Säuberungsprogramm« umgesetzt – bis heute ohne empirisch nachgewiesenen Erfolg

biet eine zerbrochene Fensterscheibe in einem leerstehenden Haus nicht sofort repariert, sind schon bald alle Fenster eingeschlagen. Dann fängt die Gegend zunehmend an zu vermüllen, Bettler und Obdachlose kommen und zum Schluss die Dealer und Drogenkonsumenten. Wenn man dies also verhindern will, darf erst gar keine Unordnung entstehen. Auf die Polizeiarbeit übertragen heißt dies, dass der Kampf gegen Schwarzfahrer, Graffiti-Sprayer und Wohnungslose eng mit dem Kampf gegen Schwerstkriminalität verknüpft ist, denn – so Bratton: »Wer in der Subway einen Raubüberfall vorhat, kauft sich keinen Fahrschein« (Spiegel 28/1997, 49). Schwarzfahrer sind nach diesem Verständnis potentielle Taschendiebe oder Raubmörder. Oder wie der ehemalige Innensenator von Berlin und Innenminister von Brandenburg, der CDU-Rechtsaußen und Ex-General Schöhnbohm einmal gesagt hat: »Wo Müll ist, kommen die Ratten. Und wo Verwahrlosung herrscht, ist auch Gesindel« (Spiegel 28/1997, 53). Deshalb dürfte die Gesellschaft keine Toleranz in diesen Bereichen üben. So wurde »Null-Toleranz« zum Schlagwort für eine Politik in der Bundesrepublik, die sich gegen Schwarzfahrer, die Graffiti-Szene, Wohnungslose, Drogenabhängige oder jugendliche Migranten richtete. Der »Broken Windows«-Ansatz kam gerade recht, um die sicherheitspolitischen Verschärfungen, die sowieso gekommen wären, inhaltlich zu begründen.

Was kann Soziale Arbeit, was kann Streetwork in einem solchen Klima ausrichten? In einer Zeit, in der zu Lasten von Sozialer Arbeit »Sicherheitskräfte« personell aufgerüstet werden und für sich das Feld der Prävention reklamieren. Besser als den Kopf in den Sand zu stecken scheint mir, dass Streetwork nicht nur ihre eigenen Leistungen deutlicher herausstellen muss. Ihr kommt auch (mit anderen) die wichtige Aufgabe der Aufklärung zu. Sie kann und muss auf irrationale Kriminalitätsängste in der Bevölkerung und den daraus folgenden irrationalen politischen Konzepten fachliche und rationale Antworten geben. Sie sollte darauf hinweisen, wo tatsächliche gesellschaftliche Risiken liegen. Streetwork sollte Antwort darauf geben, wie sie vermieden werden können, anstatt Lebensängste und Lebensrisiken auf gesellschaftlich ohnehin bereits marginalisierte Gruppen zu verschieben. Und sie kann vielleicht auch um ein wenig mehr Toleranz für alltägliche Abweichungen und Störungen werben. Denn letztlich sind es gesellschaftliche Wertentscheidungen, einen in der U-Bahn laut vor sich hin schimpfenden Alkoholiker oder ein Graffiti auf einer ohnehin unattraktiven Lärmschutzmauer als genauso störend (oder eben nicht störend) zu empfinden wie einen im Restaurant zigarrerauchenden Manager oder einen laut im Zugabteil telefonisch Belanglosigkeiten von sich gebenden Handybesitzer.

Ein zentrales Präventionsfeld in der Arbeit ist die Kooperation von Streetwork und Polizei. Im Bereich der Sozialarbeit ergibt sich die Unterscheidung von polizeilicher Prävention und sozialpädagogischer Prävention aus unterschiedlichen Aufgaben, Arbeitsinhalt und Rollenverständnis. Die Grenze ist dort zu ziehen, wo die Mittel der einen gegen ihren Zweck zum Zweck der anderen ge(miss)braucht werden (z. B. Aufbau von Vertrauensverhältnis zum Zweck von Formen der verdeckten Ermittlungstätigkeit in Jugendszenen etc.). Die Begrifflichkeit von polizeilicher Prävention und sozialpädagogischer Prävention ist inhaltlich auszuformulieren und in Theorie und Praxis deutlicher voneinander abzugrenzen. Polizeiliche Prävention bedeutet die Verhinderung von Straftaten. Pädagogische Prävention bezieht sich unter anderem auf die Stabilisierung der Lebenssituation z. B. der Jugendlichen, Verbesserung von Lebensbedingungen und Abbau von Benachteiligungen. Ausgehend von den Rahmenbedingungen des angestrebten Dialogs und dem Wissen um unterschiedliche Gewichtung der Aufgabenbereiche, deren Zielsetzungen sowie deren methodische Realisierungsformen ist die Förderung positiver Lebensbedingungen für junge Menschen und die Verhinderung von Fremdenfeindlichkeit und Gewaltverherrlichung, Gewalt und Kriminalität ein gemeinsames Ziel.

Kriminalisierung hat zu tun mit Ausgrenzung; und Ausgrenzung kommt für die Klientel von Streetwork in vielen Formen daher. Ein Beispiel ist der öffentliche Raum, der Aufenthaltsort der Jugendlichen, Drogenkranken, Wohnungslosen, der Aids-Kranken, Fußballfans, Prostituierten und vielen mehr. Festzustellen ist ein Sicherheitswahn, der den öffentlichen Raum der Zivilgesellschaft diszipliniert. So stark und so umfassend wie selten zuvor wird heute in Ballungsräumen gefilmt, mitgeschnitten, festgehalten und dokumentiert. Der öffentliche Raum wird an den Rändern aufgeweicht und an zentralen Orten von tausend Augen perforiert. In einer widersinnigen Überkreuzbeziehung von Sicherheit und Freiheit werden öffentliche Räume neu geordnet. Das Abbilden dient der Distanzierung und der Sicherung dieser Distanz, der Abschreckung ebenso wie der Bestrafung. Zonierte Aufenthaltsplätze und abgeschirmte Sonderplätze für die begehrten Gewinner des Modernisierungsprozesses sind auf dem Vormarsch. Die Ausgrenzung (Segregation) hat soziale Gründe. Da ist kein Platz mehr für Modernisierungsverlierer mit erzwungenem, halbnomadischem Existenzverhalten, welche im Alltag fassbar werden in Schwundstufen der Beschäftigung wie Leiharbeit oder Minijobs – wenn überhaupt.

Seit Mitte der 1990er Jahre kann eine deutliche Zunahme von Regulierungstechniken ausgemacht werden:

1. Eine starke Zunahme von Gefahrenabwehrverordnungen und Straßensatzungen sowie Überwachungskameras
2. Bemühungen der Bundesländer, ermächtigende Landesgesetzgebung so zu modifizieren, dass die in gerichtlichen Verfahren festgestellten Unzulässigkeiten auf eine rechtliche Grundlage gestellt werden
3. Eine stark ideologisierte Debatte um »Kriminalprävention« trägt zur Legitimation der Maßnahmen bei

Als Resultat dieser Kontrolle gibt es das Konzept der »öffentlichen Sicherheit«, das letztendlich auf eine Intensivierung der sozialen Kontrolle abzielt. Alltagspraktisch werden sozialpolitische, sozialarbeiterische, stadtplanerische, ordnungspolitische, polizei- und strafrechtliche Maßnahmen miteinander vermengt. Und die Soziale Arbeit hängt mittendrin. Sie muss sich entscheiden zwischen dem staatlichen Versorgungs- und Normalisierungsauftrag einerseits und den konkreten Bedürfnissen und Rechten der Klientel andererseits. Es ist schlussendlich die Frage nach dem doppelten Mandat. Der städtische Raum bleibt stets ein umkämpftes Feld. Umso bedeutsamer ist, an einem Verständnis des »Sozialen« festzuhalten, das nicht nur als eine Kultur von Problemen erscheint und wahrgenommen wird, sondern auch als Entfaltungs- und Möglichkeitsraum. Dazu gehört auch das Recht auf Abweichung, das Recht, nicht aus städtischen Zentren ausgegrenzt und in diskriminierende Randzonen abgeschoben zu werden oder das Recht, sich nicht homogenisierenden Kräften unterwerfen zu müssen.

Streetwork ist – davon bin ich überzeugt – der aktuellen Entwicklung nicht ohnmächtig ausgeliefert. Als Streetworker besitze ich im jeweils lokalen Bezug durchaus Handlungsmöglichkeiten. Der Streetworker ist nicht derjenige, der am großen Rad dreht. Streetwork hat zu tun mit den Auswirkungen des gesellschaftlichen Umbaus – auf lokaler Ebene. Die Adressaten sind die Modernisierungsverlierer. Deren Lebenswelt, ihr Stadtteil, ist der Ort ihres Handelns. Menschen prägen den Stadtteil und werden von ihm geprägt. In diesen Bereichen werden alltägliche Formen der Solidarität entwickelt und gelebt. Hier knüpfen Menschen an die sie tragenden Netzen an. Streetworker sind diejenigen, die *Kontakte* entwickeln und halten können: ein gewichtiges Pfund.

Ein entscheidendes Prinzip der neoliberalen Entwicklung ist die *Ent-Solidarisierung*. Noch nie wurde in der modernen Gesellschaft die zwischenmenschliche Solidarität auf eine ähnlich harte Probe gestellt. Globalisierung funktioniert als neoliberaler Kampfbegriff, der die Entsolidarisierung zum Programm erhebt. Ich denke, dass wir den in die Jahre gekommenen Begriff der *Solidarität neu definieren* müssen – und von Betroffenen vieles lernen können. Menschen organisieren sich zunehmend in privaten Lernorten. Szenen und Cliquen haben für die Klientel von Streetwork eine besondere Bedeutung. Mit ihren handlungsleitenden Prinzipien ist Streetwork nah dran an den Menschen, den Gruppen, den Cliquen.

Streetwork ist in engem Kontakt mit den Menschen, mit denen sie zu tun hat. Trotz verschlechterter Rahmenbedingungen ist sie Lobby für die Opfer neoliberaler Ausgrenzung. *Kommunalpolitische Einmischung* und *Re-Politisierung* der Arbeit sind unabdingbar, will sich Streetwork nicht instrumentalisieren lassen. Der aktuellen gesellschaftlichen Individualisierung von Problem- und Lebenslagen ist die Entwicklung und Förderung von Solidargemeinschaften entgegenzusetzen. In den Feldern, welche Streetwork beeinflussen kann, erscheint mir das als eine zentrale Aufgabe.

In diesem Zusammenhang sind Streetworker unverzichtbar bei der Unterstützung eines gelingenden Alltags derjenigen Menschen, mit denen sie zu tun haben, und für deren Verbesserung von Lebenschancen gemeinsam gestritten wird. Diese Menschen setzen Hoffnungen auf Unterstützung in Streetwork. Durch deren Nähe zur Klientel, die direkten Zugangsformen und die Orientierung an Bedarfslagen der Menschen bietet Streetwork eine *Chance*, der Ausgrenzung und Entsolidarisierung durch Handeln im Sozialraum, Stadtteil etc. entgegenzuwirken.

Aufsuchende Arbeit ist geprägt durch direkte Zugangswege und die unmittelbare Nähe zur Klientel, durch die Auseinandersetzung mit der Lebenswelt und deren Akzeptanz sowie die Bereitschaft, sich im Sinne der Klientel einzumischen in gesellschaftspolitische Prozesse. Streetwork erfüllt eine *Brückenfunktion* zwischen gesellschaftlichen Werte- und Normvorstellungen bzw. Ausgrenzungsmechanismen einerseits und Ausgegrenzten im weiteren Sinne andererseits. Streetwork und Mobile Jugendarbeit sind die zentralen sozialen Zugangsformen. Möglichkeiten und Grenzen müssen beschrieben und die gesellschaftliche Bedeutung der Arbeitsfelder weiter herausgearbeitet werden.

Soziales Handeln zwischen Kriminalisierung und Prävention – Streetwork/Mobile Jugendarbeit »auf schwerer See«?

Andreas Klose

Die Suche nach Antworten zum »Umgang mit Kontroll- und Ordnungsbehörden« begleitet die Akteure im Feld von Streetwork/Mobiler Jugendarbeit (SW/MJA) bereits seit den 1970-er Jahren in ihren konzeptionellen und damit handlungsstrategischen Diskursen (vgl. u. a. Fellberger/Dressler 1982, S. 87). Inzwischen scheint es fast so, als ob die Bedeutung dieser Suche und der Druck auf das Arbeitsfeld deutlich zugenommen haben. Das hat gute Gründe, einige davon möchte ich ansprechen und zur Diskussion anbieten. Sicherlich ist es nicht möglich, alle Facetten des Themas zu beleuchten, ich hoffe jedoch, dass ich mit meinen Thesen einen Teil der Erwartungen erfüllen kann.

Mein Beitrag basiert auf meinen langjährigen Erfahrungen durch eigene Praxis im Feld, als auch auf meinen darüber hinaus gehenden Forschungshintergründen. Kurz skizziert heißt das: meine inzwischen über 20 Jahre währende Verbindung zu Streetwork/MJA, meine frühere Tätigkeit u. a. bei der Entwicklung und der Implementierung von Fanprojekten, bis hin zu auch heute noch andauernden Fortbildungen und Praxisberatungen im Feld. Aktuell beschäftige ich mich im Rahmen meiner Promotionsvorbereitungen intensiv mit dem Thema Jugend-/Jugendsozialarbeit und Polizei. In diesem Kontext steht auch eine Studie von mir aus dem Jahre 2006 zum Thema »Fanprojekte und Polizei« (Klose 2006), basierend auf zahlreichen Interviews mit Mitarbeitern von Fanprojekten und Polizisten.

Meinen Beitrag möchte ich so gliedern, dass ich in einem ersten Schritt kurz die Begrifflichkeiten Kriminalisierung – Prävention – Handeln skizzieren werde, so wie ich sie im Folgenden verstanden haben möchte. Daran anschließend möchte ich mich der Frage widmen, warum ich es aktuell für notwendig halte, sich mit dem Thema zu beschäftigen. Damit einher geht der Versuch, eine grobe Übersicht zur Ausgangslage zu geben. Verknüpft sind damit Fragestellungen nach der von mir eingeschätzten Entwicklung im Feld (Was hat sich in den letzten ca. fünfzehn Jahren verändert?) und einer Einordnung der Diskussion in der Fachdisziplin (Gibt es heute so etwas wie eine »old school – new school« Debatte?). Letztlich will ich in diesem Kontext auch die Frage aufwerfen, auf welche Grundsätze und Rahmenbedingungen beziehen sich die heute Handelnden in diesem Spannungsfeld. In einem dritten Schritt möchte ich dazu einige Thesen zur Diskussion anbieten, die sich insbesondere darauf beziehen, dass aus meiner Sicht, in einem nicht geringen Umfang, die gelebte berufliche Praxis in SW/MJA sich bereits mehr oder minder deutlich den strukturellen Bedingungen angepasst hat, während Theorie und formulierte Standards der »Dach- und Vertretungsorganisationen«, den Handelnden Streetworkern und Mobilen Jugendarbeitern andere Vorgaben als Leitlinien für die Praxis unterbreiten. Letztlich möchte ich in einem vierten Schritt meine Schlussfolgerungen vorstellen, die aus meiner Sicht für den weiteren, nach vorn gerichteten Diskurs zum Thema »Handeln von SW/MJA zwischen Kriminalisierung und Prävention« hilfreich sein könnten. Ohne meinen Ausführungen vorzugreifen, möchte ich den Gedanken zur Diskussion stellen, welchen Handlungsrahmen SW/MJA für sich bilden kann, wenn Streetworker und Mobile Jugendarbeiter inzwischen selbst – im Einzelfall mehr oder weniger – zu teilnehmenden Akteuren im Prozess von Kriminalisierung und einer »dominant-aggressiven« Prävention geworden sind. Zu einem Teil eines Präventionsverständnisses, das eher defizitorientiert, etikettierend und stigmatisierend den Einzelnen bzw. einzelne Gruppen in den Mittelpunkt der Handlungsoptionen stellt.

Zur Klärung der Begrifflichkeiten: Kriminalisierung – Prävention – Handeln

Ausgehend von der inhaltlichen Ausrichtung der Tagung,[1] könnte die Beschäftigung mit dem Thema sich so einfach gestalten. Die vereinfachte Sichtweise wäre: Die Prozesse fortschreitender Einschränkungen von Möglichkeitsoptionen zur Teilhabe im sozialen, materiellen und bildungsrelevanten Bereichen für eine – auch quantitativ – zunehmende Anzahl gesellschaftlicher Gruppen und die voranschreitende Ausdifferenzierungen gesellschaftlicher und subkultureller Milieus sowie die zunehmende Verregelung des öffentlichen Raumes, die Verschärfungen repressiver Maßnahmen und die fortschreitenden Kriminalisierungen von Verhaltensweisen und Personen sind Entwicklungen auf der Grundlage gesetzlicher Verordnungen und gesellschaftlicher Veränderungen, die u. a. durch Ordnungs-

---

[1] 23. Bundesweites Streetworktreffen des Burckhardthauses und der BAG Streetwork/Mobile Jugendarbeit vom 23.-27. Juni 2008 in Höchst/Odw. »Streetwork: Handeln zwischen Kriminalisierung und Prävention«

und Kontrollinstitutionen umgesetzt und durchgesetzt werden. Neben diesen aufgeführten Punkten gibt es auch gesellschaftliche Kräfte/Akteure, die sich diesen Entwicklungen – wie z. B. von Kriminalisierungsprozessen – entgegenstellen, unter anderem Streetworker/Mobile Jugendarbeiter. Sie fordern die im Interesse, als Lobbyisten oder »Anwälte« ihrer Klientel/Adressaten/Zielgruppen sozial-präventiven Maßnahmen zur Förderung an gesellschaftlicher Teilhabe ein und setzen sich gemeinsam mit ihren Adressaten gegen den Ausbau der Repressionsmaschinerie zur Wehr.

Ja, wäre es so einfach, in »Gut« und »Böse« zu unterscheiden (wenn mir die moralischen Kategorien an dieser Stelle erlaubt sind). Nur lässt sich dies (nicht mehr) so einfach machen. Insbesondere »die Prävention«, mit ihrem zum Teil inflationären, verschleiernden Gebrauch, mutiert immer stärker dazu, selbst zu einem Bestandteil von Kriminalisierungsprozessen zu werden (wenn es nicht schon immer so war, so wird es nun nur deutlicher). Insofern stellen die Begriffspaare Kriminalisierung und Prävention auch nicht (mehr) grundsätzlich ein Gegensatzpaar dar (auch wenn es im Sinne der Tagungsdidaktik beabsichtigt war), sondern Prävention und Kriminalisierung können sich durchaus als Gedankenpaar ergänzen, können Teil einer Gesamtentwicklung, wenn nicht gar einer Gesamtstrategie sein.

Nun aber zu den angekündigten Begriffsskizzierungen. Kriminalisierung verwende ich im Sinne eines Prozesses, der Verhalten, Handlungen, Person(en) als kriminell definiert, registriert, etikettiert und behandelt. Kriminalität ist in diesem Verständnis kein feststehender, statischer Begriff. Personen/Handlungen sind nicht kriminell (keine biologischen, psychologischen oder soziologischen Faktoren), sondern werden es im Prozess von Zuschreibungen und Definitionsbestimmungen. Kriminalisierung vollzieht sich in diesem Verständnis auf mehreren Ebenen: auf der ersten abstrakt, durch Setzung von Strafrechtsnormen (wie Gesetzgebungen) und auf der zweiten konkreter im Prozess der Strafverfolgung bzw. Strafvereitelung durch Instanzen sozialer Kontrolle. Auf einer dritten Ebene vollziehen sich Prozesse von Kriminalisierung auch durch die Anzeigenerstattung der Bevölkerung, denn was bewirken Strafrechtsnormen und wie kann Strafverfolgung stattfinden, wenn es kein entsprechendes Anzeigeverhalten gibt (vgl. Lamnek 1994, S. 111ff). Eine zweite Perspektive zur begrifflichen Fassung von Kriminalisierungsprozessen erweitert die vorgestellten drei Ebenen. Personen/Gruppen werden in Situationen gebracht oder ihnen wird eine soziale Rolle im gesellschaftlichen Kontext zugeschrieben, die sie dazu motiviert oder gar zwingt, Handlungen zu begehen, die als kriminell bezeichnet werden. (ebd.)

26

Nun zur Annäherung an den Präventionsbegriff. Im Allgemeinen wird Prävention verstanden als Vorbeugung, im Sinne der Umsetzung von Maßnahmen zur Verhütung bzw. Verhinderung von »Etwas«, was nicht gewollt wird. Nahezu unabhängig davon, in welchem Arbeitsfeld man sich bewegt. Im Bereich der Gesundheitsprävention geht es zum Beispiel um die Verhütung von Krankheiten, im kriminologischen Verständnis (hier ist im Kontext dieses Beitrages auch der polizeiliche Präventionsbegriff von Bedeutung: im Sinne der allgemeinen Gefahrenabwehr und der Abwehr von Kriminalitätsgefahren) um die Verhütung von Gewalt und kriminellen Handlungen. Im sozialen Bereich verstehen wir Prävention eher im Sinne einer Verhütung von sozialen Problemen (vgl. u. a. Lamnek 1994, S. 207 ff; Böllert 1995; Wieben 2005).

Für die Kinder- und Jugendhilfe wurde im 8. Jugendbericht der Bundesregierung (1990) – quasi in einer Form der Selbstkritik (nicht stets nur reaktiv wirksam zu sein) – »Prävention« als eine Strukturmaxime benannt und ausgeführt. Hier wurde für die Kinder- und Jugendhilfe in primäre, sekundäre und tertiäre Prävention unterschieden. Verkürzt wiedergegeben: als primäre Prävention wurden grundsätzliche Maßnahmen verstanden, die zu einer allgemeinen Verbesserung von Lebensbedingungen beitragen würden; sekundäre Prävention stellen Maßnahmen dar, die Menschen helfen würden, schwierige Lebenssituationen zu bewältigen und letztlich tertiäre Prävention, als Maßnahmen, die Menschen helfen würden, nach erfahrenen schwierigen Bedingungen nicht wieder in die gleichen Situationen zu kommen (beispielsweise Maßnahmen wie die Bewährungshilfe). Auch im Bereich der Kriminalprävention wird Prävention weitgehend nach dieser »zeitlichen Perspektive« (»wann« soll Prävention ansetzen) von primär, sekundär und tertiär eingeordnet.

Als primäre Prävention werden im Allgemeinen Maßnahmen verstanden, die auf allgemeine Ursachen von Kriminalität/Gewalt einwirken (beispielsweise Armut, Sozialisationsdefizite etc.) und zudem im Sinne einer positiven Generalprävention zur Stärkung des Rechtsbewusstseins durch das Strafrecht beitragen. Die sekundäre Prävention meint, in diesem Verständnis von Kriminalprävention, die Abschreckung potentieller Straftäter, z. B. durch Maßnahmen, die Tatgelegenheitsstrukturen erschweren und/oder das Entdeckungsrisiko erhöhen. Zudem sind auch die Einwirkungen auf das Strafrecht, u. a. durch Verschärfungen (im Sinne der Abschreckung) gemeint. Die tertiäre Prävention ‚im Kontext der Gewalt- und Kriminalprävention, meint Maßnahmen zur »Besserung« von Straftätern und Maßnahmen zum Schutze der Öffentlichkeit (fraglich bleibt, ob nicht gerade diese spezialpräventiven Maßnahmen im Sinne des Zuschreibungsprozesses (labeling) eher das Gegenteil bewirken).

Auch an dieser Stelle nur verkürzt und zur weiteren Diskussion möglicherweise anregend die Vermutung, dass wir uns im Feld der Prävention zur Zeit verstärkt mit eher neoliberalen Konzepten auseinandersetzen müssen, die insbesondere auf Maßnahmen im Bereich sekundärer Prävention setzen (zum Teil auch auf tertiärer), aber wohlfahrtsstaatliche Maßnahmen der primären Prävention jedoch eher vernachlässigt werden.

Wurde vor Jahren noch im Bereich Sozialer Arbeit diskutiert, ob man sich in den Präventionsdiskurs aktiv einbringen, oder sich nicht besser verweigern sollte, ist heute diese Entscheidung zumeist längst gefallen. Eine Position, die da lautet, der aktuelle Präventionsdiskurs ist vorwiegend ein ordnungspolitischer Diskurs, an dem wir uns nicht beteiligen, da wir im Bereich Jugendarbeit/Jugendsozialarbeit per se präventive Ziele verfolgen, ist heute nicht mehr haltbar. Medialer Druck, finanzielle und gesetzliche Rahmenbedingungen, Ausgestaltungen von Förderprogrammen hin zu sozialpräventiver Arbeit, aber auch das offensive Voranschreiten in den sozialpräventiven Bereich von eher repressiv handelnden Instanzen wie z. B. der Polizei (vgl. Bundeskriminalamt 2001, mit den Beispielen der präventiven polizeilichen Projektaktivitäten) oder der Justiz – zum Beispiel die Entwicklung der Jugendrechtshäuser, die maßgeblich aus dem Bereich der Justiz entwickelt und angeschoben wurden (vgl. Hasseln 2000) – haben auch dazu geführt, dass man sich unweigerlich dieser präventionsorientierten Entwicklung stellen muss, will man in seinem Zuständigkeitsbereich nicht noch mehr an Deutungsmacht verlieren.

Es hat sich im Laufe der letzten 10 bis 15 Jahre zunehmend ein neues, modernes, allgemein gesellschaftlich akzeptiertes Präventionsverständnis herausgebildet, das nicht mehr deutlich trennt zwischen repressiv abschreckenden und wohlfahrtsstaatlichen, sozialintegrativen Präventionsmaßnahmen, sondern weitgehend unter der Federführung der Kontroll- und ordnungspolitischen Instanzen in konzentrierten Aktionen, in sogenannten Netzwerken die Unterstützung und Förderung von Personen, Gruppen und Lebenssituationen ebenso verfolgt wie die Umsetzung rein repressiver Maßnahmen. Ganz im Sinne von Fördern und Fordern, HELFEN und STRAFEN. Dieses »Modell eines modernen Präventionsverständnisses« manifestiert sich in neuen Strukturen mit Präventionsräten, Präventionsforen, Sicherheitskonferenzen, Runden Tischen (und wie sie nicht alle heißen), deren Aufgaben und Tätigkeiten vorwiegend ordnungs- und sicherheitsperspektivische Orientierungen aufweisen. Sie sind inzwischen auch zum Forum vieler Einrichtungen von SW/MJA geworden (gezwungenermaßen oder freiwillig, um sich nicht noch weiter ins Abseits zu begeben). Je nach eigener »kritischer Ausrichtung« des eigenen Berufsverständnisses und Handlungsansatzes, fällt es verständlicherweise nicht immer ganz leicht, sich in dieser »neuen Umgebung« zu bewegen. Es wird im Alltag umso schwieriger, je weiter man sich in kritischer Distanz zum allgemeinen Mainstream des »neuen Präventionsmodells« bewegt.

Die Argumente für ein solches Mitwirken, in diesen Strukturen einer ressort- und handlungsfeldübergreifenden Netzwerkarbeit sind stark. Schließlich tritt man ein gegen Gewalt und Kriminalität, aber für eine Verbesserung der Lebensbedingungen, für eine verbesserte Aufklärung, für Normverdeutlichungen, für die Förderungen sozialer Kompetenzen, für Opferschutz etc. – letztlich für die Übernahme gesamtgesellschaftlicher Verantwortung des Einzelnen in seinem Handlungsrahmen, im Sinne eines Gelingens von sozialem Leben.

Inzwischen hat sich der Präventionsmainstream (ob nun Gewalt- oder Kriminalitätsprävention) – wie ich ihn nennen möchte – unter anderem als Strukturmaxime und Triebfeder für Vernetzungen (Kooperationen wie Soziale Arbeit – Polizei, Schule – Polizei) mit seinen strukturellen Ausformungen weitgehend durchgesetzt. Weitgehend sind Kinder und Jugendliche mit unterschiedlichen Etikettierungen, wie multi-ethnischen Hintergründen, sozialen Schichtungen, Schulverweigerungen, subkulturellen Ausprägungen etc. im Focus dieser Präventionsstrukturen. Kinder und Jugendliche sind dabei vorwiegend in der Täterrolle und stellen eine potentielle Bedrohung für ein sicheres gesellschaftliches Zusammenleben dar. Dabei muss es sich selbstverständlich nicht einmal um Straftaten handeln, die zu behandelnde Personen begehen, sondern, im Sinne der Prävention und des präventiven Handelns, geht es auch bereits um Störungen der Ordnung oder eines Verständnisses von Ordnung, zum Teil weit im Vorfeld von justiziablen Taten/Verhaltensweisen. (Relativ neu sind die massiven Bemühungen der Verstärkung von Maßnahmen im Bereich des Kinder- und Jugendschutzes, die unter den hier angesprochen Gesichtspunkten einer gesonderten Auseinandersetzung bedürfen.)

In dem o.g. Sinne stellt sich die Frage des Handelns anders, als sie in der Überschrift dieser Tagung formuliert wurde. Wenn Prävention, im Sinne der zurzeit gelebten Praxis, Teil eines voranschreitenden Kriminalisierungsprozesses wird, muss dann nicht aus »Handeln zwischen Kriminalisierung und Prävention«, »Handeln in Kriminalisierung und Prävention« werden?! Handeln nicht nur im Sinne eines Verhaltens zu verstehen, sondern Handeln mit einer Intentionalität und Zielgerichtetheit, mit der beabsichtigten Folge einer Zustandsveränderung der Beziehung Akteur-Situation. (Aneignung, Differenzierung, Stabilisierung der Umwelt, Anpassung des Akteurs, aber auch Dulden und Unterlassen, im Sinne, dass es ein »Nicht-Handeln« nicht gibt)

Ich komme nun zu meinem angekündigten zweiten Punkt. Warum ist es notwendig, sich mit dem Thema zu beschäftigen? Hier eine sehr grobe Einschätzung dazu, was sich in den letzten fünfzehn Jahren verändert hat, und ob es im Handlungsfeld SW/MJA inzwischen so etwas gibt wie eine »oldschool – new school« Debatte?

Nun ist es für das Arbeitsfeld von SW/MJA ja keinesfalls neu, dass man es mit gegensätzlichen gesellschaftlichen Kräften zu tun hat. Schnell ist man in der Literatur bei Texten aus der Aufbauphase von SW/MJA (u. a. Specht 1977, Fellberg u. a. 1982). Die Stellungnahmen gegen Repression und für stärkere Integrations- und Fördermaßnahmen ziehen sich durch die 1980er und 1990er Jahre. Ob nun im Drogenbereich mit der »Antwort« einer akzeptierenden Drogenarbeit, im Feld mit multiethnischen Jugendgruppen, im Fußballfanbereich, in der Wohnungslosenhilfe, im Gesundheitsbereich, sei es nun HIV- oder Prostitutionsarbeit, in der Arbeit mit rechtsorientierten Jugendlichen oder in der Arbeit mit Straßenkindern, wie auch zunehmend mit Jugendlichen mit osteuropäischem kulturellen Hintergrund in den 1990er Jahren (vgl. Klose/Steffan 1977). Die meisten »alten« SW/MJA kennen die Entwicklung, die Texte und die Haltungen der Geschichte genau. Die Grundprinzipien der Arbeit, wie sie auch heute noch in den BAG-Standards und den Standards der Landesarbeitsgemeinschaften zu finden sind, leiten sich aus dem einst erarbeiteten Grundverständnis ab, Lobbyist, Anwalt und Interessenvertreter von Menschen zu sein, die selbst nicht genügend Gehör und Einfluss haben, um ihre Interessen, Ansprüche und Bedürfnisse im öffentlichen Raum zu vertreten. Immer schon gab es eine kritische Distanz zu den Ordnungs- und Kontrollinstanzen. Die Kontakte beschränkten sich meist auf das »Notwendigste«, wenn es denn überhaupt sein musste.

Kontakte verliefen zum großen Teil anlassbezogen, waren stark personen- und atmosphärenabhängig – zumeist auch weit mehr als nur spannungsgeladen. In Standardtexten – auch aus den 1990er Jahren – lassen sich diese Positionen noch deutlich wieder finden. Sei es bei »Gangway« (vgl. immer noch auf der Homepage eingestellt von Becker, Berndt und Mücke), sei es im Handbuch der MJA Baden-Württemberg, oder auch in meinen Texten aus den 1990er Jahren (z. B. Klose). Eine Distanzierung von den Ordnungs- und Kontrollinstanzen, die abzulehnende Kriminalisierungsprozesse zu verantworten hatten, war relativ einfach: wie gesagt, es gab meist nur die personenbezogenen Kontakte, denen man sich leicht verschließen konnte, wenn man es denn wollte und es für sinnvoll hielt. Als Nebeneffekt war es gegenüber der Zielgruppe auch nicht hinderlich, wenn man aus Überzeugung darstellen konnte, dass die kritische Parteilichkeit zur Zielgruppe keinesfalls nur ein strategisches Element zur Vertrauensbildung war.

Ich habe es aber anfangs schon kurz dargestellt, die Architektur in dem Arbeitsfeld hat sich dramatisch verändert. Ich möchte an dieser Stelle eine »kurze Schleife« ziehen und an den ehemaligen Leiter des Bundeskriminalamtes, Herrn Herold, erinnern, der zu seiner Amtszeit in den 1970er Jahren – in Zeiten der RAF-Bekämpfung – bereits die strategische Absicht formulierte, dass Prävention von Kriminalität und Gewalt eine gesamtgesellschaftliche Aufgabe sein müsse, für die es besonderer Strukturformen bedürfe. Hintergrund für seine Ausführungen war, das seines Erachtens bereits in den 1970er Jahren die politische Repression und Prävention an ihre Grenzen zur Bekämpfung von Kriminalität und Gewalt gekommen sei. Zum damaligen Zeitpunkt konnte sich Herold – trotz Unterstützung einiger Innenminister der Länder wie z. B. Herrn Schwindt aus Niedersachsen – nicht durchsetzen (vgl. Lamnek 1994, S. 223). Erst Anfang der 1990er Jahre war die Zeit dann scheinbar »reif«. Unter dem Eindruck massiver, und vor allem auch medienwirksamer Auseinandersetzungen bei Fußballspielen und dem verstärkten Druck der Öffentlichkeit nach Maßnahmen zur »Wiederherstellung von Sicherheit und Ordnung im öffentlichen Raum Fußballstadion«, wurde unter der Federführung des Innenministeriums NRW eine konzentrierte Aktion eingeleitet, in der damals alle relevanten Akteure im Fußballbereich zusammengeführt wurden. Das Nationale Konzept Sport und Sicherheit wurde 1992 verabschiedet. Ein wichtiger Baustein, des vom Grundsatz her ansonsten eindeutig repressiv ausgerichteten Projektes, war die Etablierung einer bundesweiten Förderung zur Einrichtung von sozialpädagogischen Fußballfanprojekten als Präventionsmaßnahmen. Nach diesem Vorbild (bis hin zu regionalen Ausschüssen mit den regionalen Akteuren) und nach Vorbildern aus dem europäischen und angloamerikanischen Ausland entwickelte sich im Laufe der 1990er Jahre bis heute eine neue Präventionskultur mit neuen Strukturen und Sichtweisen in Deutschland heraus.

Waren die Fanprojekte zum Beispiel in den 1980er Jahren noch die »outsider«, die mit ihrem Eintreten auch für nicht akzeptierte Fans und/oder Hooligans eher den bereits weitgehend »standardisierten Alltag« störten, so sind die Mitarbeiter der Fanprojekte inzwischen nicht nur akzeptierte, sondern auch geschätzte Fachleute. Sie sind nicht nur finanziell weitgehend abgesichert, sondern bestimmen den Diskurs mit ihren Vorträgen zur Fußballfanszene und zur sozialpädagogischen Präventionsarbeit im Fanbereich. Das präventive System Fußballfanprojekte wächst weiter, die Finanzierungen sind gesichert und werden noch ausgebaut. Die formale Akzeptanz als präventive Instanz ist über alle Institutionsgrenzen hinaus vorhanden. So weit, dass nicht nur der DFB sich für die Einrichtung weiterer Fanprojekte stark macht, sondern auch die Polizei die Förderung und Einrichtung von neuen Fanprojekten unterstützt bzw. fordert. Dass dabei von den »neuen Freunden« der Fanprojekte Sätze fallen wie: »Gemeinsam müssen wir dafür sorgen, dass die Feinde des Fußballs aus den Stadien gedrängt werden«, ist die andere Seite der neuen »Präventionsakzeptanz«. Oder sollte man besser sagen, der neuen Repression, die in präventiven Kleidern wandelt?! Ist das nur bei Fanprojekten so?

Ich habe ausgeführt, dass sich die Architektur im Arbeitsfeld SW/MJA gewandelt hat. Prävention und Repression sind gleichrangige Elemente zur Bekämpfung von Gewalt und Kriminalität, zur Verhinderung von Störungen geworden, die sich im Alltag geschickt miteinander »verweben«. Auch SW/MJA ist als Arbeitsansatz von der Position des Außenseiters inzwischen zur akzeptierten »präventiven Waffe« geworden. Es gibt bundesweit viele Beispiele dafür, dass in verschiedenen Regionen und Städten, Polizei, Justiz, Ordnungsämter, Medien und Politik (quer durch alle politischen Parteien, von CDU, SPD, Grüne, FDP bis zur Linken) den Einsatz und den Ausbau von SW/MJA einfordern.

- Auf der lokalen und regionalen Ebene haben sich die schon erwähnten neuen Strukturen gebildet und etabliert.
- SW/MJA ist immer stärker eingebunden in die präventiven Netzwerke im lokalen/regionalem Raum, meist unter Federführung von Kontroll- und Ordnungsinstanzen, zumindest von deren Geist dominiert.
- SW/MJA wird zu einem Teil dieser neuen gesamtgesellschaftlichen Präventionsstrategie und dieses Präventionsverständnisses – handelt in die-

sen Gremien (wenn auch zum Teil nur duldend), um die eigene Existenz nicht zu gefährden.
- Anwalt und Lobby sein wird in diesen Gremien akzeptiert und im Sinne der Prävention gewandelt.

Beispiele aus dem Alltag gibt es quer durch alle Bundesländer, aber auch im europäischen Ausland. Nur eine kleine Anzahl verschiedener Zeitungsartikel aus dem Internet gibt einen schon fast alarmierenden Einblick. Hier ein kleiner Überblick, eine zufällige Auswahl in Vorbereitung auf diesen (und Aufbereitung dieses) Beitrag(s).

- Unter dem Eindruck von gewalttätigen Auseinandersetzungen beim Fußball in Schwerin, fordert der dortige Fußball-Landesverband MV, auch für Amateurvereine die dringend notwendige Präventionsarbeit (Schweriner Volkszeitung, 19.06. 2008).
- Im württembergischen Neu-Ulm freut sich der Geschäftsführer der Wohnungsbaugesellschaft darüber, dass im Zuge einer Umstrukturierung eines ehemaligen problembehafteten Wohngebietes auch das große Angebot der Sozialarbeit zur positiven Entwicklung beigetragen hat, dass nun nicht mehr die Polizei regelmäßig zu Auseinandersetzungen gerufen werden muss (südwest aktiv, 18.06.2008).
- In Braunschweig wurden Jugendliche nach Diebstählen mit Hilfe der »Aufsuchenden Cliquenarbeit« wieder auf den richtigen Weg gebracht (Braunschweiger Zeitung, 11.04. 2008)
- Im Münchener Stadtteil Haidhausen ruft die ansässige FDP nach Streetworkern, die an einem »ehemaligen Brennpunkt« statt der bisher dort angebrachten Videokameras nunmehr doch lieber die Streetworker dort sehen will (Süddeutsche Zeitung, 21.11.2008).
- Der Stadtrat von Biberach beschloss ein Sicherheitspaket mit zwei mobilen Jugendarbeitern, mehr Sozialarbeit an Schulen und mehr Kontrollen durch den Vollzugs- und Präsenzdienst. Das wäre ein Paket unter dem Motto fördern und fordern, so der Bürgermeister. Hintergrund für dieses Sicherheitspaket mit mehr Hilfs- und Betreuungsangeboten, aber auch mehr Kontrollen waren zunehmend brutaler und hemmungsloser agierende Jugendliche in Biberach (Schwäbische Zeitung, 6.10.2008).
- Auch in Marburg forderte die dort ansässige FDP im Sozialausschuss die Stadt auf, den Alkoholmissbrauch durch Jugendliche einzuschränken. Hier war man der Meinung, dass durch die Arbeit eines Streetworkers in den Abend- und Nachtstunden in Zusammenarbeit mit der Polizei und Ordnungsamt es verhindert werden kann, dass das dortige »innerstäd-

tische, hochgepriesene Herzstück zu einem innerstädtischen Slum verkommt« (OP-Marburg, 21.11.2008).
- Und noch ein Beispiel von unseren Schweizer Nachbarn. Da zu viel Müll auf den Pausenplätzen der Schulen weggeschmissen wurde, hat die Gemeinde Binningen darauf reagiert, indem sie die Aufsicht durch die Polizei und durch mobile Jugendarbeit auf den drei Pausenplätzen erhöhte. Zudem wollte man gemeinsam mit der Polizei, den Sozialarbeitern und der Schulleitung in Gesprächen versuchen, weitere Lösungsansätze zu finden (Baseler Zeitng, baz.online, 3.11.2008).

Der eine oder andere mag bei dieser wirklich zufälligen Auflistung schmunzeln, hat doch jede Nachricht für sich auch einen »gewissen Unterhaltungswert«. Unbestritten ist aber, dass die Auflistung sowohl in der Quantität als auch in der Qualität bei seriöser Recherche in nicht unerheblichem Maße »qualifiziert« werden könnte. Wie lässt sich eine solche Darstellung dann noch mit handlungsfeldspezifischen Qualitätsstandards vereinbaren? Jeder Kontakt mit den Ordnungs- und Kontrollbehörden muss für die Zielgruppe vermittelbar sein, geht ggf. sogar von ihnen aus – wie in den alten Papieren zum Teil geschrieben. Diese Handlungsmaxime wird in den genannten Konstellationen heute nur noch schwer einzuhalten sein. Weitergehende Kontakte, sollte es – folgt man den alten, aber immer noch aktuellen schriftlichen Verlautbarungen – nur auf der Leitungsebene geben, nicht zwischen den Sozialarbeitern und Polizisten. Es scheint sich etwas abzubilden, was man durchaus auch andernorts mit den Begriffen »old school« – »new school« beschreibt.

Die Entwicklung der Einbeziehung aller gesellschaftlichen Kräfte in die Gewalt- und Kriminalitätsprävention bringt – auch über den Bereich von SW/MJA hinausgehend – mit sich, dass mit der Etablierung dieser neuen Strukturen zumeist unter der Federführung (zumindest jedoch mit der Definitionsmacht) der Ordnungs- und Kontrollinstanzen, diese Instanzen eine Ausweitung ihrer Bewegungs- und Betätigungsfelder erreichen, die weit ins Vorfeld von justiziablen Straftaten reicht (Störung, Störer). Gleichsam wird eine repressive Ausweitung vorangetrieben, wie es verschiedene aktuelle Beispiele vermuten lassen (wie Sicherheitsverwahrung für Jugendliche, Ausweitung der BKA-Befugnissen etc.). Wurde die Tätigkeit SW/MJA früher von der Polizei misstrauisch betrachtet, kritisch gesehen, als störend empfunden (Landesarbeitsgemeinschaft Mobile Jugendarbeit 1977), fordert heute die Polizei immer häufiger den Einsatz von SW/MJA, tritt zum Teil als Verbündeter der Jugendhilfe/des Amtes für Soziales gegen den örtlichen Kämmerer auf.

Das sind die Entwicklungen auf der inhaltlichen, strukturellen und planerischen Ebene, weshalb ich von einer Veränderung der Architektur des Arbeitsfeldes spreche. Das sind die Veränderungen, die mich in meiner Position bestärken, dass es notwenig ist, sich mit dem Thema zu beschäftigen.

Deshalb möchte ich in einem dritten Schritt dazu sieben Thesen anbieten, die vor allem thematisieren, dass sich die gelebte Praxis inzwischen mehr oder minder deutlich den strukturellen Bedingungen angepasst hat, während jedoch Theorie und Standards den Praktikern immer noch andere Vorgaben geben.

1. Im Arbeitsfeld SW/MJA wird eine besondere Form von Wirklichkeit transportiert, in der sich Theorie und Praxis bezogen auf ein Handeln in Kriminalisierungs- und Präventionsprozessen immer weiter auseinanderdividieren. Entweder finden sich noch immer Aussagen und Papiere wieder, die sich inhaltlich auf der Höhe der 1990er Jahre befinden (s. Gangway-Hompage), oder das Thema wird völlig ausgeblendet (Standards BAG und Homepage BAG) oder es wird angesprochen, aber konkret offen gelassen (Standards LKA Sachsen). Bleibt die Frage, ob das ein bewusstes Handeln ist.
2. Der einzelne Mitarbeiter vor Ort – und hier meine ich nicht die Mitarbeiter von großen und starken Projekten und Trägern, die bundesweit in der Minderzahl sind – muss sich seinen eigenen Weg ausbalancieren. Hilfestellung im Sinne überregionaler Positionsauseinandersetzungen sind für mich bisher nicht sichtbar.
3. Insbesondere kleine SW/MJA-Maßnahmen sind diesem Druck ausgesetzt. Nicht zuletzt haben aber auch sie mit ihrem Handeln eine große Strahlkraft in die Region (u.a. über Medienberichte etc.). Wenn netzwerkbezogene Prävention in einer Kommune so »gut umsetzbar ist«, wieso soll das »bei uns« (in einer anderen Kommune) von den SW/MJA nicht umgesetzt werden können.
4. Je weniger Bezug in die Einrichtungen zur ursprünglichen Bezugseinheit haben (z.B. Fanprojekte zur Jugendhilfe, SW/MJA zur Jugendhilfe etc.), desto mehr verstärkt die Einbindung in die präventiv-repressive Architektur der Kontroll- und Ordnungsinstanzen die einseitige Wahrnehmung (z.B. von Gewaltprävention).
5. Folge der neuen Präventionsstrategie ist es unter anderem, dass es eine immer stärkere Fokussierung der präventiven SW/MJA-Arbeit auf Zielgruppen gibt, die an der sogenannten »Schwelle« stehen, zum Bei-

spiel zur Gewalt und Kriminalität. Die »Anderen«, die bereits über die Schwelle gerutscht sind, fallen eher in die Zuständigkeit der Polizei oder neuerdings auch von anderen Maßnahmenträgern (siehe Berlin Treberhilfe).

6. In diesem Sinne verschieben sich auch die Koordinaten im Feld. Die Polizei fordert zur Stärkung der Prävention auch verstärkt Einrichtung von SW/MJA. Aber nicht als »Störfaktor«, sondern als Einrichtung, die ihren Beitrag zur Minimierung der Mitläuferzahl einbringt.
7. Es entwickelt sich zunehmend eine Ausdifferenzierung der Präventionsfelder/Präventionsarchitektur. Die Polizei (Ordnungs- und Kontrollinstanzen) wollen letztlich eine Verbesserung ihrer Arbeitsmöglichkeiten und ihres Einflussbereiches erreichen – was auch ernsthaft niemand in Abrede stellen möchte. Die Jugendhilfe, die Ämter für Soziale Arbeit, aber auch andere Institutionen, wie zum Beispiel die Schule, unterstützen diese Entwicklung, schließen unter anderen zum Teil offizielle Verträge (u. a. Sicherheitspartnerschaften) mit der Polizei, entwickeln gemeinsam neue Projekte und neue Formen der Zusammenarbeit. SW/MJA kann und wird sich als Teil des Ganzen davon nicht distanzieren können.

Ich komme zum vierten Schritt, zu meinen Schlussfolgerungen, die aus meiner Sicht für eine weitere, nach vorn gerichtete Debatte zum Thema »Handeln von SW/MJA in Kriminalisierungs- und Präventionsprozessen« möglicherweise sinnvoll sein können.

Wie ich bereits als These zur Diskussion anbot, ist SW/MJA inzwischen selbst – im Einzelfall mehr oder weniger – zum Akteur geworden im Prozess von Kriminalisierung und eines dominanten Präventionsverständnisses, das defizitorientiert und etikettierend den Einzelnen/die einzelne Gruppen in den Mittelpunkt stellt.

SW/MJA steckt in einem Dilemma. Und wie es die Eigenart von Dilemmata ist, gibt es dafür auch keine allseits zufriedenstellende richtige Lösung. Lässt man sich auf die neuen Strukturen ein, wird man unweigerlich Teil eines subtilen Kriminalisierungsprozesses. Versagt man sich den neuen Strukturen, vergibt man seine Einflussmöglichkeiten, stellt womöglich gar die Existenz des Handlungsansatzes in der Kommune/Region in Frage (bzw. stellt seinen Job für den Nächsten zur Verfügung). Nur eines sollte man in solchen Situationen sicherlich nicht tun: das Thema sozusagen »totschweigen« oder sich in Dissonanzreduktionen vergehen, in dem man das Problem kleiner redet, als es ist, um den Umgang damit für sich zu ermöglichen, ohne es richtig anzugehen (»Ich habe das alles im Griff«).

Auch wenn es für Dilemmata keine Lösung gibt, so bergen sie aber auch den Wunsch und die Bewegung nach Veränderung. Der erste Schritt wäre sicherlich, eine offene und »ehrliche« Diskussion darüber zu eröffnen, wie der gegenwärtige Stand der Einbindungen in diese präventiv-repressiven Netzwerkstrukturen ist und wie die einzelnen Projekte, Mitarbeiter mit den neuen Strukturen umgehen. Welche Probleme gibt es? Welche Vorteile? Zudem könnte es Thema einer bundesweiten Arbeitsgruppe sein, welche Möglichkeiten man sieht, aus einer bisher eher reaktiven in eine aktive Position zu gelangen. Wo gibt es Bündnispartner (z. B. Hochschulen)? Wie kann man eine aktive Öffentlichkeitsarbeit gestalten (sowohl fach- als auch fachübergreifend)?

Ein weiterer Schritt könnte sein, sich noch einmal zu vergegenwärtigen, welche Präventionsansätze in den SW/MJA Projekten konzeptionell vertreten werden. Welche Projekte und (unterstützende Maßnahmen) werden entwickelt und bietet man an? Welche theoretischen Grundannahmen sind damit verbunden? Möglicherweise stellt der eine oder andere fest, dass man vom defizitorientierten Präventionskonzept gar nicht so weit entfernt ist wie man glaubt. Mit welchen Bündnispartnern lassen sich eigene Präventionsansätze öffentlich platzieren? Macht es Sinn, eigene lokale Netzwerke zu organisieren? Sicherlich ist es notwendig Fragen zu stellen, wie sich SW/MJA in der neuen Architektur einer Präventions- und Repressionskultur positionieren kann. Was sind die zentralen Bereiche, in denen man mitgestaltet, wo will/kann und muss man sich eher zurückhalten?

Macht es Sinn, darüber nachzudenken, ob es möglich ist, so etwas wie ein Qualitätssiegel für SW/MJA-Projekte zu entwickeln, wenn die Standards mit der realen Praxis abgeglichen sind? Wer kann Interesse an so einem Gütesiegel haben? Wer sind die Bündnispartner? Macht es Sinn, wenn die BAG SW/MJA öffentlichkeitswirksam einen jährlichen Präventionspreis für SW/MJA Projekte auslobt bzw. das Gegenstück davon, quasi einen Preis für »gelungene Verschleierung von Repression durch das präventive Image« im Sinne von »SO NICHT!«. Möglicherweise sollte auch eine Frage diskutiert werden, wo eigentlich das »Ende der Fahnenstange« für SW/MJA in einem fachlich inhaltlichen Verständnis erreicht wird.

Diese Fragen und Anregungen können allenfalls Impuls sein für eine Diskussion. Sie helfen sicherlich nicht bei den möglicherweise derzeitigen Problemen »vor Ort.« Kurzfristig gibt es dafür aus meiner Sicht auch keine andere, als schnell mit der internen Diskussion zu beginnen, sich so fit zu machen für die Debatte und die Suche nach Bündnispartnern, um mittel-

und langfristig von einem soliden Fundament ausgehend, wieder stärker in eine aktive Rolle in dem Diskurs zu gelangen. Aber vielleicht trügt mich auch meine Sicht der Dinge. Und die Praxis sieht doch ganz anders aus, als ich sie dargestellt habe. Ich freue mich auf die Diskussion.

Literatur

Böllert, K. (1995): Zwischen Intervention und Prävention. Neuwied
Bundeskriminalamt (Hrsg.) (2001): Kriminalprävention in Deutschland. Neuwied
Fellberg, G./Dressler, U. (Hrsg.) (1982): Hartes Pflaster. Lesebuch zur Straßensozialarbeit. Bensheim
Hasseln, Sigrun (Hrsg.) (2000): Das Jugendrechthaus 2000. Berlin
Klose, A. (1996): Vertrauensschutz kontra Legalitätsprinzip. In: Jugend-Hilfe-Polizei. Berichte und Materialien aus der sozialen und kulturellen Arbeit. Nürnberg, S. 113 – 128
Klose, A. (2006): Soziale Arbeit und Polizei. In: Pilz, G. u. a.: Wandlungen des Zuschauerverhaltens im Profifußball. Schorndorf
Klose, A./Steffan, W. (Hrsg.) (1997): Streetwork und Mobile Jugendarbeit in Europa. Münster
Landesarbeitsgemeinschaft Streetwork Baden-Württemberg (Hrsg.) (1977): Praxishandbuch Mobile Jugendarbeit. Neuwied
Lamnek, S. (1994): Neue Theorien abweichenden Verhaltens. München
Specht, W. (1977): Konzept und Praxis einer mobilen Jugendarbeit. In: Deutsche Jugend. Oktober
Wieben, H.J. (2005): »Prävention« – eine begriffliche Analyse. Hannover. www.dvjj.de/Veranstaltungen/Dokumentation/Tagung:Prävention um jeden Preis?

Sozialraumorientierung in Streetwork und Mobiler Jugendarbeit.
Von der Konzeptentwicklung zu einer gelingenden sozialräumlichen Praxis und Evaluation

Stefan Gillich/Tom Küchler/Dieter Wolfer

Die Profession und Disziplin der Sozialen Arbeit umfasst Erkenntnisse aus unterschiedlichen Schulen und aus unterschiedlichen Zeiten. Die Arbeit mit Menschen erkennt diese als Experten ihrer Lebenswelt bzw. ihres sozialen Raumes an. Lösungen und Perspektiven müssen folglich mit den Menschen gestaltet werden. Sie werden als Subjekte mit ihren Stärken betrachtet, als aktive Akteure ihrer (Er-)Lebens- und Erfahrungswelt. Die vorgestellten Ausführungen integrieren unterschiedliche Ansätze. Sie beschreiben gleichzeitig die Notwendigkeit, die Menschen in die soziale und helfende Arbeit zu integrieren. Beratung, Begleitung und Unterstützung gelingt nur in Zusammenarbeit mit den aktiven Protagonisten. Die handlungsleitenden Prinzipien Sozialer Arbeit vereinen Erkenntnisse und Methoden, die im jeweiligen Kontext als sinnvoll und hilfreich erachtet werden. Unumgängliche Instrumente einer wirkungs- und zielorientierten Beratung, Begleitung und Unterstützung von Gruppen, Einzelnen und im Gemeinwesen sind – mit Blick auf die aktuelle Diskussion und Weiterentwicklung der Arbeitsfelder Streetwork und Mobile Jugendarbeit – insbesondere das Arbeitsprinzip Gemeinwesenarbeit (GWA) in Verbindung mit der aktuellen Sozialraumdiskussion, die erlebnisorientierte Arbeit mit Gruppen, die Beratung und Begleitung von Einzelnen und Peer-Groups verbunden mit den Erkenntnissen aus lösungsorientierter Beratung, systemische Sichtweisen und Haltungen, reformpädagogische Ansätze bzw. das Konzept des Empowerments.

1 Gemeinwesenarbeit bzw. Sozialraumorientierung im Kontext von Streetwork/Mobiler Jugendarbeit

Streetwork/Mobile Jugendarbeit sind keine Methoden, sondern eigenständige Arbeitsfelder der Sozialen Arbeit im niederschwelligen Bereich in der Lebenswelt der Klientel, deren Lebenswelt überwiegend öffentliche Räume sind. Die Tätigkeiten werden unterschiedlich umgesetzt durch die Arbeit mit Gruppen oder Einzelnen, durch ein Aufsuchen am Ort des Aufenthalts Einzelner oder Gruppen. Seit den 1980er Jahren wird GWA verstanden als Arbeitsprinzip, welches jegliche Soziale Arbeit handlungsleitend strukturiert. Dieses Verständnis findet ihren Ausdruck in sozialraumbezogenem Handeln und in den 2007 verabschiedeten »fachlichen Standards« der Bundesarbeitsgemeinschaft Streetwork/Mobile Jugendarbeit (BAG SW/MJA) (in Gillich 2008, S. 229ff) oder in bundeslandbezogenen Standards wie im Fachverband für Streetwork/Mobile Jugendarbeit in Sachsen (2007).

1.1 Sozialraum- und Lebensweltanalyse als Praxis der Gemeinwesenarbeit

Aus Erfahrungen in der Fachberatung und in der Fort- und Weiterbildung von Praktikern, sind unterschiedliche Aspekte wahrnehmbar:
- »richtige Arbeit« ist nur die, die unmittelbar mit den Adressaten verknüpft ist (die sog. »Arbeit am Klienten«)
- Gemeinwesenarbeit wird verkürzt auf Gremienarbeit, Mitgliedschaften in Netzwerken und Verbänden oder Öffentlichkeitsarbeit; quasi alles ist Gemeinwesenarbeit (GWA), was nicht unmittelbar der Arbeit mit Einzelnen oder Gruppen zugeordnet werden kann
- Die Bedeutung des Handelns im Sozialraum wird wenig erkannt. Dass nämlich die Jugendlichen nicht nur auf den Sozialraum einwirken (und häufig als Störer wahrgenommen werden), sondern der Sozialraum auch gleichzeitig Einfluss hat auf das Verhalten der Jugendlichen (z. B. durch die Bereitstellung von Angeboten, gute Infrastruktur etc.)
- Sozialraumanalysen liegen – bezogen auf die Konzeptionen – nicht vor, bzw. mehrere Jahre sind seit der letzten Sozialraumanalyse vergangen
- Wenn Sozialraumanalysen vorliegen, sind diese kaum mit »weichen Daten« gespickt und sie wurden wenig unter Beteiligung der Adressaten erstellt
- Insgesamt scheinen die Konzepte mehr angebotsorientiert und weniger an den konkreten Bedarfslagen der Adressaten gekoppelt zu sein

Fazit: Aktuelle Sozialraum- oder Lebensweltanalysen als eine zentrale Voraussetzung bedarfsorientierten Handelns liegen in der Regel nicht vor. Gemeinwesenarbeit ist eher Pflicht als Kür – bzw. ein irgendwie ungreifbares, aber scheinbar notwendiges Übel.

1.2 Mobile Jugendarbeit ist Stadtteilarbeit

Gemeinwesenarbeit (GWA) und Streetwork/Mobile Jugendarbeit (MJA) sind eng miteinander verknüpft. Bereits Walther Specht hatte vor vierzig Jahren in Stuttgart MJA als Stadtteilarbeit konzipiert. In seinem Klassiker »Die gefährliche Straße« schreibt er: »Die notwendige Verankerung von ambulanter Jugendhilfe in der Gemeinde wird hier nicht nur aus Gründen einer erhöhten Wirksamkeit sozialpädagogischer Intervention vertreten, sondern aus der häufig übersehenen und manchmal schmerzlichen Erkenntnis heraus, dass Jugendhilfe gegen das Gemeinwesen, gegen die dort lebenden Bewohner und gesellschaftlichen Gruppen zum Scheitern verurteilt ist.« (Specht 1987, S. 23) Zum Aspekt der GWA in der MJA führt er aus: »MJA betont die Wahrnehmung von Bewohnerinteressen und die Veränderung von sozial-ökologischen Lebensbedingungen. Hierbei spielt das Moment der gemeinde- bzw. stadtteilöffentlichen Behelligung, Mobilisierung und Beteiligung der Bewohner an Problemlösungsstrategien eine zentrale Rolle.« (Specht 1987, S. 25)

In den letzten Jahren ist eine spannende und teils kontroverse Diskussion entstanden, ob GWA denn noch zeitgemäß ist. Ob das Spezifische der Gemeinwesenarbeit zum Allgemeinen der Sozialen Arbeit geworden ist – zum Arbeitsprinzip eben – und unter neuen Begrifflichkeiten eine Auferstehung feiert (Gillich 2004), z.B. in »sozial benachteiligten Stadtteilen«, in »überforderten Nachbarschaften«, in Programmen wie »Soziale Stadt« oder als sozialraumorientierte Programmatik in unterschiedlichen Arbeitsfeldern Sozialer Arbeit. Dieses Konzept erfährt breite Zustimmung sowohl seitens der Kommunen, der Träger als auch Fachöffentlichkeit. Einen Zugang hat auch die Jugendhilfe seit etwa zehn Jahren gefunden. Die Jugendhilfe wird zunehmend von sozialraumorientierter Arbeit geprägt. Auch wenn sie sich lange Zeit schwer tat mit solchen Ansätzen. Behandelte sie die Gemeinwesenarbeit doch wie ein aussätziges Familienmitglied, das zu aufsässig war und der einzelfallorientierten Jugendhilfetradition und bürokratisch-juristischer Orientierung überhaupt nicht entsprach. Sozialraumorientierung gewann schließlich Akzeptanz mit der Einführung des Begriffs der fallunabhängigen Arbeit im Rahmen der Hilfen zur Erziehung (der Fall im Feld) als eigenes, selbstentwickeltes, der Pubertät entwachsenes und umsorgtes Kind – ohne darauf zu verweisen, dass die aus der Gemeinwesenarbeit entlehnten Haltungen und Methoden dort seit mehr als drei Jahrzehnten diskutiert werden und zu deren Handlungsselbstverständnis gehören. Um im Bild zu bleiben: Wir haben es sozusagen mit einem in die Jahre gekommenen, sozialraumorientierten Wechselbalg zu tun, auf der Suche nach der eindeutigen Vaterschaft. Wir plädieren dafür, GWA als Arbeitsprinzip inhaltlich und als Begriff zu erhalten und praxisorientiert weiterzuentwickeln.

1.3 Mobile Jugendarbeit ermöglicht Teilhabe und Teilnahme

Das Interesse von jungen Menschen an Politik erscheint als wenig ausgeprägt, dies zeigen beispielsweise Jugendstudien.[1] Jugendliche mit niedrigem Bildungsniveau – und das sind in der Regel die Adressaten der MJA – haben darüber hinaus ein unterdurchschnittliches Interesse an Politik (vgl. Brock 2007). Auf dem Weg zur Bürgergesellschaft verändert auch der Staat seine Funktionen: »Der Staat führt nicht mehr Regie, sondern weckt, aktiviert, motiviert, sorgt für Kommunikation und Kooperation, möglichst auch für Konsens, verlässt sich aber sonst auf die endogenen Potenziale der Gesellschaft« (Spiegel 2002, S. 28). Im Sinne der GWA ist zu ergänzen, dass der Staat Rahmenbedingungen schaffen muss, die das Handeln ermöglichen. Schließlich sind die Ressourcen der Individuen unterschiedlich verteilt. Diesen Weg begleiten also Widersprüche und Konfusionen, und die Gefahr ist groß, dass ein Teil der Gesellschaft – nämlich Jugendliche, die vorwiegend in sogenannten prekären Lebensverhältnissen aufwachsen – auf diesem Weg »abgehängt« wird, einfach nicht mehr mitkommt.

Neben Beteiligungsangeboten und Mitwirkungsmöglichkeiten für junge Menschen in verschiedenen Feldern der Jugendarbeit haben sich im letzten Jahrzehnt neue Formen[2] etabliert, die mit unterschiedlicher Qualität und Reichweite – von Mitsprache über Mitwirkung bis zur Mitbestimmung – mehr Jugendlichen eine Beteiligung an Planungen und Entscheidungen bieten, die sie berühren. Das Spektrum zeichnet sich aus durch die Suche nach der jeweils adäquaten Form. Gleichwohl gilt zu fragen, was mit Beteiligung eigentlich gemeint ist. So vielfältig wie der Begriff sind auch die möglichen Antworten. Beteiligung (oder Partizipation) nach unserem Verständnis ist *Teilhabe und Teilnahme*. Teilhabe meint, dass jemand etwas abbekommt. Es muss also jemanden geben, der etwas abgibt. Und zwar Entscheidungskompetenz oder Planungshoheit oder was auch immer. Die Einflussmöglichkeiten hängen wesentlich davon ab, wie Informationen ausgetauscht werden, wie die Informationskanäle angelegt sind und mit

---
[1] Stellvertretend hierfür die 15. Shell Jugendstudie 2006
[2] Siehe auch Anlage »Neue Formen der Beteiligung von Kindern und Jugendlichen«

welcher Haltung das politisch-administrative System dem Bürger begegnet. Teilnahme beginnt bei der Stufe der konsumierenden Beobachtung und steigert sich über den Schritt der Mitwirkung im Vorfeld von Entscheidungen hin zur Mitentscheidung und Selbstverwaltung. Dabei beruht Partizipation immer auf dem Prinzip der Freiwilligkeit und ist abhängig von objektiven und subjektiven Faktoren. Wer Beteiligung fördert, ohne parallel Umsetzungsstrategien zu entwickeln, treibt die Spaltung der Gesellschaft voran, da nur die erreicht werden, die bereits artikulationsfähig sind. Häufig wird, wenn von Beteiligung geredet wird, nur ein Teil verstanden, nämlich Teilhabe *oder* Teilnahme. Wir müssen schauen, wo Beteiligungsaktionismus ist und wo wirkliche Beteiligung. Ebenso wenig wie eine Schwalbe einen Sommer macht, macht eine Beteiligungsform noch keine wirkliche Beteiligung. Wir müssen uns vergegenwärtigen, dass es Voraussetzungen gibt für Partizipation. Wir müssen bei den Adressaten genau schauen, was die Voraussetzungen sind, die Menschen überhaupt erst die Möglichkeiten geben, sich zu beteiligen.

MJA hat den Anspruch mit Jugendlichen zu arbeiten, die von anderen (Jugendhilfe-)Angeboten nicht oder nicht mehr erreicht werden. Sie hat vielfältige Erfahrungen mit »Abgehängten und Verweigerern« und kann ihre Kompetenzen nutzen für den Kontakt und den Dialog mit den Jugendlichen. Sie kann Voraussetzungen für Beteiligung schaffen, indem sie Beteiligungsmöglichkeiten so organisiert, dass sie in der Lebenswelt der Jugendlichen verankert werden und persönlichen Kontakt gewährleistet. Zu den Voraussetzungen für Beteiligung gehört auch, dass sie die leichte Erreichbarkeit der Ansprechpartner ermöglicht, altersangemessene Formen berücksichtigt, unmittelbare, zeitnahe Reaktionen ermöglicht, die konkreten Zeitbudgets der Jugendlichen berücksichtigt, überschaubar und zeitlich abgrenzbar sind (Projektcharakter), Offenheit der Prozesse für alle Beteiligen gewährleistet, nichts verspricht, was nicht zu halten ist, nicht gesprächs-, sondern handlungsorientiert ist, transparent ist und den Jugendlichen vermittelt, was sie davon haben.

Der Gemeinwesenbezug versetzt MJA in die Lage, die anstehenden Lebensfragen, die sich Jugendliche ebenso wie Erwachsene stellen, in einem größeren Zusammenhang ins Gespräch zu bringen. Dabei geht es z.B. um die Diskussion und Überprüfung bestimmter kultureller Muster, die sich in Erziehungsvorstellungen, in Geschlechterrollen, in der Bedeutung von Erwerbsarbeit, in der Gestaltung von Partnerschaft oder im Verhältnis der Generationen abbilden. Diese kulturellen Muster stehen in direktem Zusammenhang mit möglichen Beteiligungsstrukturen: mit der Erfahrung sozialer Zugehörigkeit, mit Formen von Nachbarschaftshilfe, mit Arbeitsgelegenheiten in Strukturen lokaler Ökonomie, mit dem Bild, dem Image des Stadtteils oder der Region und damit verbundener Ablehnung oder Identifizierung, mit den Orten für Alltagskommunikation und Alltagskultur (vgl. Brock 2007). Wenn also die Diskussion der Frage:»Wie sollen wir heute leben?« im Zusammenhang mit Beteiligungsmöglichkeiten konkret vor Ort geschieht und wenn sie nicht unter Ausschluss der Zukunftsgeneration, nämlich der Jugend, geführt wird, dann hat MJA für diese Verständigung eine wichtige gesellschaftliche Funktion. Daneben muss sie fragen, was Jugendliche an Rahmenbedingungen benötigen, um sich zu beteiligen. Wir können davon ausgehen, dass es gerade nicht das Kopieren von Erwachsenenritualen ist.

1.4 Mobile Jugendarbeit ist Vernetzungsarbeit

Vernetzung und Kooperation sind wesentliche Merkmale von GWA. Es sind Merkmale, welche auch von Anfang an die Geschichte von Streetwork und MJA prägten und im Laufe der Zeit viele Ausdifferenzierungen erfahren haben (Schnittstellendiskussion, Kooperation mit Schule, Justiz, Polizei, Stadtteilgremien usw.). Eine MJA, die eines der zentralen Prinzipien der GWA, nämlich die Vernetzung – nicht integriert, ist nicht handlungsfähig. Sie wäre durch ihre Nähe zu gesellschaftlich stigmatisierten Menschen auch zu stark davon bedroht, selbst isoliert zu werden und damit gesellschaftlich wirkungslos zu sein. Die »GWA-Säule« hat hier also geradezu eine lebenserhaltende Funktion (vgl. Brock 2007).

Ein Beispiel, wie MJA ihre Kompetenz des Netzwerkens ins Gemeinwesen einbringen kann, ist z. B. die Gestaltung einer lebensweltorientierten Jugendhilfeplanung (vgl. Deinet 2002, S. 179). Dabei sollte die sozialräumliche Kundigkeit der Praktiker mit den Ressourcen der örtlichen Verwaltung zusammengebracht werden: Die Träger der öffentlichen Jugendhilfe haben im Rahmen ihrer Planungsverantwortung die Aufgabe, Bedarfe zu ermitteln und – davon abgeleitet – Vorhaben zu planen. Die Bedarfe sollen möglichst bezogen auf kleinräumige Einheiten und unmittelbar bei den Adressaten ermittelt werden. Für beide Aspekte sind die MJA und natürlich deren Adressaten die Experten (ebd.). Angefangen von Sozialraum- und Lebensweltanalysen bis hin zu spezifischem Szenewissen verfügen sie über eine Fülle »weicher Daten« und können die Trends im Stadtteil abschätzen. Außerdem haben sie die Kontakte zu den Jugendlichen, um diese direkt in den Planungsprozess mit einzubeziehen. Es ergeben sich Möglichkeiten der

Beteiligung (über geeignete Methoden sozialräumlicher Lebensweltanalyse) und der unmittelbaren Überprüfung der bisher vorhandenen Daten und Annahmen.

1.5 Die Ziele von Mobiler Jugendarbeit können nicht ohne Sozialraumorientierung erreicht werden

Wenn wir die aktuellen Fachstandards zur Mobilen Jugendarbeit der BAG SW/MJA, in Sachsen, Baden-Württemberg oder Nordrhein-Westfalen betrachten, finden sich sozialraumorientierte Grundlagen und Zielformulierungen wie:

- Streetwork und Mobile Jugendarbeit tragen dazu bei, fehlende oder unzureichende Angebote zu ermitteln, öffentlich zu machen, entwickeln sozialpolitische Einmischungsstrategien und nehmen damit Einfluss auf Sozial- und Jugendhilfeplanung (BAG in Gillich 2008)
- Streetwork und Mobile Jugendarbeit nehmen ihre Adressaten mit all ihren Stärken und Problemen im Kontext ihrer Lebenswelten und sozialen Bezügen wahr ... (BAG in Gillich 2008)
- Es gilt spezifische Angebote zu entwickeln, die problemlagen- und lebensweltbezogen sind, sowie stets die entsprechenden Sozialräume (Stadtteilressourcen) aktiv mit einbeziehen (BAG in Gillich 2008)
- Streetwork und Mobile Jugendarbeit sehen es als ihre Aufgabe an, Brücken zwischen den Nutzergruppen des öffentlichen Raums zu bauen. Dadurch soll den Ausgrenzungsmechanismen, die sich durch die zunehmende Verregelung und Privatisierung des öffentlichen Raums verstärken, entgegengewirkt werden (BAG in Gillich 2008)
- Verbesserung der Infrastruktur: Nutzung und Erschließung der im Stadtteil vorhandenen Ressourcen unter Einbeziehung des Gemeinwesens (BAG in Gillich 2008)
- Vernetzung: Mitarbeit in – für die Arbeit wichtigen – Gremien, Kooperationen fach- und ressortübergreifende Vernetzung, Einbindung in das Netz der regionalen Hilfestrukturen

Grundsätzlich – so wird es z. B. in den Sächsischen Fachstandards für Mobile Jugendarbeit 2007 skizziert – geht es dabei um das Erschließen, Erhalten und Zurückgewinnen von Räumen. Streetwork/Mobile Jugendarbeit setzen dabei auf einen erweiterten Raumbegriff. Räume sind z. B.:

- Handlungsspielräume und Entfaltungsspielräume jedes Einzelnen
- öffentliche/materielle Räume (Plätze, Institutionen, Einrichtungen, Spielplätze etc.)

- metaphorische Räume (Soziale Netzwerke, Beziehungsräume, virtuelle Räume)

Betrachten wir uns diese Ziele genauer, so müssen wir feststellen, dass die Erreichung dieser Ziele ohne sozialraumorientiertes Denken und Handeln nicht möglich ist. Erst durch eine konsequente Umsetzung des Arbeitsprinzips Gemeinwesenarbeit in den Arbeitsfeldern Streetwork/Mobile Jugendarbeit können derartige Ziele erreicht werden.

Sowohl die Prinzipien der GWA, die handlungsleitenden Prinzipien von MJA, als auch die Grundhaltungen reformpädagogischer Theorie und Praxis (z. B. Freire) und Ansatzpunkte des Systemischen bzw. des Systemisch-Lösungsorientierten Ansatzes weisen gemeinsame Schnittmengen auf, wie:
- Menschen werden als Experten ihrer Lebenswelt betrachtet. Es gilt diese zu beteiligen und zu aktivieren, anstatt für sie zu handeln
- Veränderungen sind nur möglich durch die Menschen selber (der Berater ermöglicht dafür einen geeigneten Rahmen)
- Der »Professionelle« ist Experte im Nichtwissen und gibt daher keine Ratschläge
- Die Ressourcen stehen im Mittelpunkt
- Mehr Prävention statt Intervention
- Der Mensch wird als Teil eines Systems wahrgenommen (ganzheitliche Sichtweise)

1.6 Systemisches Denken und das Empowermentkonzept

Systemische Ansätze sind heute in aktuellen Konzepten der Sozialarbeit oft zu finden, auch speziell in der Jugendhilfe.[3] Im Kontext der Einzelfallhilfe bieten systemische Konzepte die Möglichkeit, sozialräumlich innerhalb eines Systemischen Case Managements[4] zu agieren. Systemisches Denken geht davon aus, dass jede Veränderung im System alle Teile des Systems in einem kleineren oder größeren Ausmaß beeinflusst. Folglich wird auch jeder Lösungsversuch alle Teile bzw. Mitglieder des Systems beeinflussen. Nicht einzelne Individuen stellen das Problem dar. Das heißt, wenn das Verhalten eines Systemsmitglieds (z. B. der »auffällige« Jugendliche) inadäquat ist, quasi als »schädlich«, »unbequem« oder »abweichend«

---

[3] Einen Überblick liefert die Veröffentlichung von Wolf Ritscher (Hrsg.) (2005): Systemische Kinder- & Jugendhilfe. Anregungen für die Praxis

[4] Einen Überblick bietet die Veröffentlichung von Heiko Klewe, Britta Haye, Andreas Hampe-Grosser, Mathias Müller (2006): Systemisches Case-Management. Falleinschätzung und Hilfeplanung in der Sozialen Arbeit

wahrgenommen wird, so ist dieses Verhalten Systemverhalten (vgl. Borwick, S. 363). Das System hat das Verhalten für sein Funktionieren abgeleitet. Aus der Systemperspektive ist jedes Verhalten dazu bestimmt, konstruktiv und sinnvoll für das System zu sein, denn das System ist bestrebt, ein Gleichgewicht zu erhalten. Das heißt, ein System oder ein Mitglied des Systems (z. B. ein Jugendlicher in einem Stadtteil) kann Verhalten erzeugen, welches von außen gesehen bizarr erscheint, jedoch von innen gesehen einen perfekten Sinn ergibt, damit sich das System erhalten kann bzw. sich nicht verändern muss (vgl. ebd.).

Die kleinste gemeinsame Verständigung bei der Definition von Empowerment (wörtlich »Bemächtigung«), »bezeichnet Entwicklungsprozesse in der Dimension der Zeit, in deren Verlauf Menschen die Kraft gewinnen, der sie bedürfen, um ein nach eigenen Maßstäben buchstabiertes ›besseres‹ Leben zu leben« (Herriger 1997, S. 11). Eine einheitliche Definition für die psychosoziale Praxis und den wissenschaftliche Diskurs existiert noch nicht, denn hier wird zum Teil aus der jeweiligen Interessenlage heraus definiert. Nach Herriger können vier Definitionen des Empowerments herausgearbeitet werden.

- Empowerment ist aus *politischer Sicht* ein konfliktreicher Prozess, der Umverteilung der politischen Macht einfordert und in dem sich die Nicht-Mächtigen, Machtunterlegenen bzw. »Unterdrückten« Verfügungskraft und Entscheidungsvermögen aneignen (z. B. durch Alphabetisierung (vgl. Freire 1973, 1992)).
- »Power« (engl.) wird mit »Stärke« sowie mit Kompetenz, Durchsetzungskraft und Alltagsvermögen übersetzt. Dieser *lebensweltbezogene Ansatz* beschreibt, dass Menschen ihr Leben, ihren Alltag, ihre Schwierigkeiten, also auch Rückschläge, Belastungen, auch einschneidende Erfahrungen selbst bewältigen können (vgl. hierzu den Resilienzansatz[5]), selbst bestimmte »Lebensregie führen« und ein »gelingendes Lebensmanagement« (mit anderen) aufbauen und umsetzten können.[6]
- Im *reflexiven Prozess* eignen sich Menschen selbst ihre Lebenskräfte an (Selbst-Bemächtigung). Sie nehmen sich als aktiv handelnde Subjekte, als Protagonisten ihrer Lebenswelt wahr und führen einen Wandel ihres »Lebenskurses« durch. Sie verlassen »Abhängigkeit« und »Bevormun-

---

[5] Trotz einschneidender Erlebnisse und traumatisierender Erfahrungen bildet sich Resilienz (Elastizität, Beweglichkeit), also Widerstandsfähigkeit und ein positives Lebensgefühl

[6] Vgl. ressourcenorientierte Ansätze sowie der Auftrag der Kinder und Jugendhilfe § 1 SGB VIII

dung« bzw. »Unterdrückung«. Empowerment ist somit ein selbst gesteuerter Prozess der (Wieder-)Erlangung von Lebenssouveränität sowohl im Bereich der Gestaltung von Alltagsbeziehungen, Bewältigung des Alltagsmanagements als auch im Bereich politischer Teilhabe (am Gemeinwesen).

- Die *transitive Definition* des Empowerments bedeutet, dass dadurch Mit- und Selbstbestimmung auch Mithilfe anderer ermöglicht wird. Menschen sind in ihrem »Labyrinth« (Herriger 1997, S. 15) oder im »Turm« (Lutz 2005, S. 11 ff.) der Hilflosigkeit, Abhängigkeit (von Personen und Institutionen, z. B. Hilfesystemen), also in eigenen und gesellschaftlichen (»Unterdrückungs-«)Strukturen und Systemen gefangen. Diese Definition richtet sich an die professionellen »Helfersysteme«, z. B. psychosoziale Dienste. Handlungsziel ist, die Ressourcen für ein gelingendes Selbstmanagement zu entdecken, Prozesse der (Wieder)Aneignung anzustoßen, Beratung, Begleitung und Unterstützung anzubieten.

Das Konzept des Empowerments nach Herriger zielt auf die Einbeziehung der Mitarbeitenden in Problemlösungsprozesse und die Schaffung und Sicherung sinnstiftender Teamkultur ab. Von Bedeutung sind offene kommunikative Austauschformen, Dialogisches Prinzip, Fokussierung auf Lösungsstrategien und Teamarbeit, also eigenverantwortliche und kooperative Handlungsweisen. Teammitarbeiter engagieren sich nach Herriger erst, wenn ihre Anliegen, Interessen und Bedürfnisse ernst genommen werden und eine offene, fördernde und wertschätzende Arbeitsatmosphäre entsteht und beibehalten wird. Der Zugang zu umfassenden Informationen muss gewährleistet werden. Dies wird durch eine kollegiale Supervision, Coaching bzw. Organisations- bzw. Prozessberatung und -evaluation gewährleistet.

Die Entwicklung von optimaler, effektiver und moderner Führungskompetenz wird durch Coaching und Organisationsentwicklung als ständiger Prozess im Zusammenhang von Empowermentstrategien erreicht. Führung bedeutet in diesem Zusammenhang keine machtgestützte Steuerung und Kontrolle, sondern die Förderung der Mitarbeiter (Führungskompetenz als »Coaching«). »Führungskräfte, die ihren Mitarbeitern Vertrauen entgegenbringen, sie ermutigen und mit Mut machendem Vorbild vorangehen, sind ›Motoren‹ der Leistungsbereitschaft und der Leistungskraft aller Organisationsmitglieder« (Herriger 1997, S. 166).

Es ist eine gemeinsame Organisations-, Institutions- bzw. Projektphilosophie auch in der Verwaltung (vgl. Herriger 1997), sowie in kirchlichen Institutionen (vgl. Böhmer/Klappenbach 2007) bzw. bei deren Projekten zu entwickeln, also handlungsleitende Überzeugungen und Verpflichtungen (Corporate Identity) zu erarbeiten. Der Empowermentansatz setzt somit die Fähigkeit zum Lernen auf individueller und institutioneller Ebene voraus. Es werden geeignete fachliche, kommunikative und soziale Kompetenzen ausgebildet. Einsichten, Wissen und Assoziationen zwischen vergangen und zukünftigen Handlungen werden vermittelt. Lernen ist ein organisatorischer, institutioneller und kommunikativer Prozess. Dabei werden Auseinandersetzungen konstruktiv und reflexiv zwischen unterschiedlichen Hierarchieebenen geführt. Sie verstärken innovative Handlungskonzepte und Problemlösungsstrategien. Hieraus entsteht eine institutionelle Lernkultur (lern management). Durch Empowerment erhöht sich die Arbeitsplatz- und Dienstleistungsqualität. Die Mitarbeiter werden zu beständiger Weiterbildung und In-Service-Training (ständiges kollektives Neu-Lernen) motiviert. Mitarbeiter lernen somit eigene Kompetenzen zu nutzen und Schwerpunkte entsprechend den eigenen Interessen und den fachlichen Notwendigkeiten zu entwickeln. Projekte werden weiterentwickelt und evaluiert. Förderlich ist eine flexible Arbeitszeitgestaltung, z. B. durch Arbeitszeitkonten. Auch »Aus«-Zeiten zur Entspannung oder zur Fort- und Weiterbildung sind hilfreich, um neue Impulse von außen zu erhalten. Qualitätszirkel, übergreifende Projekte oder die Mitarbeit in Verbänden und Arbeitsgemeinschaften tragen zum »Blick über den Tellerrand« und zur Verbesserung der (Dienst-)Leistung bei. Dreh- und Angelpunkt ist die Entwicklung und Evaluation der Adressatenmitwirkung (vgl. Herriger 1997, S. 160 ff.). »Eine so in Stichworten beschriebene institutionelle Kultur beständigen Weiter- und Neu-Lernens ist Schlüssel zum Gelingen jedweder Organisationsreform – sie ist wirksames Gegenrezept gegen Resignation, Motivationsverlust und Burning-Out und schafft ein innovationsfreundliches Klima der Ermutigung« (Herriger 1997, S. 168).

Es wird nicht mehr in traditionellen Hierarchieebenen gedacht und organisiert, sondern Zuständigkeiten und Funktionen als Teil des Ganzen bzw. der Organisation oder des Projektes werden herausgearbeitet. Die Grundzüge des Empowerments finden sich in der lernenden Organisation wieder.[7] Die Organisation wird durch die lernenden Mitarbeiter, vor allem durch die Leitung und Führung zur lernfähigen Organisation (vgl. Wolfer 2009).

---

[7] Vgl. Senge 1996, 1999 zu LEO (lernende Organisation) und Sackmann in Fatzer 1999

2 Gemeinwesenarbeit – Methode oder Arbeitsprinzip? Anmerkungen zum Begriffsverständnis

Die Frage, ob GWA nun eine Methode oder ein Arbeitsprinzip ist, ist seit den 1980er Jahren (zumindest) theoretisch beantwortet. In diese Zeit fällt das Grundlagenbuch zur GWA, dessen exponiertester Vertreter Dieter Oelschlägel ist.[8] »Arbeitsprinzip Gemeinwesenarbeit« lautet der schlichte Titel und meint nichts anderes, als dass die Prinzipien und Haltungen der GWA als Grundorientierung die Soziale Arbeit strukturieren und die »isolierte« Betrachtung eines »Falles« aufhebt, unabhängig davon, in welchem sozialen Arbeitsfeld jemand tätig ist. Damit – das ist zentral – veränderte sich das Verständnis der GWA. Von einer Methode (als klassische dritte Methode der Sozialen Arbeit – neben der Einzelfallarbeit und Gruppenarbeit) hin zum Arbeitsprinzip.

Das Betätigungsfeld der GWA war in dieser Zeit verortet in der Arbeit mit benachteiligten Gruppen in benachteiligten Stadtteilen – verbunden mit dem Ziel, die infrastrukturellen und materiellen Rahmenbedingungen der Bewohner zu verbessern. In den 1980er Jahren schließlich setzte sich die Erkenntnis durch, dass die Aufspaltung in Beratungsarbeit (durch Einzelfallhilfe) und in strukturelle Arbeit (durch GWA) kontraproduktiv ist. Demnach gehört beides zusammen. Sowohl die Beratungsarbeit *und* die Arbeit in den Stadtteilen; der Blick auf das Individuum *und* der Blick auf die strukturellen Rahmenbedingungen (vgl. Gillich 2007b, S. 86f.).

2.1 Lebenswelt und Sozialraum

Sozialräumliche Arbeit beruht auf dem Prinzip der *Lebensweltorientierung*. Es ist auch das entscheidende Prinzip für Selbsthilfeprozesse. Selbsthilfeprozesse, die in Eigeninitiative erfolgen oder professionell begleitet oder unterstützt werden (nach dem Motto: Mit den Jugendlichen – nicht für sie), können nur dort erfolgreich sein, wo es gelingt, an den zentralen Themen der Jugendlichen anzusetzen, egal, wie man dies dann benennt: Betroffenheit, Wille, Bedarf, Bedürfnis, Interesse o. ä. Die Herausforderung für Streetwork und Mobile Jugendarbeit besteht darin, in den Lebenswelten junger Menschen Kontakt aufzunehmen und ihre Lebenswelten zu erfassen. Die Lebenswelt ist der Ort, an dem das Individuum (Jugendliche/r) oder die Gesellschaft handelt. Sie ist der Raum täglicher Aktionen der Jugendlichen und damit Schnittpunkt von Individuum und Gesellschaft. Die

---

[8] Boulet/Krauß/Oelschlägel 1982: Arbeitsprinzip Gemeinwesenarbeit

Lebenswelt stellt immer ein Verhältnis von Möglichkeiten und Behinderungen menschlichen Handelns dar. Bekannt ist, dass nicht alle Jugendlichen Probleme machen, weil sie Probleme haben. Jugendliche haben objektiv unterschiedliche Lebensumstände und nutzen subjektiv unterschiedliche Lösungswege. Wer junge Menschen befähigen will, ihren Handlungsspielraum zu erweitern, muss innerhalb ihrer Lebenswelt agieren. Professionelle handeln nicht belehrend und pädagogisierend mit Erkenntnissen aus ihrer eigenen Lebenswelt (getreu dem Motto: ich weiß, was gut für dich ist), sondern vermittelnd, klärend und organisierend. Die Lebenswelt junger Menschen ist daraufhin zu untersuchen, welche Möglichkeiten sie für die jungen Menschen bereithält, um sie zu stützen, zu erweitern oder neu zu schaffen und welche Behinderungen sie beinhaltet, um diese zu beseitigen oder zumindest zurückzudrängen (vgl. Gillich 2007, S. 106ff).

Dreh- und Angelpunkt ist die *Lebenswelt* der Menschen. *Auftrag Sozialer Arbeit* ist, die Handlungsmöglichkeiten des Individuums zu erweitern und »Behinderungen« zu beseitigen oder zu mildern. Dies geschieht durch die Förderung von materiellen und infrastrukturellen Ressourcen *sowie* durch die Förderung von sozialen und personalen Ressourcen. Bei materiellen und infrastrukturellen Ressourcen geht es um die objektiven Rahmenbedingungen. Diese lassen sich konkretisieren anhand der Fragestellung, welche Handlungsmöglichkeiten ich habe. Bei sozialen und personalen Ressourcen geht es um die subjektive Einschätzung des Menschen, also deren Interpretation und damit zur Fragestellung: Welche Handlungsmöglichkeiten *sehe ich?* (vgl. Gillich 2004). Als räumliche, quartiersbezogene Kategorie findet sich die Lebenswelt wieder im Begriff der »*Sozialraumorientierung*«. Mit diesem Begriff sind wir mitten in den aktuellen Diskussionen.

Im Planungsverständnis einer Stadtplanung wird der soziale Raum als Steuerungsgröße, als *geographischer Raum* verstanden. In Sozialberichten der Kommunen häufig präzisiert durch ausgewiesene Stadtteile, auf die der Planungs- und Interventionsblick gelenkt wird und Konsequenzen daraus gezogen werden. Das Untersuchungsergebnis führt dazu, dass der Stadtteil mit fehlender Infrastruktur ausgestattet oder festgestellt wird, dass die notwendige Infrastruktur vorhanden ist. Demgegenüber steht ein Verständnis des Sozialraums als ein von Menschen *individuell definierter Raum*. Der soziale Raum des einzelnen Menschen kann, muss jedoch nicht dem grafischen Raum (Stadtteil, Quartier) entsprechen. Der soziale Raum ist der örtliche Raum, der dem Menschen Möglichkeiten gibt, Beziehungen zu leben, und ihn darin einschränkt, behindert oder begrenzt. Es ist r Raum, in dem der Mensch kommunikativ ist, also soziale Kontakte hat. Der Sozialraum eines Jugendlichen kann den Schlafplatz zu Hause umfassen, erweitert sich jedoch durch gelebte soziale Kontakte beim Besuch, durch Kontakte zur Szene, durch den Aufenthalt in der Innenstadt, durch »Schnorren«, wo durchaus soziale Kontakte entstehen (können) usw. Der Sozialraum Jugendlicher ist folglich unterschiedlich, da der Sozialraum individuell geprägt ist. Nach unserem Verständnis ist der *Sozialraum* immer ein Teil der Lebenswelt des Individuums. Der Sozialraum des Individuums ist der Teil der Lebenswelt, in dem wir in Kontakt mit anderen Menschen sind, in dem wir »social« sind.

Der sozialräumliche Ansatz geht davon aus, dass es in der Entwicklung von Menschen einen Zusammenhang gibt, wie sie von Streetwork/Mobile Jugendarbeit wahrgenommen werden und den konkreten »Räumen« in denen sie leben, von denen sie geprägt werden und die sie prägen. Sozialraumorientierte Soziale Arbeit folgt der Grundüberlegung, dass Menschen sich in überschaubaren Sozialräumen orientieren und die nutzen, die für ein erfülltes Leben hilfreich sind. Ziel pädagogischer bzw. sozialer Arbeit ist es, das individuelle und gemeinsame Leben im Sozialraum zu bereichern. Das heißt, mit fehlenden Ressourcen auszustatten, den Gebrauch von Ressourcen zu verbessern und die Gesprächs-Orte und Gesprächs-Strukturen zu gewährleisten, die das möglich machen. Sozialraumorientierte Soziale Arbeit zielt folglich nicht auf die »Besserung« von Menschen oder auf die zielgerichtete Veränderung ihrer Lebensgewohnheiten durch erzieherische Interventionen, sondern auf konkrete Verbesserungen der Lebensbedingungen der Wohnbevölkerung in einem Quartier, Stadtteil oder Bezirk unter *aktiver Beteiligung der betroffenen Menschen*. Es geht um die Veränderung bzw. Gestaltung sozialer Räume und nicht um die wie auch immer geartete gezielte Beeinflussung psychischer Strukturen von Menschen.

Professionelle fungieren als Bindeglied zwischen den Systemen »Lebenswelt« einerseits und »Politik, Verwaltung, Institutionen« andererseits – mit dem Ziel, Ressourcen nutzbar zu machen im Interesse der im sozialen Raum lebenden Menschen. Neben diesem Grundverständnis von Gemeinwesenarbeit als Arbeitsprinzip bietet die GWA auch methodisches «Werkzeug» wie Bewohnerbeteiligung, Stadtteilerkundung, Offene Frageformen zur Erkundung der Lebenswelt etc. Doch sollten wir immer unterscheiden zwischen Gemeinwesenarbeit als Arbeitsprinzip, welches Soziale Arbeit strukturiert und methodischen (gemeinwesen- bzw. sozialraumorientierten) Umsetzungsmöglichkeiten.

2.2 Gemeinwesenarbeit und Sozialraumorientierung

In der Praxis sind beide Begriffe (und die damit verbundenen Wurzeln und Ansätze) kaum zu trennen, wobei hinter beiden Begrifflichkeiten unterschiedliche Zugänge stehen. Gemeinwesenarbeit handelt vom Gemeinwesen (Stadtteil) her und schaut, welche Themen die Menschen verbinden, um diese Themen aufzugreifen. Der »Weg führt vom Gemeinwesen zum Individuum« (Gillich/Küchler 2008). Sozialraumorientierung geht einen anderen Weg. Mit diesem Ansatz wird das Individuum in den bestehenden »Beziehungen und Netzwerken« betrachtet.[9] Unabhängig davon, welchen Zugang ich wähle, ob ich vom Gemeinwesen her denke und handle und nach gemeinsamen Themen suche oder mit Blick auf das Individuum den Sozialraum in den Blick nehme, muss klar sein, dass die jeweilige Arbeitsgrundlage die handlungsleitenden Prinzipien der Gemeinwesenarbeit resp. der Sozialraumorientierung sind.

Wenn wir, mit Blick auf die (Mobile) Jugendarbeit- bzw. Jugendhilfe, im Folgenden von »Sozialraumorientierung« reden, sind damit »erstens *Menschen* gemeint (mit ihrem individuellen Raum), zweitens ein *geografischer Raum* (weil wir für Planungen und Finanzierungen oft geografische Grenzen brauchen) und drittens *handlungsleitende Prinzipien*« (vgl. Gillich 2007).

Inhaltlich lassen sich zwei wesentliche inhaltliche Stränge unterscheiden:
- Zur Behebung einer konkreten kritischen Lebenslage eines Jugendlichen werden Einzelhilfen angeboten, von konkreter materieller Hilfe über Beratung bis hin zu Therapie. Im Mittelpunkt des Handelns steht der Jugendliche in seiner konkreten Notsituation und bedarf für einen (begrenzten) Zeitraum professioneller Unterstützung. Diese Notlage erscheint isoliert darstellbar und ist mit einem bestimmten Spektrum von Maßnahmen zu bearbeiten.
- Demgegenüber steht ein Verständnis von Jugendlichen als integriertem Bestandteil eines ökologischen und sozialen Zusammenhangs. Nach diesem Verständnis ist der Jugendliche geprägt durch seine sozialen und materiellen Lebensbedingungen, seine Umwelt und die Wohnbedingungen, in denen er lebt. Gleichzeitig ist er aber auch in der Lage, Einfluss

---

[9] Mit Blick auf die Jugendhilfe hat Wolfgang Hinte das Konzept in wesentlichen Teilen geprägt. Er fordert z. B. bei den Erzieherischen Hilfen, dass ASD Mitarbeiter raus sollen aus ihren Büros und sich im Stadtteil bzw. der Lebenswelt ihrer Klientel auskennen müssen, um – gemeinsam – bedarfsgerechte Hilfen entwickeln zu können

auf diese Faktoren auszuüben, Entscheidungen zu treffen und das Leben selbst zu gestalten.

Das Leben im Sozialraum muss zum Bezugspunkt werden für das Verstehen der Belastungen, Krisen und Notlagen der hier lebenden Jugendlichen. Denn erst wenn wir lernen, die jungen Menschen in ihren Verhältnissen zu verstehen, können wir auch den Einfluss der Verhältnisse auf das Verhalten begreifen. Es wird nach Belastungen *und* nach Ressourcen im Sozialraum gefragt. Damit wird der Sozialraum als eine Ressource zur Lebensbewältigung wahrgenommen. Mit diesem Perspektivenwechsel erweitern sich die Handlungs- und Interventionsmöglichkeiten von der angebotsorientierten Jugendarbeit hin zu Konzepten der Gestaltung von Lebensräumen im Sinne der jungen Menschen. Diese Perspektive sieht Jugendliche eingebettet in soziale Beziehungen, Institutionen, Wohnumfeld und Arbeitswelt. Bei dieser ganzheitlichen Sichtweise wird gefragt nach den Beziehungen zwischen

- den Jugendlichen und seine Mitmenschen (soziale Netze)
- den Jugendlichen und kulturellen, politischen, sozialen und ökonomischen Institutionen
- den Jugendlichen und der physikalischen-räumlichen sowie der biologischen Umwelt (vgl. Gillich 2007, S. 107f).

Diese Sichtweise wird am Beispiel *Streetwork/Mobile Jugendarbeit und Sozialräumlicher Ansatz* erläutert. Dabei stehen Streetwork/Mobile Jugendarbeit für andere Formen zielgruppenorientierter Sozialer Arbeit. Es ist ein Dauerbrenner, dass Öffentlichkeit und Politik bei neu auftretenden oder nur neu wahrgenommenen Problemen der Jugendlichen (auf der Straße, Halbstarke, Trebegänger, Gewaltbereitschaft), die Probleme immer auf eine bestimmte Art diskutiert und behandelt: nämlich als jugendzentrierte Sichtweise. Das hat zur Folge, dass verkürzte Erklärungen geliefert und bestimmte Probleme (z.B. Gewalt) ausschließlich als Jugendprobleme behandelt werden. Dies führt auch – ohne das zu bewerten – zu einem Begriff von Streetwork/Mobile Jugendarbeit, der sie weitgehend als Soziale Arbeit mit extrem auffälligen Jugendlichen in innerstädtischen Problemgebieten sieht. Die jeweilige Zielgruppe wird über spezifische Problemlagen definiert (Drogen, Prostitution, Wohnungslosigkeit etc.). Nicht wer hier wohnt und seine Lebenszusammenhänge hat – also auch Erwachsene – sondern nur, wer der spezifischen Problemgruppe angehört, ist dann Adressat von Streetwork/Mobile Jugendarbeit. Ein sozialräumlicher Arbeitsansatz dagegen richtet sich auf das ganze Quartier, weil dieses als belastet gilt, weil sich Problemlagen häufen. Ein solcher Ansatz reduziert nicht die Vielfalt der Probleme, sondern gibt die Fragen zurück an das Gemeinwesen – an die Politik, die Öffentlichkeit etc. – und stellt z. B. die Frage nach Ausgrenzung oder Akzeptanz der Jugendlichen (vgl. Gillich 2007, S. 107f).

3 Handlungsleitende Prinzipien der sozialräumlichen Arbeit in der Mobilen Jugendarbeit

Die handlungsleitenden Prinzipien der Sozialraumorientierung entsprechen dem, was seit Anfang der 1980er Jahre als »Arbeitsprinzip GWA« beschrieben und in der Praxis umgesetzt wurde. Demnach gehört die Arbeit mit Gruppen *und* mit Einzelnen zu einer gelingenden Gemeinwesenarbeit. Systemisches und ressourcenorientiertes Denken und Handeln sind Teil der praktischen Arbeit im Gemeinwesen. Mit Blick auf Streetwork/Mobile Jugendarbeit werden passende Methoden beschrieben, welche die handlungsleitenden Arbeitsprinzipien konkretisieren. Dabei stehen die Lebenserfahrung, die Lebenswelt und die Sprache der Menschen im Vordergrund und beeinflussen die Wahl nach Methode und Ansatz. Denn diese sind lediglich die Werkzeuge Sozialer Arbeit, die nur wirken, wenn sie von den handelnden Akteuren akzeptiert und genutzt werden.[10] Im Folgenden werden die neun handlungsleitenden Prinzipien beschrieben, die alle Berücksichtigung finden, sofern von Gemeinwesenarbeit resp. Sozialraumorientierung gesprochen wird (vgl. Gillich 2007, S. 109ff).

3.1 Beteiligung ist ein durchgängiges Arbeitsprinzip

Nur durch Beteiligung werden Integration und Aneignung möglich. Die Orientierung an den Bedürfnissen und Themen der Adressaten von Streetwork/Mobiler Jugendarbeit sowie der anderen Menschen im Sozialraum ist das oberste Prinzip in der gesamten Arbeit. Durch Dialog, Aneignung und Partizipation lernen (junge) Menschen demokratische Strukturen kennen. Sie entdecken Ressourcen, lernen diese zu nutzen, entwickeln Resilienz (Widerstandsfähigkeit) und stärken dabei ihr Selbstbewusstsein. Das heißt, ich setze konsequent am Willen und den Interessen der Adressaten

---

[10] Siehe dazu auch Wolfer 2007; Einen guten Einblick über die Möglichkeiten der Umsetzung der handlungsleitenden Prinzipien mittels einer systemisch-lösungsorientierte Gesprächsführung bietet der Artikel von Küchler 2007: Kurz und gut und Spaß dabei! Systemisch-lösungsorientierte Konzepte im Kontext der Einzelfallhilfe in den Arbeitsfeldern Streetwork und Mobile Jugendarbeit

an. Die Hilfe geht vom Willen und den Interessen der Adressaten aus; sie setzt nicht bei den Wünschen an und auch nicht bei den Vorstellungen der Helfer darüber, was der Klient braucht. Wenn ich jemanden frage:»Was brauchst du?«, degradiere ich bereits in der Fragestellung den Angesprochenen zu einem vermeintlichen bedürftigen Objekt, das etwas benötigt – zumeist noch durchzogen von der Suggestion, dass ich ihm das erhoffte (großzügig) geben könnte (vgl. Hinte/Treeß, S. 38ff). Die Idee ist, dass einer der etwas will, auch etwas dazu beiträgt, aktiv wird, um das zu bekommen, was er will (vgl. Kleve 2005).

- Aktivierende Arbeit: Umsetzung des Prinzips in der täglichen Gesprächsführung; Fragen nach Zielen und Visionen[11]
- Aktivierende Fragen: Nach den Dingen fragen, die die Adressaten selbst tun können

3.2 Menschen sind Experten ihrer Lebenswelt

Die Menschen werden als Experten ihrer Lebenswelt gesehen. Im Vordergrund stehen die Ziele und Lösungswege der Adressaten. Priorität hat hier das, was für die Adressaten Priorität hat. Die Kernfrage ist hier: »Was wollen *Sie* verändern?«, anstatt »sich als Profi« Gedanken zu machen, was die Menschen wohl »brauchen« bzw. was wohl »gut für sie wäre«?

- Umsetzung des Prinzips in der täglichen Gesprächsführung: Berater ist Experten im Nichtwissen, keine Ratschläge geben, sondern Lösungen durch den Adressaten erarbeiten lassen; Adressat ist Experte für das eigene Anliegen; ich als Berater biete ausschließlich den Rahmen.

3.3 Selbstorganisation und Aktivierung

Im Vordergrund steht die »Aktivierung«. Das bedeutet, dass die Menschen ermutigt werden, ihre Themen selbst anzupacken, bzw. sie – wo möglich und soweit möglich – selbst »in die Hand zu nehmen«. Streetwork/Mobile Jugendarbeit unterstützen dies durch öffentliche Diskurse, Kommunikation, Öffentlichkeitsarbeit u.a. Es geht hierbei um eine »begleitende« Funktion, anstatt einer Leitungs- bzw. Vorreiterfunktion. Somit handeln Streetwork/ Mobile Jugendarbeit mit den Menschen, anstatt für sie. Dadurch werden Kompetenz- und Lernerfahrungen sowie wirkliche »Hilfe zur Selbsthilfe« erst möglich, denn: »Hilfe stärkt nicht in jeder Hinsicht, sondern sie macht

---

[11] Willst du ein Schiff bauen, rufe nicht Männer zusammen, um Holz zu beschaffen und Werkzeuge vorzubereiten, sondern lehre sie die Sehnsucht nach dem weiten, endlosen Meer (Antoine de Saint-Exupéry)

auch abhängig und schafft schiefe Ebenen. Insofern schwächen die vielfältig entwickelten Hilfesysteme in der modernen Gesellschaft möglicherweise die Kräfte, die sie stützen wollen« (Kleve 2005).
- Umsetzung des Prinzips in der täglichen Gesprächsführung: Fragen nach Zielen und Visionen, Ressourcen und beschwerdefreien Zeiten (Ausnahmen); Bestärkung, Wertschätzung, Komplimente und Anerkennung.

3.4 Ressourcenorientierung

Streetwork/Mobile Jugendarbeit sollten immer die vorhandenen Potentiale der Menschen bzw. des Sozialraums – z. B. persönliche, soziale, materielle und infrastrukturelle Ressourcen – aufspüren, nutzen, aktivieren und fördern. Der Formel lautet: »*Hilfe zur Selbsthilfe*« durch verstärkte Aktivierung von informellen, privaten Hilfemöglichkeiten in den Lebenswelten der Adressaten. Dies geschieht durch Aktivierung von adressateneigenen (persönlichen) Ressourcen; durch Aktivierung von lebensweltlichen, informellen Netzwerken bzw. Beziehungen; durch die Aktivierung von öffentlichen, institutionellen, formellen Netzwerken/Beziehungen sowie durch die Vermittlung/Verschränkung und Koordination von informellen (nicht-professionellen, privaten, lebensweltlichen) und formellen (professionellen) Hilfen (vgl. Kleve 2005).
- Umsetzung des Prinzips in der täglichen Gesprächsführung; Fragen nach Ressourcen und beschwerdefreien Zeiten (Ausnahmen und Sternstunden); Bewältigungsfragen; Reframing/Umdeutungen; Perspektivenwechsel; Bestärkung, Wertschätzung und Komplimente; Ressourcenlandkarten; Beziehungs- und Netzwerkkarten; Ressourcenorientierte Haltung. Alle Menschen haben alle Ressourcen in sich, die sie zur Lösung ihrer Probleme benötigen!

3.5 Zielgruppenübergreifendes Handeln

Die Aktivitäten werden »um den Bedarf/um ein konkreteres Thema herum« organisiert. Dies betrifft in der Regel nicht nur die »eigentlichen Adressaten von MJA«, sondern auch mehrere sog. Zielgruppen im Sozialraum. Adressatenübergreifendes Handeln sollte immer in einem direkten Bezug zu den »eigentlichen Adressaten der MJA« stehen.
- Umsetzung des Prinzips in der täglichen Gesprächsführung: Grundverständnis eines ganzheitlichen Ansatzes. Der Jugendliche wirkt nicht nur in das Quartier hinein, sondern das Quartier mit seinen Beschränkun-

gen und Möglichkeiten beeinflusst das Verhalten Jugendlicher; Frage u.a. danach, was Jugendliche wollen; mit den Adressaten erforschen, welche persönliche Ressourcen (Unterstützer, Begleiter, Menschen mit gleichem Thema) im Sozialraum zur Erschließung nützlich wären.

3.6 Verbesserung der materiellen Situation und der infrastrukturellen Bedingungen

Streetwork/Mobile Jugendarbeit können einen Beitrag zur aktiven Entwicklung des Sozialraums (Stadtentwicklung) leisten, indem sie sich »einmischen« und »Lobbyarbeit« für die Menschen im Sozialraum betreiben. Dabei gilt es, Bedarfe und Themen der Menschen an die entsprechenden Stellen transportieren, Ressourcen zu bündeln und in den Stadtteil zu lenken, Kooperationspartner zu gewinnen sowie projektbezogene Ideen umzusetzen.

3.7 Verbesserung der immateriellen Faktoren

Streetwork/Mobile Jugendarbeit unterstützen die Entwicklung des sozialen und kulturellen Lebens bzw. das »unsichtbare Gemeinwesen«. Darunter fallen Dinge wie Soziales Klima, bürgerschaftliches Engagement, Alltagskontakte, Demokratieverständnis, Akzeptanz anderer Lebensentwürfe usw.

3.8 Ressortübergreifendes Handeln

Die gemeinwesenorientierte Arbeit bezieht sich u.a. auf die Bereiche Wohnen, Gesundheit, Arbeit, Freizeit, Arbeit, Stadt- bzw. Sozialraumentwicklung, Bildung und Kultur. Um die Lebenssituation der Menschen im Sozialraum zu verbessern, werden bereichsübergreifende Kooperationen gesucht und gefördert. Damit sind Streetwork/Mobile Jugendarbeit auch als Schnittstelle »aus dem sozialen Sektor heraus« zu verstehen. Sie sind somit ein Bestandteil kommunalpolitischer Strategie.

3.9 Kooperation und Netzwerkarbeit

Streetwork/Mobile Jugendarbeit schaffen und stärken soziale Netzwerke der Menschen und Professionellen (Runde Tische, Stadtteilkonferenzen, Arbeitskreise u.a.). Vernetzung ist dabei nicht als Ziel, sondern als Mittel zu betrachten, um in einer Kooperation mit anderen Lösungen zu entwickeln. Es geht hier nicht »ums darüber reden«, sondern im Fokus steht ein Ergebnis. Für die Menschen soll »etwas herauskommen«.

4 Selbstverständnis des sozialräumlichen Handelns

Die Gemeinwesenarbeit hat in der Mobilen Jugendarbeit einen zentralen Stellenwert. Den Fokus in diesem Kapitel legen wir auf die Möglichkeiten der konkreten Umsetzung. Dabei ist im Blick, was als eigenständiger – und nicht notwendigerweise begleiteter – Prozess möglich ist.

4.1 Sozialraumorientierte Konzeptentwicklung als Basis

Idealerweise geschieht dies alles im Rahmen einer sozialräumlichen Konzeptentwicklung unter Mitwirkung aller Beteiligten. Sozialräumliche Konzeptentwicklung und Qualitätssicherung beschreiben einen Prozess. Von der Sozialraumanalyse über die Konzeptentwicklung und der inhaltlichen Arbeit bis hin zur Evaluation und Wirkungsbeschreibung. Die folgende Übersicht ist als eine Art »Landkarte« zu sehen, welche einen »idealtypischen« Verlauf darstellt. Diesen scheinbaren Kreislauf von der Kontextklärung zur Evaluation und zurück sollte man jedoch eher als »ansteigende Spirale« betrachten, da man auf Grund neuer Erfahrungen und Erkenntnisse nie wieder an der gleichen Stelle ansetzt (vgl. Gilles 2006).

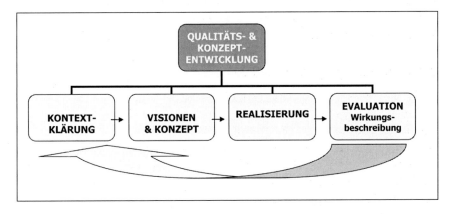

Sozialräumliche Konzeptentwicklung geschieht nicht »vom grünen Tisch aus«. Stattdessen ermöglicht das Beteiligungsprinzip eine Realisierung nah an der Basis. Aus den praktischen Erfahrungen heraus ist zu empfehlen, alle am Prozess Beteiligten mit »ins Boot zu holen«, um gemeinsam Visionen und praktische Schritte zu entwickeln. Konkret heißt dies:
- plane und besprich mit den politischen Entscheidungsträgern, mit der der Kommunalverwaltung und der Jugendhilfeplanung den Analyse- bzw. Erkundungsprozess

- beteilige die Adressaten und (Kooperations-)Partner bei der Analyse bzw. Erkundung der Sozial- und Lebensräume
- beteilige alle genannten Akteure bei der »Auswertung« der Analyse und geht gemeinsam in den Syntheseprozess, um Visionen und Handlungen zu entwickeln
- beteilige alle genannten Akteure in der täglichen Praxis (Netzwerkarbeit)
- beteilige alle genannten Akteure bei der Evaluation

4.2 Die Kontextklärung

Voraussetzungen für eine sinnvolle und zieldienliche Konzeptentwicklung ist eine umfangreiche Klärung des Kontextes bzw. die Analyse der Rahmenbedingungen und des Bedarfs. Im Fokus dieser Kontextklärung stehen folgende Aspekte (in Anlehnung an Gilles und Dithmar 2006), welche im Verlauf weiter entwickelt werden

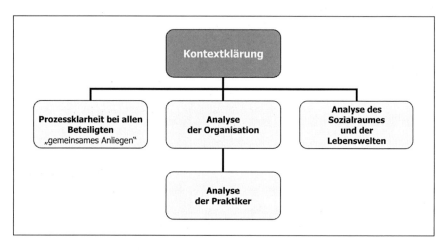

Prozessklarheit herstellen und ein »gemeinsames Anliegen« entwickeln
Bei allen Organisationsentwicklungsprozessen sollte zu Beginn Klarheit darüber geschaffen werden, warum ein derartiger Prozess stattfinden soll. Alle Beteiligten brauchen umfassende Kenntnisse darüber, warum jetzt und zu welchem Zweck ein Organisationsentwicklungsprozess stattfinden soll. Es geht darum, alle Beteiligten (Mitarbeiter, Führung, Träger) »ins Boot zu holen« sowie Ängste, Befürchtungen und daraus resultierende Abwehrhaltungen zu thematisieren und »aufzulösen«. Hilfreich ist, den potentiellen Gewinn dieses Prozesses von Anfang an zu fokussieren. Grundsätzlich geht es jedoch in dieser Phase darum, ein gemeinsames Anliegen zu formulie-

ren. Dieses Anliegen kann entweder ein derzeit bestehendes Problem oder ein Ziel sein. Da hinter jedem Problem ein korrespondierendes Ziel besteht, gilt es im ersteren Falle dieses Problem in ein entsprechendes Ziel zu verwandeln und entsprechend zu formulieren.

Analyse der Organisation

Eine wichtige Grundlage aller Analyse und Klärungsprozesse ist die Beschreibung des Status quo. Bei der Reflexion/Analyse der Organisation (Einrichtungen, Projekte, Träger) sind u.a. die unten aufgeführten Fragen nützlich (vgl. Gilles/Dithmar 2006).

Interne Sicht
- Was machen wir alles?
- Was machen wir gut? Welche Erfolge haben wir mit unserem Tun?
- Wo haben wir Schwächen?
- Wie ist die Qualität unserer Angebote?
- Welche Räume und Ausstattungen haben wir?
- Wie gestalten sich Kommunikationswege?
- Wie sehen die Personalausstattung und die Zeitkontingente aus?
- Welche Finanzquellen haben wir?
- Werden Rahmenbedingungen und Fachstandards eingehalten?

Externe Sicht
- Wie werden wir gesehen?
- Welche Kontakte zu anderen Einrichtungen und Fachkräften haben wir?
- Welche Unterstützungsmöglichkeiten haben wir von außen?
- Wie findet der Fachdialog statt?
- Welche Konkurrenzen gibt es mit anderen Anbietern?

Analyse bzw. Selbstreflexion der Praktikerebene

Die Analyse bzw. Selbstreflexion der Praktikerebene stellt den wichtigsten Teil in einer Organisation dar. Bei der (Selbst-)Reflexion sind u. a. folgende Fragen nützlich (Gilles 2006).
- Was mache ich?
- Welche Ressourcen habe ich?
- Kann ich meine Ressourcen in der Organisation/im Team einbringen?
- Welche Berufserfahrungen und Vorbildungen habe ich?
- Bin ich für diesen »Job« der »Richtige«?
- Wie gehe ich mit »Theorieimpulsen« um?

- Wie werden Entscheidungen im Team getroffen?
- Was ist mir wichtig?
- Was sind meine Werte (meine Motivation) in der Arbeit?
- Welches Menschenbild habe ich?
- Kann ich mich mit dem Leitbild meines Trägers identifizieren?
- Was trägt mich in der Arbeit?
- Wie nehme ich die (Lebens-)Welt der Adressaten bzw. der Kinder und Jugendlichen wahr?

Werden diese Fragen beantwortet, ergibt sich meist ein gutes Bild zur aktuellen Leistungsfähigkeit einer Organisation. Diese systematische »Vergewisserung von Wirksamkeit« (Gilles 2006) wird leider – vielleicht auf Grund der »Banalität« – oft innerhalb der Konzeptentwicklung übersprungen. Es ist nicht ratsam, von diesen Ergebnissen sofort und direkt auf Konsequenzen und Zielbestimmungen zu gehen. Dies würde eher »Aktionismus«, anstatt »Qualitätssicherung« bedeuten. Es geht darum, den Sozialraum gemeinsam mit den (jungen) Menschen zu erforschen. So lassen sich Ressourcen, Gefahren und Chancen erkennen und nutzen.

Analyse des Sozialraums und der Lebenswelten

Die wesentliche Grundlage sozialräumlicher Konzeptentwicklung ist eine Analyse der Lebenswelten und Aneignungsformen von Kindern und Jugendlichen im Sozialraum, deren Interpretation und die Formulierung von Bedarfen für die Jugend-/Sozialarbeit.

Bei der Analyse ist es hilfreich, folgende beiden Schritte zu tätigen. Im ersten Schritt geht es darum, das zu sammeln und zu ordnen, was die Praktiker bereits wissen. Im zweiten Schritte soll dann dieses Wissen mittels

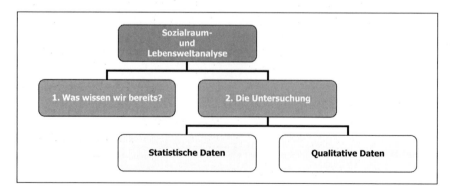

Methoden der Sozialraumerkundung erweitert werden. Die Sozialraumerkundung geschieht mittels verschiedener Methoden, welche in den nächsten Kapiteln beschrieben werden. Diese Methoden der Praxisforschung versuchen einerseits analytisch die Aneignungsformen Kinder und Jugendlicher zu erschließen und damit die sozialräumliche Qualität jugendlicher Lebenswelten zu erfassen. Andererseits findet die Anwendung der Methoden direkt im »Feld« von Streetwork/Mobile Jugendarbeit statt, z. B. in den »Säulen« Gemeinwesenarbeit. Die Methoden sind quasi Forschungs- und Evaluationsinstrumente und gleichzeitig Instrumente der »eigentlichen« Arbeit (vgl. Krisch 2005).

a) Was wissen wir bereits? Im ersten Schritt geht es darum zu klären, was schon bekannt ist. Dabei sind folgende Fragestellungen hilfreich:
- Wer nutzt unsere Angebote? (Alter, Anzahl, Beschreibung ...)
- Wer genau sind unsere Adressaten?
- Was wissen wir über sie?
- Wann werden unsere Angebote wie genutzt?
- Weshalb werden unsere Angebote (vermutlich) genutzt?
- Wie werden unsere Angebote von Mädchen und Jungen genutzt?
- Welche Aneignungsräume stehen jungen Männern und jungen Frauen zur Verfügung?
- Welche Möglichkeiten bieten wir bezüglich Partizipation und Aneignung?

b) Die Untersuchung. Bei der Reflexion/Untersuchung der Lebenswelten, Aneignungsräume und des Sozialraums sind u. a. folgende Aspekte nützlich (vgl. Deinet 2005):
- Welche Größe hat der Sozialraum? (Fläche, Einwohner etc.)
- Wie viele Kinder und Jugendliche leben im Sozialraum?
- Wie sieht die Bildungs- und Ausbildungssituation für Jugendliche aus (Schüler, Lehrlinge, Wochenpendler, Schulpendler etc)?
- Wie sind die politischen Verhältnisse?
- Welche wirtschaftlichen Verhältnisse (z. B. Arbeitsmarkt) existieren?
- Welche kulturellen Gegebenheiten gibt es?
- Welche Probleme sind im Sozialraum zu finden (Obdachlosigkeit, Drogen, Delinquenz)?
- Wie sieht die »Lebenswelt« der Jugendlichen aus?
- Welche Aneignungsräume stehen jungen Männern und jungen Frauen zur Verfügung?
- Wer sind die »Meinungsmacher«?

- Welche Kinder- und Jugendeinrichtungen gibt es?
- Welche Bildungseinrichtungen gibt es?
- Welche Kultur- und Freizeiteinrichtungen gibt es?
- Welche Beratungs- und Sozialeinrichtungen gibt es?
- Welche Vereine sind vertreten?
- Welche öffentlichen Plätze gibt es?
- Wie und durch wen werden sie genutzt?
- Welche Lokale, Kneipen und Diskotheken gibt es?
- Wie sind die Einrichtungen vernetzt?
- Welche Szenen, Gruppen, Cliquen, Einzelpersonen sind vor Ort?

Zu empfehlen ist bei der Erkundung der Sozial- und Lebensräume die Fragestellung zu konkretisieren und (wie oben bereits beschrieben) mit der Jugendhilfeplanung und den örtlichen Geldgebern und Unterstützern (z. B. Bürgermeister) abzusprechen. Dadurch werden die Aufträge (für die Erkundung und auch für das perspektivische Handeln) thematisiert und konkretisiert und erspart aufkommende Unklarheiten im Sinne von »Was machen Sie denn eigentlich?«

c) Erhebung von statistischen Daten zu Kindern und Jugendlichen und ihren Familien zur Bildungs-, Ausbildungs- und Erwerbssituation. Diese statistischen Daten sind unter folgenden Quellen zu beziehen:
- Jugendhilfeplanung/Jugendamt/Jugendgerichtshilfe
- Stadt/Gemeinde (Einwohnermeldeamt)
- Statistisches Landesamt (z. B. http://www.statistik.sachsen.de)
- Arbeitsagentur
- Polizei
- Landratsamt

Es kann auch sinnvoll sein, eigene quantitative Erhebungen zu bestimmten Fragen zu machen. Da häufig dazu kaum finanzielle Mittel zur Verfügung stehen, empfiehlt es sich, Kooperationen mit der kommunalen Jugendhilfeplanung, mit externen Fachleuten, Instituten oder Hochschulen einzugehen, um so mögliche alternative Ressourcen im Netzwerk Sozialraum zu ergründen und zu nutzen.

d) Erhebung subjektiver, qualitativer Daten der Jugendlichen. In der sozialräumlichen Konzeptentwicklung müssen Methoden zur Erkundung von Sozialräumen und Lebenswelten zur Ermittlung der Bedarfe und zur Beteiligung von Kindern und Jugendlichen angewandt werden (z. B. in Deinet/Krisch 2006). Es geht darum, Verständnis dafür zu entwickeln, wie die Lebenswelten von Kindern und Jugendlichen aussehen in konkretem Bezug auf ihren Stadtteil, ihre Treffpunkte, ihre Orte und Institutionen. Also: wie erleben Kinder, Jugendliche, junge Erwachsene oder im Allgemeinen Bewohner die Orte, in denen sie sich aufhalten, wo sind Freiräume und Barrieren? Es geht folglich um ihre Deutung und Aneignungsmöglichkeit und nicht darum, wie Räume von außen, aus der Distanz gesehen bzw. definiert werden. Hier beginnt die Aktionsuntersuchung bzw. Aktionsforschung. Es werden grundsätzlich die Handelnden des Sozialraums befragt. Das können Experten und Betroffene sein, z. B. Lokalpolitiker, Kioskbesitzer oder Kinder, Jugendliche und Anwohner (vgl. Hinte/Karas 1989, S. 45ff.). Wobei Betroffene immer auch Experten ihrer Lebenswelt sind. Im Folgenden wird auf die aktivierende Forschung und Untersuchung eingegangen und verschiedene Methoden werden vorgestellt.

Nun einige grundsätzliche Anmerkungen zur *aktivierenden Forschung* und zur *Aktionsuntersuchung*:
- Grundlage der aktivierenden Arbeit sowie der Aktionsuntersuchung ist das Konzept des Empowerments, dies ist subjekt-, lösungs-, ziel- und ressourcenorientiert
- Grundlage der Arbeit und der Methoden sind das Expertentum und die Ansätze von gender und diversity
- Die Methoden sind grundsätzliche Verfahren der *qualitativen* Feldforschung. Es werden strukturierte Befragungen und teilnehmende Beobachtungen durchgeführt. Diese Untersuchungen haben keinen *repräsentativen Anspruch*
- Die Methoden sind angepasst an die *alltagsweltlichen Ausdrucksformen von Kindern* und *Jugendlichen* bzw. *Anwohner*
- In der Kontaktaufnahme beinhalten sie *animierende* und *aktivierende Elemente*, sind niederschwellig und lassen sich ohne größeren Aufwand im Stadtteil oder in der Einrichtung durchführen
- Die Methoden benötigen eine entsprechende Form der *Ergebnissicherung* und *Auswertung*, um zu verwertbaren und gesicherten Ergebnissen zu kommen
- Die Methoden sind unbegrenzt und bieten Raum für *Kreativität*. Wir arbeiten mit den Ideen und Visionen der (jungen) Menschen
- Die angewendeten Methoden müssen passend sein[12]
- Methoden verlangen i.d.R. eine *Vorbereitung* (Klarheit über Ziel und Methode, Ressourcen wie Zeit, benötigte Materialien u.v.m.)

---

[12] Also: kein Anspruch, (alle) Methoden nach dem Lehrbuch von oben nach unten abzuarbeiten

- Methoden können miteinander kombiniert werden (*methodenintegrativ*)
- Mädchen und Jungen bzw. Anwohner sind unbedingt einzubeziehen (*Partizipation*)!
- Die Methoden und deren Durchführung sollen einen *aktivierenden* und *akzeptierenden* Charakter besitzen

Stolpersteine: Wir sollten vermeiden, »falsche Erwartungen« zu erwecken. Die aktivierende Arbeit und die Nähe zu den (jungen) Menschen bergen Gefahren, die z. B. durch Versprechungen hervorgerufen werden können. Beispielsweise:
- (un-) mittelbare Verbesserung im Sozialraum
- Vermittlung oder Etablierung von (Jugend-) Räumen
- (un-) mittelbare Verbesserung der Lebenslage

Nicht selten begegnen wir bürokratischen Hemmnissen, die Länge von Bearbeitungsvorgängen wird unterschätzt oder politisch Verantwortliche oder Ziele verändern sich. Jugendliche äußern ihre Interessen und gehen davon aus, dass diese von den Praktikern nicht nur wahrgenommen, sondern auch (mit-) umgesetzt werden. Die Jugend als Entwicklungsphase drängt auf flexible und schnelle Umsetzung, da sich Interessen innerhalb relativ kurzen Zeitabständen verlagern können.

Um diese Stolpersteine zu vermeiden ist es zentral, die Arbeit transparent und partizipativ zu gestalten.

Beispielhafte Methoden der Themen- und Stadtteilerkundung:[13]

- Experten- und Betroffeneninterviews, z. B. von Jugendlichen, Institutionen und Schlüsselpersonen
- Aktivierende Befragung, Aktivierende Gespräche
- Aktionsforschung
- Autophotographie
- Cliquenraster
- Nadelmethode
- Subjektive Landkarten
- Stadtteilbegehung
- Zeitbudgets u. a.

---

[13] Material, Methoden & Infos: http://www.buergergesellschaft.de; http://www.stadtteilarbeit.de; http://www.betreten-erlaubt.de; http://www.bpb.de; http://www.gelingende-beteiligung.de; http://www.jugendbeteiligung.info; http://www.quarternet.de; www.datenbank.gemeinwesenarbeit.de; www.he-augenblick-mal.de

- Fotostreifzüge
- Wunschbaum
- Kontaktaufnahme mit »Schlüsselpersonen«
- Fester Tagesordnungspunkt bei Teambesprechungen: Infos aus dem »Stadtteil« oder »mein Gespräch der Woche«
- Sich von ausgewählten Gruppen »ihren« Stadtteil zeigen lassen

Nach dieser ersten Phase der Kontextklärung, wo viele Dinge reflektiert und einige Fragen beantwortet wurden, geht es in diesem Schritt darum, diese Ergebnisse aus den Analysen in ein Gesamtkonzept zu integrieren.

4.3 Zielfindung und Handlungskonzepte

Nachdem wir uns nun den Prozess bewusst gemacht bzw. die Anliegen formuliert, die Organisation, die Praktiker, den Sozialraum bzw. die Lebenswelt analysiert haben, widmen wir uns nun den Zielen, um dann Handlungskonzepte zu entwickeln. Bei der Untersuchung der Ziele und bei der Entwicklung von Handlungskonzepten für die Praxis der MJA nutzen wir Erkenntnisse aus der Team- und Organisationsentwicklung. Wir betrachten drei unterschiedliche Kontexte. Orientiert an der Kant'schen »Erkenntnistheorie« erwägt Gilles diese in eine »innere Welt des reinen Gedankens« und eine »äußere sinnlich erfahrbare Welt« vorerst bewusst zu teilen. . Erst später im »Syntheseprozess« werden diese beiden Stränge wieder vereint (vgl. Gilles 2006).

Analyseergebnisse und Kontextklärung bringen viel für die Fachlichkeit der Praktiker, aber noch keine konkreten Informationen über weitere Schritte. Die Grafik auf S. 68 macht deutlich, in welchem Spannungsfeld sich der Prozess der Entwicklung von Zielen und Handlungsorientierungen befindet.

Was will ich genau wissen? ⇩ Daten sammeln und verdichten ⇩ Aus- und Bewerten »Synthese«	Ausgehend von der Grundfrage der Analyse »was will ich genau wissen?« wurden Daten gesammelt, welche im jetzigen Schritt verdichtet und bewertet werden. Die Datenauswertung ist als ein vom Subjekt geprägter Prozess zu verstehen. Dieser Prozess wird von Gedanken, Konstruktionen und Deutungen beeinflusst.

Im Auswertungskontext werden somit die Ergebnisse aus den drei Analyse-Strängen von den Praktikern abgeglichen und diskutiert. In einem Prozess

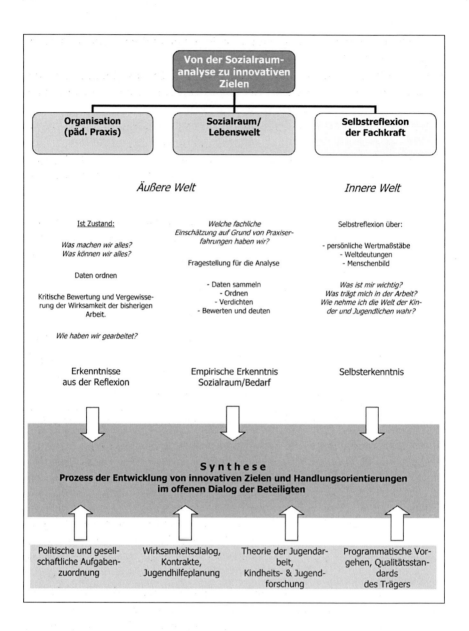

der Synthese werden die Ergebnisse zusammengeführt, Bedarfe festgestellt und als kreativer Schritt die Neukonstruktion von innovativen Zielen und Handlungsorientierungen in einem offenen Dialog weitergedacht und entwickelt (Gilles 2005). Hilfreiche Fragen in diesem Kontext sind u. a.:

- Wie kann Mobile Jugendarbeit an Aneignungs- und Partizipationsprozessen mitwirken?
- Welche Ziele ergeben sich aus der Analyse für das Konzept und der bewussten pädagogischen Umsetzung von Angeboten und Projekten sowie für die Rolle der Praktiker?
- Welche konkreten Angebote/Projekte sollten aufgrund der Ergebnisse neu entwickelt, fortgeführt oder gar beendet werden?
- Welche neuen Bedarfe sind erkennbar? Wie können diese »befriedigt« werden? Welche Ressourcen haben wir dafür? Welche neuen Ressourcen sind zu erschließen?

Manchmal kann es sein, dass in diesem Prozess Daten nicht ausreichen oder man andere Daten braucht. Diese gilt es dann zu beschaffen. Der Prozess beginnt quasi von neuem, bis die richtigen Daten zur Verfügung stehen.

Ergebnisverdichtung und erste Ziele entwickeln

Für die Sicherung der Ergebnisse ist es hilfreich, möglichst viel zu visualisieren und festzuhalten. Ein einfaches Raster zum Erfassen der Ergebnisse bietet folgende Übersicht (vgl. Dithmar 2005, von Spiegel 2006). Die Ergebnisse münden dann in die Erstellung einer »Zielpyramide«.

Was haben wir gemacht? (Methode)	Was haben wir erfahren? 1. Organisation/Team 2. Praktiker 3. Sozialraum/ Lebenswelten	Was verdichtet sich daraus?	Was bedeutet das für meine Arbeit? Wirkungs- und Handlungsziele

Insgesamt zeigt die Praxis, dass diese Phase der Ergebnisauswertung oftmals ein »krisenhafter« Prozess ist, da es häufig zu intensiveren Auseinandersetzungen im Team/in der Organisation kommt. Auch wenn manche Ergebnisse genau das bestätigen, was man vorher schon »wusste«, so gibt es doch auch Ergebnisse, die eher »unbequem« sind, da sie sehr irritieren, die Praxis infrage stellen, Dinge sichtbar machen, die man nicht »sehen« will oder auch zu Veränderungen auffordern. So kann Bedarf sichtbar werden, der dem Praktiker unliebsam ist, es kann zu Kränkungen kommen oder es kann festgestellt werden, dass lieb gewonnene Praxisroutinen nicht dem Bedarf entsprechen. Es werden fest eingefahrene Routinen der bisherigen Praxis konsequent infrage gestellt und reformiert (Dithmar 2006).

Doch bei aller Krisenhaftigkeit birgt dieser Organisations- und Konzeptentwicklungsprozess viele Chancen der Weiterentwicklung der eigenen Praxis. Er trägt dazu bei, die tägliche Arbeit zu begründen und deren Wirksamkeit zu beschreiben.[14] Letztendlich dient dieser Prozess der Praxis und somit den Adressaten von Streetwork/Mobile Jugendarbeit, was man sich immer wieder bewusst machen sollte. Wichtig ist, dass sich das Team nicht im Prozess »aufreibt«. Hilfreich sind hierbei externe Moderatoren oder die Anwendung von strukturierter Moderation im Sinne einer Kollegialen Beratung (vgl. Küchler/Wolfer 2008). Dies bedeutet, dass eine Person aus dem Team die Moderatorenrolle übernimmt oder abwechselnd getätigt wird.

Konzeptbeeinflussende Faktoren beachten

Die Synthese und damit die gesamte Konzeptentwicklung werden von weiteren Faktoren beeinflusst. Aspekte hierzu sind die politische und gesellschaftliche Aufgabenzuordnung, der Wirksamkeitsdialog, Kontrakte, die Jugendhilfeplanung, programmatisches Vorgehen und Qualitätsstandards des Trägers. Reflexive Fragen können hierbei sein:
- Wie lautet unser gesellschaftlicher Auftrag?
- Wer sind unsere Adressaten?
- Wie gestaltet sich der Wirksamkeitsdialog?
- Welche Kontrakte und Vereinbarungen haben wir?
- Was verlangt die aktuelle Jugendhilfeplanung?
- Welches programmatische Vorgehen verfolgt unser Träger?
- Was sind unsere Qualitätsstandards?
- Wer sind unsere Adressaten und was sind unsere Aufträge?
- Haben wir aktuelle Aspekte und Erkenntnisse aus der Theorie, Forschung und Wissenschaft in unsere Überlegungen integriert? Was sind aktuelle Ansätze?

Ziele finden: Die Zielpyramide als »Herzstück« der Konzeptentwicklung und Qualitätssicherung

Nachdem die Analyse, die Verdichtung und die Bewertung der Ergebnisse, die Klärung der Aufträge und Erwartungen sowie die Klärung der »Hauptzielgruppe« stattgefunden haben, gilt es nun, diese Visionen und Handlungsorientierungen in Ziele zu fassen. Dem Instrumentarium der Quali-

---

[14] Krise kann ein produktiver Zustand sein. Man muss ihr nur den Beigeschmack der Katastrophe nehmen (Max Frisch)

tätsentwicklung liegt dabei ein grundlegendes Prinzip der Zielhierarchie zugrunde. Dieses lässt sich in Form einer sog. Zielpyramide darstellen (vgl. Gilles 2006, von Spiegel 2006).

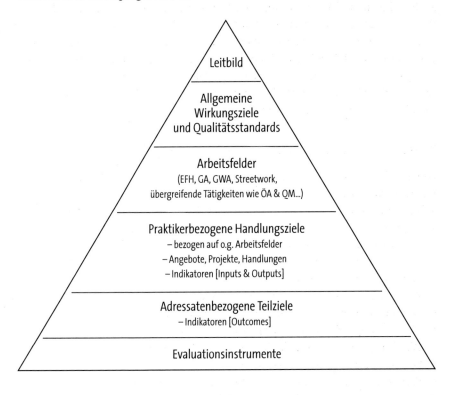

Es werden regional unterschiedliche Worte zur Bezeichnung von Zielen verwendet (z. B. auch Grundsatzziele, Rahmenziele, Leitziele). Es empfiehlt sich, dass man sich an den regionalen Gegebenheiten orientiert. Die Idee des Herunterbrechens und Konkretisierens ist jedoch die gleiche. An der Spitze steht das Leitbild als zentrales Selbstverständnis einer Organisation/Team. Nach unten wird dieses weiter konkretisiert und findet ein Ende im Benennen konkreter Indikatoren, welche die Zielerreichung messbar machen können. In den folgenden Absätzen sollen die Aspekte der Zielpyramide näher beschrieben werden. Für die Praxis bedeutet es, die benannten Aspekte für die eigene Arbeit zu konkretisieren und zu beschreiben, um Wirkungen nachweisen zu können. Bei der Entwicklung von Zielen ist darauf zu achten, dass diese »wohlgeformt« beschrieben und kommuniziert werden. Im Folgenden sollen einige Kriterien wohlgeformter Ziele definiert werden (vgl. Bamberger 2005; Lüttringhaus/Streich 2007):

Kriterien wohlgeformter Ziele
- sie sind wichtig für den/die Betroffenen
- sie sind positiv formuliert, d. h. sie beschreiben die Anwesenheit von erwünschtem, positivem Verhalten und nicht Abwesenheit von Problemen
- sie sollen in ihren sozialen und interaktionalen Aspekten definiert sein (wer macht dabei was, wie und mit wem?)
- sie sind konkret und klar formuliert (bereichs-/situationsspezifisch)
- sie sind realistisch erreichbar (Verwendung realistischer Begriffe)
- sie sind terminiert
- Zielerreichung liegt in der Hand des/der Betroffenen
- sind in der Sprache des Betroffenen formuliert

a) Das Leitbild/das Profil. Ein Leitbild kann als eine Art »Grundgesetz« bzw. als die »10 Gebote« einer Organisation/Team betrachtet werden. Es befasst sich mit den längerfristigen Zielen und Prinzipien, Normen und Spielregeln einer Organisation/Team. Es enthält wesentliche Aussagen zu der Organisation selbst, ihrem Selbstverständnis, ihren Zielen, Aufgaben und Strukturen sowie den Organisationsmitgliedern, ihren Einstellungen und ihrem Verhalten untereinander und zu ihrem Umfeld (Adressaten, andere Organisationen). Damit ist das Leitbild auch ein Mittel der Kommunikation nach innen und nach außen. Nach innen gibt es den Mitarbeitern Orientierung, stärkt deren Motivation und die Identifikation mit der Organisation, nach außen werden die Besonderheiten der Organisation für ihre Adressaten, ihre Kooperationspartner und Förderer beschrieben. Letztendlich beschreibt das Leitbild das konkrete Handeln der Organisation auf drei verschiedenen Ebenen: das Verhalten der Mitarbeiter nach innen und außen, die Gestaltung der Kommunikation nach innen und außen sowie das visuelle Erscheinungsbild (Corporate Design). Wichtig ist jedoch, dass das Leitbild gelebt wird und nicht nur auf dem Papier steht. Zur Erstellung bzw. Reflexion des Leitbildes sind folgende Fragen und Aspekte hilfreich (vgl. Graf/Spengler 2004).

Wer sind wir?	Auftrag, Identität, Geschichte
Was wollen wir?	Anspruch, Werte, Menschen- und Gesellschaftsbild, globale Ziele – kurz: »Organisationsphilosophie«

Was tun wir für wen?	Pauschalaussagen zu Leistungen, Angeboten, Adressaten, Zielgruppen, Nutzer
Wo arbeiten wir?	Lokales, nationales und globales, politisches und soziales Umfeld
Wie arbeiten wir? Was können wir?	Qualitätskriterien, fachliche Kompetenzen, Methoden und Ansätze
Wie gehen wir miteinander um?	Kommunikation und Kooperation, Führungsverständnis und Organisationskultur
Mit wem arbeiten wir zusammen und wie?	Kooperationspartner und Förderer
Was macht uns besonders?	Wie unterscheiden wir uns von anderen Angeboten? Kurz: Was macht uns »einzigartig«?

b) Allgemeine Wirkungsziele und Qualitäts-/Handlungsstandards. Wirkungsziele sowie Handlungs-/Qualitätsstandards sind leitende Ziele oder Prinzipien, die das gesamte Handeln in einer Organisation betreffen und nach denen Arbeitsschwerpunkte, Handlungsziele, Angebote und Teilziele ausgerichtet werden. Sie bieten eine Orientierungsfunktion, indem sie eine »grobe Richtung« angeben. Im Kapitel zur Evaluation wird dies näher ausgeführt. Für das Arbeitsfeld Streetwork/Mobile Jugendarbeit finden wir Wirkungsziele und Qualitäts-/Handlungsstandards im Grundverständnis (resultierend aus dem gesetzlichen Auftrag) sowie in den Fachstandards beschriebenen handlungsleitenden Arbeitsprinzipien für Streetwork/Mobile Jugendarbeit.

c) Arbeitsschwerpunkte: Streetwork/Mobile Jugendarbeit als Handlungsansatz vereint primär unterschiedliche Handlungsfelder von Sozialer Arbeit innerhalb eines sozialpädagogischen Gesamtkonzeptes[15]. Hierzu gehören Streetwork, sozialraum- bzw. gemeinwesenbezogene Aktivitäten (aktivierende GWA), Arbeit mit Gruppen bzw. Cliquen und Arbeit mit Einzelnen. Dazu gehören auch Tätigkeiten bezüglich der Qualitätssicherung. Hier einige Beispiele zur Konkretisierung:
- *Streetwork:* Szenepräsenz; aufsuchende Arbeit vor Ort
- *Gemeinwesenbezogene Aktivitäten:* Netzwerk- und Gremienarbeit; Kooperationen mit anderen Projekten, Initiativen und Institutionen; Aktivierende Befragungen, Methoden der Sozialraumerkundung; Zukunftswerkstätten; 24-Stunden-Aktionen; Mediation; Öffentlichkeitsarbeit
- *Arbeit mit Einzelnen:* Krisenintervention; lebenspraktische Hilfen (kurz-

---
[15] Im Fachjargon von Streetwork/Mobile Jugendarbeit als »Säulen« bezeichnet

zeitig, einmalig, ohne Folgetermine); Vermittlung von Hilfeangeboten; kurzfristige Begleitungs- oder Beratungsphasen; intensivere Begleitungs- oder Beratungsphasen/langfristige Unterstützungen; Begleitung in Form eines Case-Managements
- *Arbeit mit Gruppen bzw. Cliquen:* sport- und erlebnisorientierte Angebote; Organisation und Durchführung von Freizeitaktivitäten; bedarfsgerechte Durchführung von Diskussionen und Foren zu politischen und jugendrelevanten Themen; Konfliktmanagement; Gruppenberatung; Projekt- und Bildungsarbeit
- *Qualitätssicherung:* Fachberatung, Supervision; Kollegiale Beratung/ Intervision; Fortbildung; Fachaustausch; Teamberatungen, Teamklausuren, Absprachen mit den Vorgesetzen; Konzepterstellung, Planungs- und Auswertungstätigkeiten; Analysetätigkeiten, Dokumentation, Evaluation, Statistiken, Berichte und Zuarbeiten

d) Praktikerbezogene Handlungsziele bezüglich der Arbeitsschwerpunkte:
Nachdem die Arbeitsschwerpunkte erarbeitet wurden, werden jetzt Handlungsziele beschrieben. Diese sollen formulieren, was durch die Arbeitsschwerpunkte erreicht werden soll. Der Fokus liegt jedoch eher auf dem sozialpädagogischen Engagement, welches das Erreichen der Wirkungsziele (s. o.) befördern sollen (vgl. von Spiegel 2000, 2006). Bevor wir uns konkreten Handlungszielen nähern, empfiehlt sich ein Blick auf die allgemeinen Zielsetzungen von Streetwork/Mobile Jugendarbeit. Diese allgemeinen Zielsetzungen ergeben sich (auch) aus den gesetzlichen Aufträgen. »Mobile Jugendarbeit« verfolgt im Allgemeinen das Ziel, die Lebenssituation der jungen Menschen nachhaltig zu verbessern und sie in ihrer Entwicklung zu fördern. Ansatzpunkte sind dabei:
- die Lebenssituation jeder/jedes Einzelnen – mit dem Ziel, individuelle Ressourcen zu erschließen, Handlungsspielräume zu erweitern, die Persönlichkeitsentwicklung und das Selbstbewusstsein zu fördern und bei der Alltagsbewältigung zu unterstützen
- die spezifische Situation von Cliquen und Gleichaltrigengruppen – mit dem Ziel, gruppenbezogene Lernprozesse solidarischen Handelns und gegenseitiger Unterstützung auszulösen und zu begleiten
- die strukturellen Lebensbedingungen – mit dem Ziel, die Rahmenbedingungen, welche junge Menschen vorfinden, zu verbessern« (vgl. Landesarbeitsgemeinschaft Mobile Jugendarbeit Baden-Württemberg 2005, S.12)

Grundsätzlich geht es dabei um »Aneignung«, d. h. – wie bereits an anderer Stelle erwähnt – das Erschließen, Erhalten und Zurückgewinnen von

Räumen. Streetwork/Mobile Jugendarbeit setzt dabei auf einen erweiterten Raumbegriff. »Räume« sind z. B. Handlungsspielräume und Entfaltungsspielräume jeder/jedes Einzelnen, materielle Räume (Plätze, Institutionen, Einrichtungen, Spielplätze etc.) oder metaphorische Räume (Soziale Netzwerke, Beziehungsräume, virtuelle Räume etc.). Im Folgenden sollen Handlungsziele der Arbeitsfelder Streetwork/Mobile Jugendarbeit skizziert werden. Diese müssen in den lokalen Zielpyramiden konkretisiert bzw. erweitert werden, um Wirkungen beschreiben zu können. Bezogen auf die einzelnen Arbeitsschwerpunkte bedeutet dies z. B.:

- *Streetwork:* Kontaktaufbau zu verschiedenen Gruppen/Szenen/Kindern und Jugendlichen im Sozialraum; Informationsgewinnung zur Situation und Entwicklungen; Miterleben und Kennenlernen der Lebenswelten und des Sozialraums; Erfassung und Einbeziehung des sozialen Umfeldes der Jugendlichen
- *Gemeinwesenbezogene Aktivitäten:* Partizipation und Befähigung der jungen Menschen zur Gestaltung von eigenen (Lebens)Räumen; Aktivieren und Erschließen von Netzwerken und Ressourcen; Einbeziehung der Jugendlichen und jungen Erwachsenen in die aktive Gestaltung ihres Umfeldes; Lobbyarbeit für die Adressaten; »Berufspolitik«/Lobbyarbeit für den Arbeitsansatz Streetwork/Mobile Jugendarbeit
- *Arbeit mit Einzelnen:* Biographie-Begleitung sowie Unterstützung bei der Alltags- und Lebensbewältigung bieten; Befähigung zur eigenständigen Lebensführung; Ressourcenaktivierung und -erschließung; Entwicklung sozialer Kompetenzen
- *Arbeit mit Gruppen bzw. Cliquen:* die strukturellen, sozialen und emotionalen Ressourcen von Gleichaltrigengruppen oder Cliquen, ihre Synergieeffekte und Konflikte für ihre selbstbestimmten und selbstgesteuerten Entwicklungsprozesse zu begleiten und zu unterstützen[16]; Befähigung der jungen Menschen zur Gestaltung von eigenen Lebensräumen; Partizipation und Aneignung von Räumen ermöglichen; Alternativen zur Freizeitgestaltung eröffnen; positives Eingreifen in Gruppenbewegungen/ Gewaltprävention und -intervention; Erfahrungen schaffen; Entwicklung sozialer Kompetenzen
- *Qualitätssicherung:* Steigerung der Fachlichkeit der Praktiker; Verbesserung der Struktur und des Klimas der Gesamtorganisation/des Teams; Optimierung der Leistungen

---

[16] Landesjugendamt Sachsen, Orientierungshilfe zur Mobilen Jugendarbeit in Sachsen, S. 4

e) Adressatenbezogene Teilziele, Indikatoren & Messinstrumente: Dies ist der entscheidende Teil der Zielpyramide. Hier sollten jetzt die Wirkungsziele in Teilziele konkretisiert und Indikatoren benannt werden, welche die Zielerreichung »messen« bzw. »sichtbar« machen können. Ebenso werden auch »Mess-» und Evaluationsinstrumente beschrieben. Im Kapitel zur Evaluation wird auf diesen Aspekt gesondert eingegangen, da dies eng damit verbunden ist. Die zentralen Fragen in diesem Kontext sind: »*Woran können wir feststellen, dass das Ziel erreicht wurde*« und »*worin besteht der Nutzen unserer Arbeit?*« Wichtig ist in diesem Kontext auch, dass man sich der »Grenzen der Messbarkeit«, auf welche wir noch eingehen werden, bewusst ist.

Erstellung einer Konzeption

Im nächsten Schritt geht es darum, die ermittelten Ziele und Handlungsschwerpunkte in eine Gesamtkonzeption zu integrieren. Unter einer Konzeption ist eine umfassende Zusammenstellung von Information und Begründungszusammenhängen für ein größeres Vorhaben oder eine umfangreiche Planung zu verstehen. Konzeptionen haben keine unbefristete Lebensdauer, sie sollten daher in regelmäßigen Zeitabständen auf ihre Aktualität, Nützlichkeit und Wirksamkeit überprüft werden.

Folgende Übersicht stellt die wesentlichsten Inhalte einer Konzeption dar (Graf/Spengler 2004).

Wer?	→	Antragsteller, Projektträger
Warum?	→	Ausgangs- und Problemlage, Bedarf, Gesetzliche Grundlage und Auftrag
Für wen?	→	Zielgruppen/Adressaten
Wozu?	→	Ziele
Was?	→	Leistungen, Angebote
Wie?	→	Arbeitsprinzipien, Methoden, Arbeitsformen, Zeitschiene, Evaluation – Kriterien zur Zielüberprüfung
Wo?	→	Standorte, Raumbedarf
Durch wen?	→	Personalbedarf
Womit?	→	Sachmittel, Personalkosten, Finanzierungsplan

Diese neun Punkte geben bereits eine grobe Struktur für die Gliederung einer Konzeption wieder. Es empfiehlt sich aber, die genaue Gliederung mit den örtlichen Verantwortlichen (z. B. Jugendamt) abzustimmen. In der Regel gibt es deutliche regionale Präferenzen. Im folgenden Kapitel soll jedoch noch ein Vorschlag unterbreitet werden. Die Konzeption gilt es dann auch inhaltlich mit Anlagen bzw. Teilkonzepten weiter zu unterlegen (vgl. Graf/Spengler 2004), z. B. mittels:

Teilkonzept/ Anlagen	Inhalte
Personalplan	Tätigkeits- und Stellenbeschreibungen inkl. Vergütung
Kosten- und Finanzierungsplan	Auflistung der nötigen Ausgaben und der Einnahmen (z. B. öffentliche Zuwendungen, Spenden, Eigenmittel)
Kooperationsvereinbarungen	z. B. mit Kommunen oder Schulen
Fachstandards	Orientierungshilfen/ Fachstandards von der Bundes- und Landesebene

Weiterhin empfiehlt es sich, eine Konzeption zur Öffentlichkeitsarbeit zu erstellen, da dieses Thema immer wieder in der Alltagspraxis auftaucht. Es regelt die verschiedenen Vorgehensweisen der Öffentlichkeitsarbeit gegenüber den verschiedenen Adressaten von Öffentlichkeitsarbeit (z. B. Jugendliche, Bürger/ Anwohner, Bürgermeister, Stadträte, Jugendamt, Sponsoren, Politik). Kernfragen sind dabei u. a. »was wollen die von uns wissen?«, »was wollen wir denen mitteilen?« und »wie/mit welchem Medium wollen wir dies transportieren?«

Im Folgenden ein Gliederungsvorschlag für eine Konzeption

1. Angaben zum Verein/Projekt (Leitbild, Grobübersicht, Ansprechpartner, Organigramm ggf. im Anhang)
2. Bedarfsfeststellung – Angaben zur Sozialraum- und Lebensweltanalyse (wann und wie wurde die Analyse durchgeführt, was sind die wichtigsten Ergebnisse?)
3. Arbeitsgrundlagen von Mobiler Jugendarbeit/Streetwork
3.1 Gesetzliche Grundlagen
3.2 Fachstandards der Bundes- und Landesebene
4. Definition und Grundverständnis von Streetwork/Mobile Jugendarbeit
5. Adressaten
6. Ziele (bei Verwendung einer Zielpyramide hier die groben Ziele auflisten und auf die Zielpyramide im Anhang verweisen)
7. Handlungsleitende Arbeitsprinzipien
8. Leistungen und Handlungsfelder
8.1 Aufsuchende Tätigkeiten/Streetwork

8.2 Sozialraumbezogene Tätigkeiten
8.3 Einzelfallbezogene Tätigkeiten
8.4 Gruppenbezogene Tätigkeiten
8.5 Qualitätssicherung
9. Personal und Finanzen
10. Kooperation und Vernetzung (wer sind Kooperationspartner, wer sind Netzwerkpartner; ggf. Verweis auf Kooperationspartner)
11. Qualitätssicherung/Evaluation (wie wird Qualität und Wirkung »gemessen«?; ggf. Verweis auf Zielpyramide)

4.4 Die Realisierungsphase – Streetwork und Gemeinwesenarbeit als zentrale Elemente

Wenn die Konzeption und die Rahmenbedingungen (siehe Fachstandards für Streetwork/Mobile Jugendarbeit) stehen, kann die Realisierungsphase beginnen. Wie bereits angeführt ist Streetwork/Mobile Jugendarbeit ein eigenständiges Arbeitsfeld Sozialer Arbeit welches unterschiedliche Methoden und Prinzipien von Sozialer Arbeit innerhalb eines sozialpädagogischen Gesamtkonzeptes vereint. Das heißt, wo »Mobile Jugendarbeit« draufsteht, muss auch »Gemeinwesenarbeit« drin sein. Die sozialräumliche Konzepterstellung und auch die Evaluation können direkt in der sozialräumlichen Praxis bzw. in der Realisierungsphase, also unmittelbar im Arbeitsfeld, stattfinden. Grundsätzlich geht es in der Realisierungsphase darum, die Arbeitsprinzipien (siehe vorn) und Handlungsziele mittels der Methoden und Projekte zu realisieren.

Sozialraumorientiertes Handeln in der Mobilen Jugendarbeit erfolgt konkret auf den drei Handlungsebenen adressatenspezifisches Handeln, adressatenübergreifendes Handeln und adressatenunspezifisches Handeln (vgl. Gillich 2007). Die folgenden Beispiele[17] bieten einen breiten Möglichkeitsraum an Aktivitäten. Grundlage dafür, welche Elemente Anwendung finden, ist immer eine Sozialraum- und Lebensweltanalyse unter Beteiligung der Adressaten.

1. Ebene: Adressatenspezifisches Handeln

Im Rahmen der direkten Kontakte mit den Adressaten (Streetwork, Einzelfallhilfe/ Einzelberatung, Gruppenarbeit, Cliquenarbeit) fallen Phäno-

---

[17] Teilergebnisse wurden zusammengetragen im Workshop »Gemeinwesenarbeit in der Mobilen Jugendarbeit – Pflicht oder Kür? Jahrestagung der Mobilen Jugendarbeit Baden-Württemberg vom 15.–17. April 2008

mene auf, die zwar zunächst und für sich betrachtet Einzelerscheinungen sind, jedoch bei unterschiedlichen Menschen auftauchen (z. B. mangelhafte Möglichkeiten der Freizeitgestaltung, Jugendliche im Stadtteil finden keinen Platz, um sich zu treffen, Jugendarbeitslosigkeit, nach 22.00 Uhr ist der Stadtteil von öffentlichen Verkehrsmitteln »abgehängt«, im Haus XY wird Mietern gekündigt). Sozialraumorientierte Mobile Jugendarbeit sucht (im Einzel- bzw. Gruppenkontakt) nach Überschneidungen von Themen die es zu bearbeiten gilt. Daneben können auch Daten von Institutionen Schieflagen anzeigen und Hinweise geben (vgl. Gillich 2007). Darüber hinaus ist Mobile Jugendarbeit im Rahmen der Einzelfallhilfe ein (Systemischer) Case-Manager, welcher in und mit Netzwerken handelt.

→ Das heißt: Mobile Jugendarbeit ist Case-Manager, Forscher und Datensammler; Mobile Jugendarbeit nimmt »Phänomene« wahr, die verschiedene Jugendliche betreffen.

Konkrete sozialraumorientierte Aktionen und Projekte von Mobile Jugendarbeit auf dieser Handlungsebene:
- (Systemisches/Sozialräumliches) Case Management innerhalb der Einzelfallhilfe (Kleve 2005)
- Aktivierende Gespräche (Kurzformen aktivierender Befragungen)
- Partizipative Methoden der Sozialraum- und Lebenswelterkundung
- Die Couch
- Sprechtag auf der Straße

2. Ebene: Adressatenübergreifendes Handeln

Wahrgenommene Phänomene aus der adressatenspezifischen Arbeit werden übergreifend angepackt. Adressatenübergreifende Arbeit ist der Bereich, in dem von Projekten geredet wird. Die aus der adressatenspezifischen Arbeit wahrgenommenen Phänomene werden konkretisiert und Menschen zusammengebracht, die sich für die von ihnen selbst benannten Themen interessieren. Sie werden unterstützt, ihre (realistischen) Ziele umzusetzen. Das kann z. B. eine gemeinsame Freizeitmaßnahme oder eine andere Aktion sein (vgl. Gillich 2007).

→ Das heißt: Mobile Jugendarbeit ist Aktivierer, Konkretisierer, Vernetzer, Moderator und Unterstützer; Themen und Menschen werden zusammengebracht.

Konkrete sozialraumorientierte Aktionen und Projekte von Mobile Jugendarbeit auf dieser Handlungsebene:

- alle adressatenspezifischen Aktivitäten (mit einem vielleicht anderen Fokus), da die eigentlichen Adressaten auch mit beteiligt sind
- Vernetzen (Frühstückscafé, Runde Tische, Gesprächskreise) von Menschen mit gleichen Interessen (Arbeitslose, Mütter)
- Öffentliche Räume umdeuten (Straße wird zum Fußballplatz, Treppen werden zu Bühnen)
- Aktionen zur Gewinnung von öffentlichen Raum, Plätze für Adressaten (Unterstände, Treffpunkte …)
- Ausstellungen
- Schüler-, Freizeit- und Veranstaltungskalender
- Projekte, Camps (Mediencamps)
- 24-/48-Stunden-Aktion
- Zukunftswerkstätten
- Teilnahme mit Jugendlichen an stadtteilbezogenen Ausschüssen und Gremien, Beteiligung an Planungsprozessen
- »Ausgegrenzte Personen« stellen sich kreativ und künstlerisch dar
- Sportbezogene Events; Familien- oder Fußballturnier; Stadt-/Gemeinde-WM
- Jugendliche organisieren Dorffeste/Feuerwehrfeste/Skatturniere/Straßenfeste/Stadtteil-/Gemeindefeste
- Stadtteilzeitungen
- Gemeinsame Freizeitmaßnahmen
- Gespräche mit Jugendlichen, Politik und Verwaltung, Patenschaften, Jugendstammtische, Jugendparlament, Jugendrat, Jugendforen
- Soziales und ehrenamtliches Engagement organisieren (Trainer u. a.)
- Projekte mit verschiedene Adressaten in einem Jugendzentrum
- Bürgerversammlung
- Lokale Ökonomie; Patenschaften; Dienstleistungsdrehscheibe
- Betriebsbesichtigungen, berufsorientierter Projekte, Praktika, Jobbörse

3. Ebene: Adressatenunspezifisches Handeln

Auf dieser Ebene werden die Ressourcen und Schätze gesucht, die zu nutzen sind für die adressatenspezifische und die adressatenübergreifende Arbeit (vgl. Gillich 2007). Ebenso wird die Entstehung von Netzwerken ermöglicht, um die Situation von Adressaten zu verbessern. Dazu kann auch gehören, an eine an den Jugendlichen orientierte Jugendhilfeplanung hilfreiche Informationen weiterzugeben. Diese Ebene wird von vielen Praktikern unterschätzt.

→ Das heißt: Mobile Jugendarbeit ist Suchender, Ermittler und ggf. Transporteur von Daten, Seiltänzer, Dolmetscher, Schatzsucher, Netzknüpfer, Erinnerer oder Anwalt und achtet darauf, dass keine Informationen weitergegeben werden die gegen Jugendliche verwendet werden können. Konkrete sozialraumorientierte Aktionen und Projekte von Mobiler Jugendarbeit auf dieser Handlungsebene:
- Erkenntnisse aus dem Sozialraum sind Thema in jeder Teambesprechung
- Teilnahme an Ausschüssen, Gremien und Runden Tischen
- Transport von den »weichen Daten«, welche aus den partizipativen Methoden der Sozialraum- und Lebenswelterkundung gewonnen wurden an die entsprechenden Stellen
- Präsentation von Ergebnissen aus den Sozialraum- und Lebenswelterkundungen
- Mitarbeit an der Jugendhilfeplanung (auch unter Beteiligung von Jugendlichen)
- Projektpräsentation, Handout, Flyer, Sozialbericht
- Pressearbeit (Gemeinde, Kommunalpresse)
- Mitarbeitertagung, Arbeitskreise, Gremien
- Vernetzung und Kooperationen
- Bürgerverein
- Ehrenamt würdigen
- Verbände und Vereine einbinden
- Kontaktpflege zu Politik, sozialen Einrichtungen etc. im Sozialraum
- Aktivierer für infrastrukturelle Veränderungen (Fußgängerüberweg, Spielplätze, Radwege ...)
- Mittelbeschaffung/Sponsoring/Fundraising

Interventionen und Haltung

Die Haltung ist im Handeln die Intervention erster Ordnung. Sie und die handlungsleitenden Arbeitsprinzipien sind die wesentlichsten bzw. wichtigsten Voraussetzungen für eine gelingende und wirkungsvolle Arbeit. Grundsätzlich gilt: »Alle Methoden und Interventionen nützen überhaupt nichts, wenn die beraterische Grundhaltung nicht stimmt« (Küchler 2007). Deshalb ist es nützlich, eine den Adressaten zugute kommende Haltung einzunehmen. Dies meint zum Beispiel:[18]

---

[18] Vgl. Küchler 2007, Bamberger 2005, div. Fachstandards für Streetwork/Mobile Jugendarbeit, handlungsleitende Prinzipien der sozialräumlichen Arbeit)

- Wertschätzung, Respekt und Akzeptanz als Basis für die Beziehungsgestaltung
- Die Menschen werden als Experten ihrer Lebenswelt gesehen. Jeder Mensch ist aktiver Gestalter seiner eigenen Existenz. Er selbst trägt in sich alle Ressourcen, die er zur Lösung braucht
- Verhalten hat Sinn! Jedes menschliche Verhalten ergibt auch einen Sinn, wenn es im Kontext der »inneren Landkarte« der betreffenden Person gesehen wird
- Partizipation und Aktivierung sind handlungsleitende Faktoren
- Zielneutralität und Absichtslosigkeit
- Als Berater bin ich der unangefochtene Experte im Nicht-Wissen und in der Zurücknahme meiner Person. Jedes Individuum konstruiert sich aufgrund der Erfahrungen, die es in den Interaktionen mit seiner Umwelt macht, sein eigenes Bild von Wirklichkeit. Deshalb hat man es immer nur mit Konstrukten von Wirklichkeit zu tun
- Ich bin ausgerichtet auf das Positive (auf die Lösung/ das Ziel)
- Ich bin mir bewusst, dass kleine Änderungen zu großen Änderungen führen (können)
- Ich verhalte mich »allparteilich«, d.h. ich gebe jedem (im System) den gleichen Raum und achte darauf, dass jeder zu Wort kommt, und dass man sich stets auf gleicher Augenhöhe befindet.
- Ich treffe keine Bewertungen im Sinne von »das ist richtig/das ist gut« oder »das ist falsch/das ist schlecht«. Schließlich bin ich Experte im Nicht-Wissen

Mit dieser Haltung ausgestattet ist der Sozialarbeiter/Berater dann der Erschaffer von Wahlmöglichkeiten; Wahrnehmer und Aktivierer von Ressourcen; motorischer Neugieriger bzw. Nicht-Wisser; Ermutiger für den ersten Schritt; Anstoßer von inneren Suchprozessen; Beschleuniger für einen Selbstorganisationsprozess; Bewunderer von Autonomie (des Klienten als Experten); Unterstützer von Selbstwirksamkeit (vgl. Bamberger 2005).

Matrix zur Reflexion von Interventionen: Es empfiehlt sich, die eigenen Interventionen und Handlungen regelmäßig zu reflektieren. Dabei kann folgendes »Reflexionsgerüst« nützlich sein.

WARUM?	tue ich (Sozialarbeiter) etwas?	Theoretische Erklärung auf der Metaebene. Erkenntnisse aus der Sozialraum- und Lebensweltanalyse
WAS?	für eine Methode/Intervention passt dazu?	Welche Intervention/Methode wurde aufgrund der o.g. »Erkenntnis« angewandt?
WIE?	passe ich das dem Kontext an?	Wie wurde die Intervention/Methode auf den Adressaten spezifiziert?

Nützliche Komponenten der Realisierungsphase

Für eine wirkungsvolle Arbeit ist es wichtig, dass folgende Aspekte in der Realisierungsphase gewährleistet sind:
- Zwischenbilanzen zur Zielerreichung
- regelmäßige Klärung von Aufträgen (Selbstreflexion und im Team), welche seitens der verschiedenen »Auftraggeber« an die Mitarbeiter/das Projekt gerichtet werden
- Fachberatung, Kollegiale Beratung und Supervision
- Fachaustausch und Vernetzung mit anderen Praktikern
- Weiterbildung
- Beschäftigung mit dem aktuellen Fachdiskurs (Fachzeitschriften, Fachbücher)
- Organisations- und Teamentwicklung (z. B. wöchentliche Teamberatungen, regelmäßige Teamklausuren, Termine mit dem Vorgesetzen)
- Arbeit an fachlichen Standards ausgerichtet

Im Folgenden sollen Jahresplaner und Teamsitzung näher skizziert werden, welche für die Praxis wichtige Eckpfeiler darstellen. Sie dienen dazu, wichtige Dinge im Blick zu haben, sowie das alltägliche Handeln zu planen und zu reflektieren.
- *Der Jahresplaner:* Der Jahresplaner ist ein Whiteboard oder eine große Pinwand, an welcher wichtige Aspekte (mittels verschiedener Farben) festgehalten werden können, z. B. Projekte (inklusive Vorbereitungs- und Nachbereitungszeit); Termine, an welchen Evaluationen stattfinden sollen (bezüglich Gruppen, Treffs, Clubs etc); Urlaubszeiten und Fortbildungen der einzelnen Mitarbeiter; sonstige Termine
- *Die Teamsitzung:* Die Teamsitzung ist das tägliche Planungs- und Evaluationszentrum. Folgende Mindmap kann zur Planung und Durchführung genutzt werden:

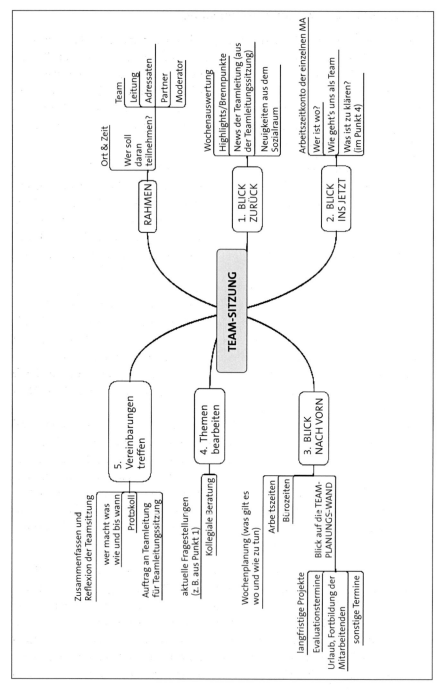

4.5 Evaluation und Wirkungsbeschreibung

»Was tun Sie eigentlich den ganzen Tag und worin besteht der Nutzen Ihrer Arbeit?« Dies ist eine sehr berechtigte Frage, der sich auch Michael Klassen (Klassen 2007) in seiner Arbeit über die Bedeutung und Schwierigkeit von Wirksamkeitsforschung in der Sozialen Arbeit widmet. Er beschreibt, dass Soziale Arbeit in der Pflicht sei, über die Wirkung des eigenen Handelns nachzudenken und diese zu beschreiben, zu analysieren, zu evaluieren – kurzum darüber zu forschen.

a) Inputs und Outputs: Dieses »Forschen« ist nicht einfach. Allerdings nicht deshalb, weil in diese Richtung zu wenig getan wird. Die meisten Einrichtungen der Sozialen Arbeit kontrollieren und berichten bereits darüber, wer mit wem welche Dinge tut und wie viel dies kostet. Mit anderen Worten, es wird bereits viel in Sachen Programminputs, -aktivitäten und -outputs dokumentiert. An dieser Stelle sollen diese Aspekte kurz skizziert werden (in Anlehnung an Klassen 2007)

- *Inputs* schließen Hilfsmittel ein, die einer Aktivität gewidmet sind oder gar im Rahmen dieser aufgebraucht werden (Geld, Personal, Zeit, Ressourcen, Arbeitsmittel, Räume). Sie schließen auch Zwänge und Rahmenbedingungen ein, denen das Projekt unterworfen ist (z. B. Gesetze, Vorschriften, Voraussetzungen für finanzielle Unterstützungen)
- *Aktivitäten* sind die Dienste, die ein Projekt/eine Organisation mit Hilfe der Inputs leistet, um ihre Ziele zu erreichen (z. B. Strategien, Techniken, Methoden)
- *Outputs* sind die unmittelbaren Produkte der Programmaktivitäten und werden normalerweise nach dem Umfang der vollendeten Arbeit gemessen (z. B. Anzahl der geleisteten Arbeitsstunden, Anzahl der Beratungsstunden oder Streetworkgänge, ausgeteilte Informationsmaterialien, Anzahl der Teilnehmer an Projekten, Anzahl an erreichten Jugendlichen, Anzahl an Einzelfallhilfen). Man kann den Erreichungsgrad dieser Outputs messen, man kann sich an ihnen orientieren und man kann diese verbessern und optimieren.

b) Outcomes, Wirkungsziele und Teilziele: Mit der Dokumentation dieser Inputs und Outputs glauben viele, den ersten Teil der o.g. Frage beantwortet zu haben. Die zweite Frage: »... und worin besteht der Nutzen ihrer Arbeit?« geht dabei oft vor lauter Messung der Inputs, Aktivitäten und Outputs verloren oder wird bewusst oder unbewusst erst gar nicht gestellt (Klassen 2007). An dieser Stelle kommen die sog. »*Outcomes*« ins Spiel. Diese sind die Vorteile, Gewinne oder Veränderungen für die Adressaten während oder nach der Teilnahme an Projekten bzw. Leistungen. Sie sie sind durch die Outputs beeinflusst und können sich z. B. auf Verhalten, Fähigkeiten, Wissen, Einstellungen, Werte, Zustände oder (neu entstandene) Ziele beziehen. Die Outcomes sind somit das, was die Adressaten wissen, denken oder tun können, wenn bzw. nachdem sie die Leistungen von Streetwork/Mobile Jugendarbeit in Anspruch genommen haben (vgl. Klassen 2007). Outcomes sind vergleichbar mit den sogenannten Wirkungszielen. *Wirkungsziele* bezeichnen wünschenswerte Zustände, Fähigkeiten und Verhaltensweisen, zu deren Erreichung durch sozialpädagogische Bemühungen beigetragen werden soll, bieten eine Orientierungsfunktion und sind Bezugspunkt für die Bildung von Teilzielen (der Adressaten) und der Handlungsziele (der Fachkräfte) (vgl. auch Landeshauptstadt Dresden 2006, von Spiegel 2000, 2006). In der Landeshauptstadt Dresden wurde 2006 ein Wirkungszielkatalog für die Kinder- und Jugendhilfe entwickelt. Als Wirkungsziele mit besonderer Bedeutung werden hierbei die beiden Aspekte beschrieben »Integration und Normalisierung« sowie »Gleichberechtigung von Mädchen und Jungen«. Ebenso werden weitere *Wirkungsziele* benannt und mit Kriterien näher beschrieben. Dazu gehören Persönlichkeit als soziales Individuum (Eigenverantwortlichkeit; Gemeinschaftsfähigkeit; Aneignung gesellschaftlicher, kultureller und natürlicher Zusammenhänge; Beteiligung und Selbstwirksamkeit); Geschlechterbewusstsein (gesellschaftlich bestimmte Geschlechterrollen; männliche und weibliche Identität); Konfliktfähigkeit (Konfliktbewusstsein; konstruktive Konfliktbearbeitung; Verantwortungsübernahme); familiäre und familienergänzende Beziehungen und Bedingungen (Erziehungskompetenz; Familien-Ersatzsysteme als Schutz und Gestaltungsraum). Da die Wirkungsziele nur eine grobe Orientierung geben, gilt es, diese in Teilziele zu konkretisieren. Diese beziehen sich auf die Adressaten, sind zeitlich terminiert, konkret formuliert und tendenziell erreichbar, sind Etappen auf dem Weg zum Wirkungsziel und sind Ziele der Adressaten, welche dafür die Verantwortung tragen (vgl. von Spiegel 2000, 2006).

c) Indikatoren: Bei der Erfassung dieses (Mehr-)Nutzens für die Adressaten ist es jedoch auch wichtig, dass diese Outcomes bzw. Wirkungsziele mit konkreten Indikatoren versehen werden. Dies bedeutet, dass eine weitere Konkretisierung der Teilziele – bezogen auf die Adressaten – in den spezifischen Projekten erfolgen muss. An dieser Stelle beginnt Qualitätssicherung erst richtig (vgl. Gilles 2006, Klassen 2007). Sie sind ausdifferenzierte Zielbeschreibungen, sind Anzeiger, an denen man die Praxisumsetzung und den Erfolg der im Leitbild, Handlungsstandards und Arbeitsschwerpunkten festgelegten Ziele erkennen und überprüfen kann, sind spezifische beobachtbare, messbare Eigenschaften oder Veränderungen die das Erreichen der Outcomes repräsentieren, haben bestenfalls einen spezifischen statistischen Wert (Anzahl, Prozentzahl), den das Projekt für die Erreichung des vorher festgesetzten Ziels errechnen bzw. bestimmen muss (z. B. wenn Teilnehmende eines Projektes zur Berufsorientierung am Ende mehr für sie interessante Berufe auflisten können als vorher. In diesem Fall ist die Anzahl »messbar«). »Als eine erste Dimensionierung von Ausgangspunkten für die Entwicklung konkretisierter Indikatoren können insbesondere folgende Indikatorengruppen, anonymisiert bezogen auf Nutzer, angesehen werden: Beschreibung (darunter Alter, Geschlecht, Nationalität); Grad der Beteiligung; Wissenszuwachs; Zuwachs an Fertigkeiten; Verhaltensänderung; Grad der Selbständigkeit; Fähigkeit zur Selbstreflexion, Ziel- und Perspektiventwicklung; gelingende biografische Veränderungen; gestärkte Lebensbewältigungskompetenz« (Landeshauptstadt Dresden 2006, S. 22). Ein Beispiel zur Indikatorenfindung:

- *Wirkungsziel:* Junge Menschen sind in der Lage, eigene entwicklungsfördernde Ziele zu bestimmen.
- *Konkretisiertes Wirkungsziel/Teilziel:* Der junge Mensch überwindet seine Schulmüdigkeit.
- *Indikatoren:* Steht morgens rechtzeitig auf; erscheint pünktlich in der Schule (auch nach den Pausen), hat keine Fehlzeiten in der Schule, nimmt Hausaufgabenbetreuung an, ist nicht mehr versetzungsgefährdet.

Nachdem die Indikatoren benannt wurden, empfiehlt sich zu prüfen, ob es für jeden Outcome/jedes konkretisierte Wirkungsziel auch einen Indikator gibt und ob sie spezifisch genug sind (United Way of America 1996, zitiert in Anlehnung an Klassen 2007). Zu bestimmten festgelegten Zeiten (halbjährlich, jährlich) ist es dann wichtig, eine differenzierte Zielüberprüfung im Sinne einer Evaluation vorzunehmen.

d) Struktur-, Prozess- und Ergebnis-/Wirkungsebene. Die genannten Ziele und Indikatoren zu den einzelnen Angeboten/Projekten können auch mittels folgender Ebenen strukturiert werden (Gilles 2006). Alle Qualitätsbereiche lassen sich thematisch in einen Struktursatz, Prozessansatz sowie Ergebnisansatz (aus Toepler 2005) unterteilen.
- Die *Strukturkategorie* umfasst die strukturellen Charakteristika, d. h. die Zahl und Ausbildung der Mitarbeiter und die Qualität und Quantität der anderen Ressourcen, die zur Erstellung der Leistung notwendig sind

(Organisation, finanzielle Ausstattung, Infrastruktur, Gebäude, Teilnehmerzahlen, Anzahl erreichter Jugendlicher etc.)
- Die *Prozesskategorie* beschreibt den eigentlichen pädagogischen Prozess (Handlungen). Was soll während des Angebotes passieren? Unter einem Prozess versteht man eine logisch aufeinander folgende Reihe von wiederkehrenden Handlungen mit messbarer Eingabe, messbarem Wertzuwachs und messbarer Ausgabe. (Dienst-)Leistungen entstehen in einer Prozesskette, welche sich aus unterschiedlichen Arbeitsschritten (Aufgaben) zusammensetzt. Alle Prozesse tragen zum Erfolg einer Maßnahme bei. Sie müssen deshalb möglichst effektiv und effizient ablaufen. Prozessqualität lässt sich nur definieren, wenn ein ausführliches Konzept vorliegt, das die notwendigen Prozesse messbar beschreibt (Ablaufpläne, Verfahrensanweisungen)
- Die *Ergebnis-/Wirkungskategorie* beschreibt, welche Erwartungen in Bezug auf die Auswirkungen der pädagogischen Arbeit über das Angebot hinaus bestehen. Sie stellt dar, in welchem Maß die Ziele erreicht werden. Ermittelt wird die Ergebnisqualität durch Evaluationsverfahren, welche die Veränderungen sowohl anhand von objektiven als auch anhand von subjektiven Kriterien erfassen

e) Mess- und Evaluationsinstrumente. Spätestens an diesem Punkt sollte jedoch ein Hinweis bezüglich der Grenzen der Messbarkeit angeführt werden. Später soll dies deutlicher ausgeführt werden. Fakt ist: Nicht alles ist messbar! Messungen unterliegen immer subjektiven Sichtweisen! Sogenannter Erfolg und Wirkungen werden von vielen Aspekten beeinflusst! Nützlich bzw. notwendig ist es trotzdem auch, sich über Messinstrumente und Dokumentationen zu den einzelnen Indikatoren Gedanken zu machen. Möglichkeiten sind z. B.: Methoden der Sozialraumerkundung und die Sozialraumanalyse als wichtigstes Instrument der Konzeptentwicklung und Evaluation, Fragen/Gespräche mit den Adressaten (hierbei eignen sich speziell offene Fragen bzw. Aktivierende Befragung und Skalierungsfragen (vgl. Küchler 2007), Streetwork-Protokoll, Tages- oder Wochenprotokoll, Fragebögen bzw. Auswertungsbögen, Teambesprechungen, Supervision, Statistiken, Berichte und Zuarbeiten, Wochenarbeitsplan, persönliches Arbeitstagebuch, Checklisten für regelmäßige Abläufe wie z. B. Planungstätigkeiten.

f) Evaluationsraster. In der folgenden Übersicht (vgl. Gilles 2006) soll ein mögliches Evaluations-Raster skizziert werden.

Angebot/ Maßnahme:				
Handlungsziel(e) für das Angebot:				
Teilziele für das Angebot:				
Erkenntnisinteresse (warum wird evaluiert?):				
Evaluationszeitraum:				
Zielebene	Indikatoren	Instrumente zur Prüfung	Überprüfung Wurde das Ziel erreicht?	Konsequenzen für die weitere Arbeit
Ziele auf der Strukturebene 1. 2. 3.				
Ziele auf der Prozessebene...				
Ziele auf der Wirkungsebene...				

Grenzen der Messbarkeit – Anmerkungen zum Wirksamkeitsdialog

Streetwork/Mobile Jugendarbeit ist ein niedrigschwelliges, adressatenbezogenes und flexibles Angebot Sozialer Arbeit, welches nicht in einer standardisierten Form praktiziert wird. Eine Wirkungsstudie ist demnach nur begrenzt möglich. Eine Kundenabfrage (z. B. mittels Fragebögen oder Skalen) ist im Kontext von Streetwork/Mobiler Jugendarbeit auch nicht bzw. nur sehr begrenzt umsetzbar, z. B. im Rahmen der Einzelfallhilfe. Folgt man den aktuellen Studien zur Wirksamkeit von Therapie (dies trifft jedoch auch auf Beratung zu), bietet sich in etwa folgendes Bild: Nur ca. 10 bis 15 Prozent der »erzielten Wirkungen« lassen sich auf die Interventionen zurückführen. Wesentlich mehr Einfluss darauf, was an Beratung wirkt, haben die Ressourcen der Adressaten (ca. 40 Prozent), die Berater-Klienten-Beziehung (ca. 30 Prozent) sowie die (mobilisierte oder geweckte) Hoffnung. Betrachten wir das Arbeitsfeld Streetwork/Mobile Jugendarbeit, können wir feststellen, dass gerade die Aspekte Ressourcenaktivierung und Beziehungsarbeit die »Hauptrollen« spielen. Deutlich wird, dass – bezogen auf die Adressaten – bei Streetwork/Mobile Jugendarbeit eine positive Wirkung unvermeidlich ist, sofern nach den Fachstandards gearbeitet wird.

Ziele und Evaluation im Kontext

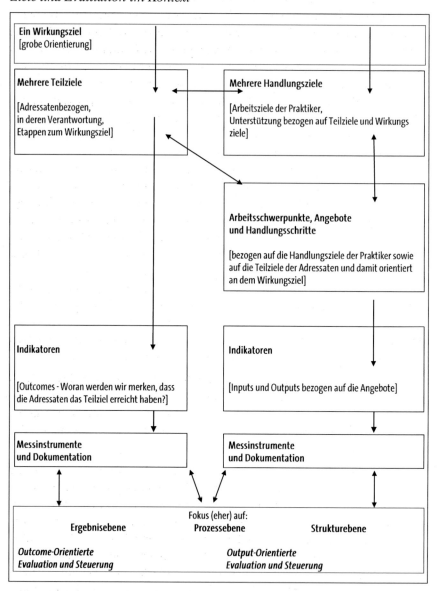

Fakt ist auch, dass Interventionen von Sozialer Arbeit keine unmittelbaren Aussagen bezüglich der Wirkung zulassen. Sozialarbeit kann die Adressaten niemals zu einer Veränderung zwingen, in dem von Lüttringhaus/Streich kritisierten Sinne »wo mein Wille ist, ist dein Weg«. Denn für Menschen gilt aus systemischer Perspektive das Prinzip der nicht-instruktiven Interaktion. Jeder Mensch lässt sich als non-triviales System beschreiben (vgl. Ritscher 2007). Triviale Systeme verlaufen linear, wie etwa ein Espressoautomat. Ich werfe Geld ein (Input) und das Ergebnis (der Output) ist definiert. Menschen jedoch denken und verhalten sich anders. Sie erhalten sich selbst, indem sie in Interaktion mit der Umwelt Zustände kreieren, auf die sie selbst reagieren. Aus diesem Grund kann der Mensch nicht dazu gebracht werden, mittels einer Eingabe von außen (Intervention) das zu tun, was er aus der Sicht des wohlmeinenden Anderen (Sozialarbeiter) tun sollte (vgl. Ritscher 2007). Non-triviale Systeme – also die Adressaten sowie die Sozialarbeiter – haben ihren Eigensinn und handeln selbstbestimmt und eigenverantwortlich. Sie können sich jederzeit »widersetzen« und sich zur Nichtveränderung, also zur Beibehaltung der Probleme, entscheiden. Während des gesamten Arbeitsprozesses bleibt die Verantwortung für Inhalt und Prioritätensetzung bei den Adressaten. Der Prozess, das Ergebnis sowie die Wirkung sind demnach abhängig vom »Willen« der handelnden Akteure. Das bedeutet, dass wir mit unseren Interventionen Einfluss auf die Adressaten haben, die tatsächliche Wirkung ist jedoch unvorhersehbar!

Ein weiterer Aspekt ist, dass auf das Klientensystem immer mehrere Faktoren einwirken (können). Es bleibt somit auch immer die Frage unbeantwortet, ob die Intervention des Sozialarbeiters eine Verbesserung angeregt hat oder ob ein anderer Faktor (Freundin, Job, Wohnung, Umfeld) eine positive Wandlung erzeugt hat.

Unser Fazit. Die Praxis soll ihr Handeln regelmäßig reflektieren und die eigenen Konzepte evaluieren im Sinne einer sozialräumlichen Konzept- und Qualitätsentwicklung. Der Wirkungsdialog macht Sinn. Die Praxis ist angehalten, sich dennoch über die Wirkungen ihrer Arbeit und deren »Messbarkeit« Gedanken zu machen. Dies steigert wiederum die Fachlichkeit. Der Wirkungsdialog und die damit verbundenen »ungenauen Messungen« dürfen nicht im Sinne des Kontextes »Förderung bzw. Mittelzuweisung« missbraucht werden! Wie in jeder Branche zeigen Sozialarbeit und Beratung dann Wirkung, wenn professionell gearbeitet wird – schließlich werden Veränderungsprozesse begleitet und reflektiert. Dies bedeutet, ausreichend Ressourcen wie Personal, Sachmittel und Weiterbildungsbudget – auch für Coaching und Supervision zur Verfügung zu stellen.

Literatur

AGJF Sachsen e.V. (Hrsg.) (2002): Ein/e kompetente/r Jugendarbeiter/in braucht ... Kompetenzprofil: Jugendarbeit, Chemnitz

Bamberger, Gunter G. (2005): Lösungsorientierte Beratung. Praxishandbuch, 3.vollständig überarbeitete Auflage, Weinheim und Basel, Beltz

Becker, Gerd/Simon, Titus (Hrsg.) (1995): Handbuch aufsuchende Jugend- und Sozialarbeit. Theoretische Grundlagen, Arbeitsfelder, Praxishilfen. Weinheim, München, Juventa

Böhmer, Annegret/Klappenbach, Doris (2007): Mit Humor und Eleganz : Supervision und Coaching als Beratungsangebote in Organisationen und Institutionen, Paderborn

Borwick, I. (2005): Systemische Beratung von Organisationen, in: Fatzer Gerhard (2005) (Hrsg.) Supervision und Beratung, Bergisch Gladbach, EHP, S. 363-387

Boulet, J. Jaak/Krauß, E. Jürgen/Oelschlägel, Dieter (1982): Gemeinwesenarbeit als Arbeitsprinzip: Eine Grundlegung, AJZ-Verlag, Bielefeld

bpb – Bundeszentrale für Politische Bildung: Methodenkoffer, www.bpb.de

Brock, Johannes (2007): Gemeinwesenarbeit in der Mobilen Jugendarbeit?, Referat auf der Fachtagung, in: Landesarbeitskreises Mobile Jugendarbeit Sachsen e.V. (2007) a.a.O.

Bundesarbeitsgemeinschaft Streetwork/Mobile Jugendarbeit (1999), Fachliche Standards für Streetwork und Mobile Jugendarbeit, Download: www.bag.streetwork.org

Bundesarbeitsgemeinschaft Streetwork/Mobile Jugendarbeit (2007): Fachliche Standards, in: Stefan Gillich (Hrsg.) 2008: Bei Ausgrenzung Streetwork. Handlungsmöglichkeiten und Wirkungen, Gelnhausen, S. 229-236

BzgA (2001): Was erhält Menschen gesund? Antonovskys Modell der Salutogenese – Diskussionsstand und Stellenwert

Deinet, Ulrich (2007): Sozialräumliche Konzeptentwicklung und Kooperation im Stadtteil, in: Sturzenhecker//Deinet 2007, a.a.O.

Deinet, Ulrich (Hrsg.) (2005 b): Aneignung der Lebenswelt – Entwicklungsaufgabe der Teenies. Kurzfassung aus: Deinet, Ulrich (Hrsg.) Sozialräumliche Jugendarbeit. Grundlagen, Methoden, Praxiskonzepte, 2. völlig überarbeitete und erweiterte Auflage, VS-Verlag, Wiesbaden 2005, im Internet unter: http://www.lwl.org/lja-download/datei-download/LJA/jufoe/983524482/Betr_10_14/teenies/1125404861_0/Deinet_Aneignung.pdf (Juni 2007)

Deinet, Ulrich (Hrsg.) (2005): Sozialräumliche Jugendarbeit. Grundlagen, Methoden und Praxiskonzepte, VS Verlag

Deinet, Ulrich/Gilles, Christoph/Knopp, Reinhold (Hrsg.) (2006): Neue Perspektiven in der Sozialraumorientierung. Dimensionen – Planung – Gestaltung, Frank und Timme Verlag

Deinet, Ulrich/Krisch, Richard (2002): Der sozialräumliche Blick der Jugendarbeit. Methoden und Bausteine zur Konzeptentwicklung und Qualifizierung, Opladen

Deinet, Ulrich/Krisch, Richard (2006): Der sozialräumliche Blick der Jugendarbeit. Methoden und Bausteine zur Konzeptentwicklung und Qualifizierung«, Leske und Budrich, Opladen 2003; Nachdruck VS-Verlag, Wiesbaden 2006

Deinet, Ulrich/Krisch, Richard (2006): Der sozialräumliche Blick der Jugendarbeit. Methoden und Bausteine zur Konzeptentwicklung und Qualifizierung, Leske und Budrich, Opladen 2003, Nachdruck: VS-Verlag, Wiesbaden 2006

Deinet, Ulrich/Reutlinger, Christian (Hrsg.) (2004b): »Aneignung« als Bildungskonzept der Sozialpädagogik. Beiträge zur Pädagogik des Kindes- und Jugendalters in Zeiten entgrenzter Lernorte, Wiesbaden
Deinet, Ulrich/Sturzenhecker, Benedikt (1989): Grundbegriffe von Konzeptentwicklung in der Offenen Jugendarbeit. in: Deinet/Sturzenhecker: Handbuch Offene Jugendarbeit, S. 251-264
Deinet, Ulrich/Sturzenhecker, Benedikt (2007): Konzeptentwicklung in der Kinder- und Jugendarbeit. Reflexionen und Arbeitshilfen für die Praxis, Juventa, Weinheim und München
Dithmar, Ute (2006): Sozialräumliche Konzeptentwicklung in der Jugendarbeit – Erfahrungen aus der Praxis, in: Deinet/Gilles/Knopp, a.a.O.
Fatzer, Gerhard (Hrsg.) (1999): Organisationsentwicklung für die Zukunft. Ein Handbuch, [2. Auflage] Köln
Freire, Paulo (1973): Pädagogik der Unterdrückten : Bildung als Praxis der Freiheit, Reinbek bei Hamburg
Freire, Paulo (1992): Der Lehrer ist Politiker und Künstler. Neue Texte zu befreiender Bildungsarbeit. – Reinbeck bei Hamburg
Gilles, Christoph (2006): Qualität durch Konzeptentwicklung. Die Sozialraumanalyse als Basis einer innovativen Zielfindung, in: Deinet/Gilles/Knopp, a.a.O.
Gillich, Stefan (2004): Sozialraumorientierung – Ein Thema für die Wohnungslosenhilfe, in: Gillich 2004, a.a.O.
Gillich, Stefan (2007): Sozialraumorientierung als Standard in der Arbeit mit Jugendlichen auf der Straße, in: Gillich, Stefan (Hrsg.) (2007), S. 98-113
Gillich, Stefan (Hrsg.) (2004): Gemeinwesenarbeit. Die Saat geht auf. Grundlagen und neue sozialraumorientierte Handlungsfelder, Triga Verlag, Gelnhausen
Gillich, Stefan (Hrsg.) (2005): Ausgegrenzt und Abgeschoben. Streetwork als Chance, Triga Verlag, Gelnhausen
Gillich, Stefan (Hrsg.) (2006): Professionelles Handeln auf der Straße. Praxisbuch Streetwork und Mobile Jugendarbeit, Triga Verlag, Gelnhausen
Gillich, Stefan (Hrsg.) (2007 b): Nachbarschaften und Stadtteile im Umbruch. Kreative Antworten der Gemeinwesenarbeit auf aktuelle Herausforderungen, Triga Verlag, Gelnhausen
Gillich, Stefan (Hrsg.) (2007): Streetwork konkret. Standards und Qualitätsentwicklung, Triga Verlag, Gelnhausen
Gillich, Stefan (Hrsg.) (2008): Bei Ausgrenzung Streetwork. Handlungsmöglichkeiten und Wirkungen, Triga Verlag, Gelnhausen
Gillich, Stefan/Küchler, Tom (2008): Gemeinwesenarbeit/Sozialraumorientierung in der Mobilen Jugendarbeit, in: Gemeinwesenarbeit in der Mobilen Jugendarbeit – effektiv und doch vernachlässigt?, Dokumentation einer Jahrestagung, zusammengestellt von Irma Wijnvoord, Kommunalverband für Jugend und Soziales Baden-Württemberg, Download unter http://www.lagmobil.de/download/doku_jahrestagung_2008.pdf
Graf, Pedro; Spengler, Maria (2004): Leitbild- und Konzeptentwicklung, Ziel-Verlag
Herriger, Norbert (1997): Empowerment in der Sozialen Arbeit : Eine Einführung. – Stuttgart, Berlin, Köln
Hinte, Wolfgang/Karas, Fritz (1989): StudienbuchGruppen- und Gemeinwesenarbeit : Eine Einführung für Ausbildung und Praxis, Neuwied, Frankfurt (a.M.)
Hinte, Wolfgang/Lüttringhaus, Maria/Oelschlägel, Dieter (2001): Grundlagen und Standards der Gemeinwesenarbeit. Ein Reader für Studium, Lehre und Praxis, Münster, Votum

Hinte, Wolfgang/Treeß, Helga (2007): Sozialraumorientierung in der Jugendhilfe. Theoretische Grundlagen, Handlungsprinzipien und Praxisbeispiele einer kooperativ-integrativen Pädagogik, Weinheim und München, Juventa

Hinte, Wolfgang; Lüttringhaus, Maria; Oelschlägel, Dieter (2001): Grundlagen und Standards der Gemeinwesenarbeit. Ein Reader für Studium, Lehre und Praxis, Münster, Votum

Iben, Gerd/Drygala Anke/Bingel, Irma/Fritz, Rudolf (1992): Gemeinwesenarbeit in sozialen Brennpunkten: Aktivierung, Beratung und kooperatives Handeln. – [2. Auflage] Weinheim und München

ISMO; International Society for Mobile Youth Work: Internet: http://www.ismo-online.de

Jugendwohlfahrt Oberösterreich: Qualitätshandbuch Streetwork Oberösterreich, www.jugendwohlfahrt-ooe.at/

Klassen, Michael (2007): Was tun Sie eigentlich den ganzen Tag und worin besteht der Nutzen Ihrer Arbeit?, in: Sozialmagazin, 32. Jg., Heft 3, März 2007, S. 12-15

Kleve, Heiko (2005): Systemisches Case Management. Falleinschätzung und Hilfeplanung in der Arbeit (Seminarskript), im Internet unter www.sozialwesen.fhpotsdam.de/uploads/media/Kleve_Systemisches_Case_Management_UEbersichten_etc.pdf

Krebs, Wolfgang (2005): Streetwork und Gemeinwesenarbeit – Sozialräumliche Angebotsentwicklung im Streetwork, in Gillich, Stefan (Hrsg.) (2005): Ausgegrenzt und Abgeschoben. Streetwork als Chance, Triga Verlag, Gelnhausen

Krisch, Richard (2005): Methoden qualitativer Sozialraumanalysen als zentraler Baustein sozialräumlicher Konzeptentwicklung, in Deinet, a.a.O.

Küchler Tom (2007): Kurz und gut und Spaß dabei! Systemisch-lösungsorientierte Konzepte in der Einzelfallhilfe im Arbeitsfeld Streetwork/ Mobile Jugendarbeit, in Gillich, Stefan (Hrsg.) (2007): Streetwork konkret. Standards und Qualitätsentwicklung, Triga Verlag, Gelnhausen

Küchler, Tom und Wolfer, Dieter (2007): »MJA wirkt – Sozialräumliche Konzeptentwicklung, Workshopprotokoll in: Landesarbeitskreises Mobile Jugendarbeit Sachsen e.V. (2007): »mja trifft... – Gemeinwesenarbeit – ein zeitgemäßer Ansatz?«, Dokumentation des Fachtages; S. 15 – 29; Download der Dokumentation unter http://www.mja-sachsen.de

Küchler, Tom; Wolfer, Dieter (2007): Im Fokus: Mobile Jugendarbeit. Streetworker warnen vor weiteren Einschnitten. Ein Bericht aus dem Bundesland Sachsen, Sozialmagazin. Zeitschrift für Soziale Arbeit, 32. Jahrgang, Heft 3, März, 2007

Küchler, Tom/Wolfer, Dieter (2008): Selbstreflexion und Kollegiales Coaching – Handlungsoptimie-rungen in Streetwork und Mobile Jugendarbeit, in Gillich 2008, a.a.O

Landesarbeitsgemeinschaft Mobile Jugendarbeit Baden-Württemberg (Hrsg.) (1997): Praxishandbuch Mobile Jugendarbeit, Neuwied

Landesarbeitsgemeinschaft Mobile Jugendarbeit Baden-Württemberg e.V. (2005): Was leistet Mobile Jugendarbeit? Ein Portrait Mobiler Jugendarbeit in Baden-Württemberg

Landesarbeitsgemeinschaft Streetwork/Mobile Jugendarbeit Baden-Württemberg, Fachstandards

Landesarbeitskreis Mobile Jugendarbeit Sachsen e.V. (1997), Fachstandards Mobile Jugendarbeit/Straßensozialarbeit, Download: www.mja-sachsen.de

Landesarbeitskreis Mobile Jugendarbeit Sachsen e.V. (2006): Einsteigerpaket. Orientierungshilfen für Streetwork/Mobile Jugendarbeit, Bestellung unter: www.mja-sachsen.de

Landesarbeitskreis Mobile Jugendarbeit Sachsen e.V. (2007): Fachliche Standards für Streetwork/Mobile Jugendarbeit, Download unter http://www.mja-sachsen.de

Landesarbeitskreises Mobile Jugendarbeit Sachsen e.V. (2007): mja trifft... Gemeinwesenarbeit – ein zeitgemäßer Ansatz?«, Dokumentation des Fachtages vom 24.-26. September 2007 in Limbach-Oberfrohna; Download der Dokumentation unter http://www.mja-sachsen.de

Landeshauptstadt Dresden (2006): Dresdner Wirkungszielkatalog für die Kinder- und Jugendhilfe, Programmatische Jugendhilfeplanung, Download unter: http://www.jugendserver-dresden.de/media/files/wkz_05_2006.pdf

Leontjew, A. N. (1983): Problem der Entwicklung des Psychischen, Frankfurt a.M.

Lindner, Werner (2000): Grenzen der Sozialraumorientierung in der Jugendarbeit, unveröffentlichtes Manuskript, zitiert aus Deinet 2005, a.a.O.

Lüttringhaus, Maria (2000): Stadtentwicklung und Partizipation, Bonn

Lüttringhaus, Maria (2004): Erfolgsgeschichte Gemeinwesenarbeit. Die Saat geht auf, in: Gillich, (Hrsg.) 2004, a.a.O.

Lüttringhaus, Maria/Richers, Hille (2007): Handbuch Aktivierende Befragung. Konzepte, Erfahrungen, Tipps für die Praxis, Arbeitshilfen für Selbsthilfe- und Bürgerinitiativen Nr. 29, 2. Auflage, Verlag Stiftung MITARBEIT, Bonn

Lüttringhaus, Maria/Streich, Angelika (2004): Das aktivierende Gespräch im Beratungskontext – eine unaufwendige Methode der Sozialraum- und Ressourcenerkundung, in Gillich (2004), a.a.O.

Lüttringhaus, Maria/Streich, Angelika (2007): Zielvereinbarungen in der Sozialen Arbeit: Wo kein Wille ist, ist auch kein Weg!, in: Gillich 2007b, a.a.O.

Lutz, Roland (Hrsg) (2005): Befreiende Sozialarbeit: Skizzen einer Vision, Oldenburg

Maturana, Humberto R./Varela, Francisco (1987): Der Baum der Erkenntnis: Die biologischen Wurzeln menschlichen Erkennens, Bern und München

Merten, Roland (Hrsg.) (2001): Sozialraumorientierung: Zwischen fachlicher Innovation und rechtlicher Machbarkeit, Weinheim und München

Mobile Jugendarbeit Leipzig e.V. (Hrsg.) (2003): In der Rolle der »omnipotenten Alleskönner«? Reflexionen zu Geschichte und Gegenwart Mobiler Jugendarbeit in Leipzig, Chemnitz, Rabenstück Verlag

Mobile Jugendarbeit INFOPOOL/ SMIP: http://forge.fh-potsdam.de/~Sozwes/projekte/steffan/final/eingang.htm

Munch, Chantal (Hrsg.) (2003): Sozial Benachteiligte engagieren sich doch: Über lokales Engagement und soziale Ausgrenzung und die Schwierigkeiten der Gemeinwesenarbeit. Weinheim und München

Niedersächsisches Landesjugendamt (2004): 13. Forum Jugendarbeit in Braunlage/Hohegeiß, 05.01.-07.01.2004, Tagungsdokumentation, Download im Internet unter: http://cdl.niedersachsen.de/blob/images/C3661947_L20.pdf

Nissen, Ursula (1997): Kindheit, Geschlecht und Raum. Sozialisationstheoretische Zusammenhänge geschlechtsspezifischer Raumaneignung, Weinheim und München

Noack, Winfried (1999): Gemeinwesenarbeit: Ein Lehr- und Arbeitsbuch, Freiburg (i.B.)

Oelschlägel, Dieter (Hrsg.) (1993): Einführung in die Gemeinwesenarbeit: Materialien für die Fort- und Weiterbildung, Gerhard Mercator Universität Duisburg Gesamthochschule

Reutlinger, Christian (2003): Jugend, Stadt und Raum. Sozialgeographische Grundlagen einer Sozialpädagogik des Jugendalters, Opladen 2003

Reutlinger, Christian (2005): Sozialraumorientierung in der Kinder und Jugendhilfe – sozialgeographische Konkretisierungen, in: Deinet, Ulrich (Hrsg.) 2005, a.a.O.

Richers, Hille (2004): Die Aktivierende Befragung als Basis für die Stärkung von Selbstorganisation in Stadtteilprojekten, Gemeinwesenarbeit und Quartiersmanagement, in: Gillich 2004, a.a.O.

Richers, Hille/Habermann, Tobias (2005): Aktivierende Befragung, forum-community-organizing.de, http://www.fo-co.info/aktivierende_befragung.htm

Ritscher, Wolf (2007): Soziale Arbeit: systemisch. Ein Konzept und seine Anwendung, Göttingen

Ritscher, Wolf (Hrsg.) (2005): Systemische Kinder- und Jugendhilfe. Anregungen für die Praxis, Heidelberg, Carl Auer

Sächsisches Landesjugendamt (2002): Orientierungshilfe zur Mobilen Jugendarbeit in Sachsen

Sächsisches Landesjugendamt (2004): Beteiligung von Kindern, Jugendlichen und Familien, Download: http://www.slfs.sachsen.de/lja/service/pdf/lja_ah_beteiligung_04.pdf

Sackmann, Sonja A. (1999): Die lernfähige Organisation : Theoretische Überlegungen, gelebte und reflektierte Praxis, S. 227-254, in: Fatzer 1999

Scherr, Albert (1998): Subjektorientierte Offene Jugendarbeit. in: Deinet, U./Sturzenhecker, B. (Hg.): Handbuch Offene Jugendarbeit. Münster 1998, S. 200-211

Schrödter, Mark und Ziegler, Holger (2007): Wirkungsorientierte Jugendhilfe, Was wirkt in der Kinder- und Jugendhilfe? Internationaler Überblick und Entwurf eines Indikatorensystems von Verwirklichungschancen, Herausgeber ISA Planung und Entwicklung GmbH, Band 02, Download unter: http://www.wirkungsorientierte-jugendhilfe.de/seiten/material/wojh_schriften_heft_2.pdf

Senge, Peter M. (1996): Die fünfte Disziplin. Kunst und Praxis der lernenden Organisation, Cotta

Senge, Peter M. (1999): Die fünfte Disziplin – die lernfähige Organisation, S. 145-178, in: Fatzer 1999

Specht, Walter (Hrsg.) (1987): Die gefährliche Straße. Jugengkonflikte und Stadtteilarbeit

Spiegel, E. (2002): Integrativ, kooperativ, aktivierend und umsetzungsorientiert – Konzepte und Verfahren für die Soziale Stadt. In: Deutsches Institut für Urbanistik (Hg.): Impulskongress Innovatives Handeln für die soziale Stadtteilentwicklung. Dokumentation Berlin 2002

Spiegel, Hiltrud von (1998): Erfolg? Qualitätskriterien und ihre Prüfung in der Offenen Jugendarbeit. in: Deinet/Sturzenhecker (Hg.) 1998: Handbuch Offene Jugendarbeit, S. 608-622

Spiegel, Hiltrud von (Hg.) (2000): Jugendarbeit mit Erfolg, Münster

Spiegel, Hiltrud von (Hg.) (2006): Methodisches Handeln in der Sozialen Arbeit, 2. Auflage, München und Basel, Ernst Reinhardt Verlag

Sturzenhecker, Benedikt (1996): Reflexivität ist gefordert. Zur professionellen Kompetenz in der Offenen Jugendarbeit, in: Der pädagogische Blick Heft 3, 1996, S. 159-170

Sturzenhecker, Benedikt (2000): Prävention ist keine Jugendarbeit. Thesen zu Risiken und Nebenwirkungen der Präventionsorientierung, in: Sozialmagazin, 1/2000, S. 14-21

Sturzenhecker, Benedikt (2004): Grenzen von Planung in der Offenen Jugendarbeit, in Niedersächsisches Landesjugendamt 2004, a.a.O.

Sturzenhecker, Benedikt (2007): Revisionäre Planung – Bedeutung und Grenzen von Konzeptentwicklung in der »organisierten Anarchie« von Jugendarbeit, in: Deinet/Sturzenhecker 2007, a.a.O.

Toepler, Edwin (2005): CM Methodenwissen – Bewertungsindikatoren zur Evaluation von Struktur-, Prozess- und Ergebnisqualität – Standards zur Datenerhebung und Dokumentation, Fachhochschule Bonn-Rhein-Sieg, Fachbereich Sozialversicherung, Modul Case Management, Download: http://sozialversicherung.fh-bonn-rhein-sieg.de/data/sozialversicherung_/CM%20Methoden%20Evaluation%20%20Bewertungindikatoren%20und%20Dokumentation.pdf

United Way of America (1996): Measuring program outcomes: A practical approach. Arlington, VA: United way of America

Wagner, Hartmut (2006): Motivierende Gesprächsführung in der Mobilen Jugendarbeit, in Gillich 2006, a.a.O.

Wiesner; Struck (2000): SGB VIII § 11 Rdnr. 25, 26, München 2000 (2. Auflage)

Wikipedia, Die freie Enzyklopädie., URL: http://de.wikipedia.org/

Wolfer, Dieter (2009): Wandel gestalten durch Organisationsentwicklung, unveröffentlichte Arbeit

Wolfer, Dieter (2007): Haltung, Qualität und Standards bei Streetwork und Mobiler Jugendarbeit, in: Gillich (2007), S. 120-137

Wolfer, Dieter (2005): Ein Leben mit Kindern auf der Straße: Vermittelnde Pädagogik – Ein Vergleich von Ursachen und Hintergründen im Zusammenhang mit Erfahrungen aus der Wohngruppe Jardin del Edén, Ecuador, Oldenburg

Anlage:
Formen der Beteiligung von Kindern und Jugendlichen

Die Art und Weise der Beteiligung von Kindern und Jugendlichen wird in der Fachliteratur als »Formen der Beteiligung« dargestellt. Im Folgenden sollen Beteiligungsformen aufgezeigt und beschrieben werden. Grundsätzlich ist dabei zu beachten, dass die Formen der Beteiligung differenziert unter Berücksichtigung der Adressatengruppe (Alter, Geschlecht, soziale Herkunft und Sozialraum) eingesetzt werden sollten. Die Gemeinwesenarbeit hat bei der Umsetzung jahrzehntelange Erfahrungen. Der richtige Einsatz der Beteiligungsmethode ist wesentlich zur Erreichung für die jeweilige Zielsetzung (z. B. Beteiligung von Kindern und Jugendlichen an der Erstellung eines Stadtentwicklungskonzeptes oder Beteiligung von Besuchern eines Jugendhauses an der Erarbeitung einer neuen Hausordnung). Die folgende Tabelle beruht auf einer Vorlage aus Sachsen[19]

Formen	Möglichkeiten der Umsetzung	Anmerkungen
Alltägliche Formen	• Partizipieren an dialogischen Gesprächssituationen • Spontane Kreisgespräche • Mecker- und Kritikwand	Diese Formen werden im Alltag der Kinder und Jugendlichen in der Kommune, in pädagogischen Institutionen und in der Familie praktiziert. Sie unterstützen ggf. eine allgemeine Beschreibung
Punktuelle Formen	• Mal- und Zeichenaktionen • Internetbefragungen • Stadtforscheraktionen • Fotostreifzüge • Sprechstunden bei politisch Verantwortlichen	Diese Form ist als Methode in direktem Bezug zur jeweiligen Zielsetzung (z. B. Überarbeitung der Konzeption) einzusetzen
Projekt-orientierte Formen	• Zukunftswerkstätten • Planungszirkel • Spielraumplanung • Planerworkshops mit Kindern • Verkehrsplanungs- und Bebauungsplan-Checks	Diese Beteiligungsformen sind zeitlich, thematisch und räumlich eingegrenzt und stark vom persönlichen Bezug der Kinder und Jugendlichen abhängig. Ihr Einsatz ist in direkten Planungszusammenhängen sinnvoll

---

[19] Sächsisches Landesjugendamt (2004): Beteiligung von Kindern, Jugendlichen und Familien, S. 16 ff, Download: http://www.slfs.sachsen.de/lja/service/pdf/lja_ah_beteiligung_04.pdf; Vgl. auch Lüttringhaus/Richers 2007, Handbuch Aktivierende Befragung

Formen	Möglichkeiten der Umsetzung	Anmerkungen
Medien-orientierte Formen	• Mitwirkung an der Gestaltung des Radio- und Fernsehprogramms • Mitgestaltung von Printmedien und Internetseiten	Bei diesen Formen erhalten die Kinder und Jugendlichen Möglichkeiten, ihre eigene Meinung öffentlich zu machen
Offene Versammlungsformen	• Kinder- und Jugendforen • Kinderversammlungen • Runde Tische • Kinder- und Jugendeinwohnerversammlungen	An diesen Formen kann jedes Kind oder jeder Jugendliche teilnehmen, der ein entsprechendes Interesse und Anliegen hat. Sie helfen bei der Entwicklung des Demokratieverständnisses
Repräsentative Formen	• Kinder- und Jugendparlamente • Jugendkreistage • Kinderbürgermeister/innen • Kinder- und Jugendbeiräte • verbandsbezogene repräsentative Formen	Diese Formen ähneln den Formen der demokratischen Beteiligung von Erwachsenen, dabei werden die Kinder und Jugendlichen fast immer von Gleichaltrigen gewählt
Verfahrensformen	• Hilfeplan	Bei dieser Form soll durch eine frühe und umfassende Beteiligung der Kinder und Jugendlichen ihren Rechten entsprochen, die Entscheidungsfindung erleichtert und die Akzeptanz der gewählten Hilfeform gesteigert und die Evaluation unterstützt werden. Diese Form stellt außerdem eine der wenigen Beteiligungsgrundlagen dar, welche gerichtlich überprüfbar ausgestaltet ist

»Da könnte ja jeder kommen ... !« – Streetworker als Profis ohne Eigenschaften? – Grundlegende Anforderungsprofile an das handelnde Subjekt in der Mobilen Jugendarbeit

Frank Dölker

Streetwork ist kein geschützter Begriff, jede Person darf sich Streetworker nennen. Die Frage, was denn nun gelingende Streetwork ausmacht, wird immer wieder neu diskutiert. Während derzeit in den Finanzsektor Milliarden von Steuermitteln gepumpt werden, um Schulden von Banken zu vergesellschaften, sieht sich die Soziale Arbeit weiterhin mit eher dürftigen finanziellen Mitteln ausgestattet. Die Geldnot und der Sparzwang von Kommunen führen zu eklatanter Mittelknappheit im Sozialen Bereich. Hier könnte natürlich jederzeit eine politische Gewichtung diskutiert werden – verschlingen doch ambitionierte Bauprojekte, deren gesellschaftlicher Nutzen zumindest in Zweifel gestellt werden dürften, oft Millionen, während öffentliche Mittel für benachteiligte Personengruppen auf der Strecke bleiben oder strikt reduziert werden.

Abstruse Ideen, wie unqualifiziertes Personal zur Kinder- oder Schülerbetreuung einzusetzen, werden munter in die Praxis umgesetzt. »Ein-Euro-Jobber« werden teilweise als Hilfskräfte, teilweise aber auch anstatt eines qualifizierten Personals für pädagogische Arbeiten eingesetzt. Hier wird nicht mehr nach der Qualifikation, sondern nach dem Preis eingestellt. Eine Entwicklung schleicht sich ein, die zur De-Professionalisierung der Sozialen Arbeit beiträgt. Zu kritisieren ist hier nicht der Umstand, dass arbeitslose Fachkräfte, die einige Zeit aus dem Berufsleben ausgeschieden waren und nun Hartz IV Empfänger sind, auf dem Weg einer Arbeitsgelegenheit langsam wieder in ihren Beruf zurückfinden, sondern dass billige und unqualifizierte Arbeitskräfte in ein Arbeitsgebiet eingeführt werden, das von seinen Mitarbeiterinnen und Mitarbeitern ein breites Spektrum an fachlichen und persönlichen Kenntnissen und Fähigkeiten fordert, um die immer schwierigeren und differenzierteren Problemlagen ihrer unterprivilegierten und benachteiligten Adressatengruppen sinnvoll bearbeiten zu können.

Ich möchte in den folgenden Ausführungen entlang des Konzeptes der Mobilen Jugendarbeit aufzeigen, welche Fähigkeiten und Kenntnisse Mitarbeiterinnen und Mitarbeitern abverlangt werden und welche professionellen Persönlichkeitsprofile im Arbeitsfeld Streetwork vorausgesetzt werden sollten. Die Bundesarbeitsgemeinschaft Streetwork hat sich in den letzten Jahren sehr ausführlich mit Qualitätsstandards beschäftigt, diese sollen hier nicht weiter berücksichtigt werden. Ich möchte in meinen Ausführungen auf die Persönlichkeit, auf den professionell Handelnden und eine notwendige geistige Haltung zu sich selbst, aber auch zum Klientel und zur Arbeit, eingehen.

Das Konzept der Mobilen Jugendarbeit, wie es von Walther Specht schon Ende der Sechzigerjahre des vorigen Jahrhunderts angefangen wurde zu entwickeln, und nun mittlerweile weltweit erfolgreich umgesetzt wird, hat in seinem Kern einen Methodenmix. Aufsuchende Arbeit, Gruppenarbeit und sozialräumliche Arbeit sollen gut aufeinander abgestimmt und sinnvoll ineinandergreifen. Dies erfordert von den Handelnden Methodensicherheit, gute Kommunikationsfähigkeiten, die Fähigkeit zum strategisch-pädagogischen Projektmanagement sowie ausgeprägte Sozialkompetenz und Konfliktfähigkeit.

»Streetwork-Machen« ist nicht alles, aber ziemlich vielschichtig

Die prägnanteste Methode ist die Aufsuchende Arbeit, oft verwirrend als »Streetwork-Machen« bezeichnet. Vielfach herrscht die Meinung vor, dass Streetwork nur Aufsuchende Arbeit sei und mehr nicht. Danach, so vermutet, seien Streetworker nur im Lebensumfeld ihrer Adressaten tätig, auf der Straße: auf öffentlichen Plätzen, in Parks, auf Schulhöfen, in Einkaufszentren, in Spielhallen, in Diskotheken, Kneipen, Jugendzentren, an Bahnhöfen; sie träfen an diesen Orten ihre Adressaten, um dort mit ihnen gemeinsam Probleme zu lösen.

Die Aufsuchende Arbeit an öffentlichen Plätzen ist der methodische Teil, der Mobile Jugendarbeit von anderen Arbeitsfeldern signifikant unterscheidet. Auf die »Straße« gehen bedeutet, auf fremde Menschen zuzugehen und sie anzusprechen. Es erfordert ein sicheres und souveränes Auftreten und Verhalten in unsicheren, unbekannten und unkomfortablen Situationen und setzt wenig Berührungsängste voraus. Im Moment der Kontaktaufnahme entscheidet sich häufig der weitere Verlauf einer gelingenden Intervention. Der erste Kontakt entscheidet über Erfolg oder Misserfolg, er entscheidet über die Möglichkeit einer tiefer gehenden Arbeitsbeziehung. Hier wird gelegentlich vom Arbeitgeber und auch von anderen Fachkollegen eine »Szeneaffinität« der Streetworker zur Erleichterung von Kontakten vermutet und vorausgesetzt. Es herrscht bei Nichtfachleuten gelegentlich die Meinung vor, dass Menschen mit einer vergleichbaren oder ähnlich gelagerten Vergangenheit, die nun als Problemlagen bei den Adressaten sichtbar ist, bei diesen Menschen einen einfacheren Zugang hätten. Das Konzept der »Kiezläufer« in Berlin setzt an diesem Gedanken an: ehemalige Gang-Mitglieder, die aufgrund ihrer eigenen Vergangenheit über entsprechende Reputation verfügen, die notwendig erscheint, in Kontakt zu jungen schwierigen gewaltbereiten Jugendlichen zu treten, fungieren als »Streetworker«. Welche fachlichen Qualifikationen vorliegen, ist obsolet.

Empowerment anstatt einer defizitorientierten Intervention

In der Jugendsozialarbeit, damit eingeschlossen die Mobile Jugendarbeit, ist ein defizitorientierter Interventionsgrund immer noch vorherrschend. Jugendliche werden dann als mögliche Adressaten von Mobiler Jugendarbeit ausgewählt oder anvisiert, wenn diese negativ auffallen, sei es durch ihr Verhalten, ihren Habitus, ihr Aussehen, sichtbare oder vermutete psychosoziale Problemlagen. Diese Haltung verhindert eine emanzipatorische, gerechtigkeitsorientierte, pädagogische Intervention. Den Jugendlichen wird sofort bewusst, ob die Person, die nun auf sie zukommt, sich an deren Defiziten orientiert oder sich auf Stärken der Jugendlichen bezieht. Es ist nicht verwunderlich, dass Fußballtrainer einen viel besseren, viel einfacheren, viel unkomplizierteren Zugang zu schwierigen Jugendlichen haben, wenn der Interventionsgrund, also das Motiv der Zusammenarbeit an der Stärke des Jugendlichen ansetzt, eben weil dieser ein guter Fußballer ist. In diesem Kontext interessiert nicht, ob der Jugendliche straffällig ist, ob er gelegentlich Alkohol oder Drogen konsumiert, ob er unfreundlich zu den Nachbarn ist, und dass er sich für andere bedrohlich in der Öffentlichkeit verhält. Hier interessiert nur, was der Jugendliche kann, wo seine Qualitäten liegen, wo er ein Spezialist ist. Diese Erkenntnis sollten sich Streetworker zu eigen machen.

Obwohl das Konzept des Empowerment durchaus fachliche Popularität genießt, mit hervorgegangen aus der amerikanischen Bürgerrechtsbewegung in den siebziger Jahren des vergangenen Jahrhunderts hat es in der Folge stark in die Gemeinwesensarbeit der Bundesrepublik Deutschland gewirkt und es wird in der Mobilen Jugendarbeit nur vereinzelt angewendet. Im Sinne des Empowerment zu arbeiten, bedeutet, bestehende Machtverhältnisse kritisch zu hinterfragen und mit den Adressaten Perspektiven zu entwickeln, wie Machtverhältnisse verändert werden können. Als Konzept von systematischer Selbstbemächtigung kann durch gute Organisation und geschickte Kooperation mit Adressatengruppen eine Strategie entwickelt werden, wie eigene Machtquellen genutzt und Wege aus der Macht heraus zu mehr Selbstbestimmung und Eigenkontrolle zu finden sind.

Dabei wäre es hilfreich und erleichternd für alle Beteiligten, wenn sich das sogenannte Hilfesystem vom defizitorientierten Blick entfernen würde und radikal nur noch an den Stärken, an den positiven Fähigkeiten der Adressaten ansetzen würde. Streetworker, die das tun, machen die Erfahrung, dass sie von den Adressaten schon beim ersten Kontakt interessiert empfangen werden.

Die Jugendlichen spüren sehr schnell, ob Streetworker an ihren Problemen oder an ihren Ressourcen, an ihren Fähigkeiten, an ihren Talenten, an ihren Gestaltungsmöglichkeiten oder an ihrem Idealismus interessiert sind. Letztere Haltung ermöglicht eine Gesprächsführung mit positiven Inhalten. Diese Haltung weckt bei den Jugendlichen Interesse, sich auf einen möglicherweise längerfristigen Prozess einzulassen. Wer möchte schon mit seinen Problemen, Konflikten und Defiziten konfrontiert werden? Selbstverständlich wäre es fahrlässig und unprofessionell, riskantes Verhalten der Jugendlichen oder schädliche Neigungen und prekäre Lebenssituationen zu ignorieren und nicht bearbeiten zu wollen. Natürlich müssen Sozialarbeiter Notlagen, Problemlagen, Konfliktlagen im Auge haben und dafür sensibel sein – und hier besteht genau die Kunst der positiven von Empowerment geleiteten Intervention: mit den Jugendlichen deren Problemlagen zu bearbeiten, jedoch durch pädagogische Intervention Stärken und Ressourcen erkennbar zu machen und diese zu fördern.

Jugendliche, die Adressaten von Streetwork sind, haben immer wieder die Erfahrung gemacht, dass sie von Erwachsenen angesprochen werden, die sich durch ihr Verhalten gestört fühlen und bei den Jugendlichen Verhaltensänderungen herbeiführen wollen. An dieser Stelle sind die Jugendlichen resistent. Negativ geprägte Motivation des Hilfesystems wird sofort erkannt, durchschaut und abgelehnt.

Vorausgesetzt, ein erster Kontakt ist geglückt, stellt sich dann die Frage: »Wie sieht nun ein zweiter Schritt aus? Was kommt nach dem Kennenlernen?« Viele Neueinsteiger schildern, dass das Kennenlernen relativ einfach geht, dass ihnen dies relativ leicht fällt. Schwieriger wird es, die Beziehungen nach dem Kennenlernen zu gestalten. Immer wieder zu den Adressaten hingehen und sich interessant machen, für die Arbeit werben, Skepsis abbauen, Barrieren überschreiten. Besonders schwierig ist dies, wenn zwischen Streetworkern und Jugendlichen keine interessanten Gesprächsthemen vorhanden sind, oder wenn diese noch entwickelt werden müssen. Man kennt sich nicht, man hat noch kein Gespür für die jeweiligen Interessen, und findet sich persönlich vielleicht auch wenig attraktiv oder sogar langweilig. Es ist eine Geschäftsbeziehung, eine schwierige – da Empathie eine tragende Rolle spielt. Empathiefähigkeit als Schlüsselqualifikation in der Streetwork hat eine zentrale Funktion, gelingende Beziehungen zu entwickeln und aufrecht zu erhalten. Genauso schwer wie gute und hilfreiche, also beziehungsstiftende Gesprächsinhalte zu finden, fällt es vielen Streetworkern schwer, Sympathie für ihre Adressatengruppen zu entwickeln. Die immer wieder zitierte »Parteilichkeit« erfordert auch ein Stück Sympathie des Helfenden für seine Klientel. Parteilichkeit, wie sie vielfach beschrieben wurde in Fachartikeln, in Qualitätsstandards der Bundesarbeitsgemeinschaft oder der Landesarbeitsgemeinschaften definiert sich im Sinne einer sogenannten »anwaltschaftlichen Funktion«. Ich halte diesen Begriff für falsch, ich halte ihn für irreführend. Ein Anwalt vertritt seinen Mandanten vor Gericht, es ist ein professionelles Verhältnis, in dem es um eine einzige Rechtsangelegenheit geht.

Gelingende Beziehungsarbeit hat mit einer Rechtsangelegenheit oder der Vertretung in einer Rechtsangelegenheit nichts zu tun, ist auch nicht artverwandt, sondern in ihrem Wesen grundlegend anders. Die persönliche Beziehung zwischen Adressaten und Streetworkern wird von Sympathie und Empathie geleitet, es ist eine Beziehung, die eher mit einer »freundschaftlichen«, »partnerschaftlichen« oder »kollegialen« Beziehung annähernd vage verglichen werden könnte, sicherlich entspricht sie nicht einer anwaltschaftlichen Funktion.

Eine sinnvolle Intervention zur Gestaltung von tragfähigen Beziehungen könnte aktivierende Befragung sein. Eigentlich reichen drei Fragen: »Was findet ihr hier für euch gut?«, »Was findet ihr hier für euch schlecht?« und »Was seid ihr bereit dafür zu tun, dass sich die Situation ändert?« Eine wunderbare Fragestrategie, die dazu führen kann, dass von Anfang an viele Dinge geklärt sind. Die Jugendlichen bekommen das Gefühl vermittelt, dass da jemand ist, der weiß, dass die Situation ungünstig ist, und – viel wichtiger – diese fremde Person zeigt, dass sie weiß, dass die Jugendlichen grundsätzlich in der Lage sind, Dinge für sich zu ändern. In diesem kleinen Satz steckt für die Jugendlichen eine wichtige Botschaft: »Ich weiß, dass eure Situation ungünstig ist, und ich weiß, dass ihr sie ändern könnt.« Gleichzeitig steckt in dieser kleinen Intervention auch das Angebot zur Beziehung, indem der Helfende ausdrückt: »Ich weiß, dass es hier nicht günstig für euch ist und ich weiß, dass ihr euch selber helfen könnt«, formuliert er keine Ansprüche, stigmatisiert nicht, stellt die Jugendlichen nicht in ein schlechtes Licht, gibt ihnen nicht den Verdacht, der verlängerte Arm der Polizei oder des Ordnungsamtes zu sein. In diesen Sätzen steckt die Botschaft: »Du kannst etwas und du wirst gebraucht!« – die auf diese Weise angesprochenen Jugendlichen haben die Möglichkeit zu erwägen, dass jemand Vertrauen in ihre eigene Handlungskompetenzen hat und davon überzeugt ist, dass sie selbst Akteure von Veränderungsprozessen sein können.

Gesetzt den Fall, dass nach erstem Kennenlernen eine Basis erkennbar ist, die die Vermutung zulässt, dass die Jugendlichen bereit sind, sich auf einen Veränderungsprozess einzulassen: Was dann? Wie lernen wir die Jugendlichen besser kennen? Ist es damit getan, immer wieder auf die Straße zu gehen, immer wieder mit ihnen zu sprechen, ganz zufällig, je nachdem was einem gerade einfällt? Oder: Können Prozesse ganz bewusst gestaltet werden? Wenn wir nun mit den Jugendlichen ein Angebot entwickeln wollen, anders gesagt, wenn wir die Jugendlichen befähigen wollen, Dinge in ihrer Lebenswelt aktiv zu verändern und zu verbessern, dann müssen wir auch wissen, in welche Richtung unsere pädagogische Intervention gerichtet sein soll. Wir müssen geeignete Strategien entwickeln, die den Jugendlichen unterstützend dienlich sind und wir müssen über Methoden verfügen, die für die jeweilige Situation adäquat passen.

Die Jugendlichen zu fragen, was sie wollen, ist zu wenig oder zu viel. Für die Jugendlichen Angebote bereitzuhalten und diese anzubieten, entspricht nicht dem Konzept von Empowerment. Es könnte sein, dass sich die Jugendlichen an Angeboten beteiligen, teilweise aus Langeweile, teilweise aus Interesse, teilweise weil sich ihre Freunde beteiligen und sicherlich auch, um dem netten freundlichen Streetworker einen Gefallen zu tun.

Ethnografisches Arbeiten als Grundlage von Interventionen

Jugendliche kennenzulernen, ihre objektiven Lebensbedingungen zu erfassen und ihre subjektive Lebenswelt zu erforschen, bedeutet die Fähigkeit zu besitzen, qualitative Forschungsmethoden, im Sinne ethnografischer Studien, in der Praxis anwenden zu können.

Ethnografische Methoden sind eine geeignete Möglichkeit, sich ein Bild über die anvisierten Adressatengruppen zu machen. Eine Ethnografie ist die schriftlich erstellte Beschreibung einer Personengruppe, ihrer materiellen Ressourcen, Symbole und die interpretierte Handlungsbegründung dieser bestimmten Personengruppe. Solch eine Darstellung wird typischerweise über einen längeren Zeitraum und durch direkte Teilnahme am sozialen Leben der Gemeinschaft erstellt. Ethnografien sind Interpretationen und dadurch stark beeinflusst durch den Blick desjenigen, der sie anfertigt. Sie können deshalb nie völligen Anspruch auf uneingeschränkte Objektivität erheben. Um sinnvoll mit den Jugendlichen gemeinsam Angebote zu entwickeln, ist es allerdings notwendig, Verhaltensweisen und Lebensformen der Jugendlichen in ihren eigenen Darstellungen, in ihren eigenen Interpretationen und in ihren eigenen Deutungen und Definitionen zu verstehen.

Die methodische Schwierigkeit besteht bei der Erstellung einer ethnografischen Studie darin, dass die Streetworker in ein und demselben Moment zwei unterschiedliche Rollen haben: zum einen sind sie Teil eines Hilfesystems, das interveniert, um professionelle Soziale Arbeit durchzuführen, zum anderen sind sie wissenschaftlich arbeitende Forscher, die möglichst wertneutral mit den zu beforschenden Jugendlichen arbeiten sollten. Es erfordert die Fähigkeit, teilnehmende Beobachtung zu praktizieren, also wissenschaftlich zu arbeiten, während im selben Moment eine sozialpädagogische Intervention stattfindet. Dies ist zu erkennen und auszuhalten. Es setzt bei den handelnden Streetworkern die Fähigkeit voraus, eigenes Handeln auf mehreren Ebenen zu reflektieren und zu analysieren, es erfordert Kenntnisse und Fähigkeiten der kritischen Überprüfung des eigenen Handelns, Handlungsforschung an der eigenen Person und es erfordert die intellektuelle Fähigkeit, Wirkungen eigenen Handelns in ihrer Vielschichtigkeit zu analysieren und zu deuten.

Sobald die Jugendlichen ahnen, dass sich eine Beziehung zum Streetworker für sie lohnen könnte, werden neue Dynamiken in den Interaktionen sichtbar. In diesem Sachverhalt liegen mögliche Störvariablen, die die Untersuchungsergebnisse verfälschen könnten, nämlich im Wunsch der befragten (und zu beforschenden) Jugendlichen, ein hilfreicher und guter Gesprächspartner zu sein, oder klar berechnend, Vorteile haben zu können, wenn bereitwillig auf Fragen im »erwarteten Sinne« geantwortet wird. Dies vor allem dann, wenn die Beziehung zwischen Streetworker und Jugendlichen von Empathie und Sympathie geprägt ist.

Vielleicht sollten Streetworker überhaupt keine Angebote machen, vielleicht sollten Streetworker eher aktivieren und neugierig machen. Es ist sicher hilfreich, wenn Streetworker über ein gut gefülltes Budget verfügen, materielle, aber auch personelle Ressourcen sollten reichlich vorhanden sein, um Ideen und Aktivitäten planbar und durchführbar zu machen. Es ist unendlich schwierig, keine Angebote zu machen und zu warten, bis die Jugendlichen Ideen entwickeln, diese Prozesse zu moderieren und den Frust auszuhalten, dass nichts passiert. Viele Streetworker berichten, dass sie Angebote für Jugendliche formulieren, weil sie sich auch einem gewissen Legitimationsdruck ausgeliefert fühlen. Die eigene Arbeit ist immer leichter zu rechtfertigen und zu dokumentieren, wenn Aktivitäten abgelaufen sind, wenn diese nachgewiesen werden können, wenn Aktivitäten abgerechnet werden, wenn Vorgesetzte sehen, dass etwas läuft. Die Lebensgeschichte vieler Menschen, die pädagogische Interventionen durchlaufen haben, sind Geschichten, die oft durch Demoralisierung und Hilflosigkeit geprägt waren. Adressaten von Sozialer Arbeit machen immer wieder die Erfahrung, dass sie keinen oder nur sehr geringen Einfluss darauf haben, was mit ihrem Leben geschieht und dass sich das Rad der Armut und der Deklassierung nicht weiter dreht, Süchte oder Erkrankungen wiederkehren, Berufseinstiege in Sackgassen enden – das eigene Leben erscheint zufallsgesteuert in den Händen der anderen.

Meines Erachtens werden diese Prozesse beschleunigt und begünstigt durch das simple Anbieten von »Aktivitäten«. Wenn unsere Adressaten dazu befähigt werden, eigenständig die Lernerfahrung zu machen, Dinge für sich selbst entwickelt zu haben, Aktivitäten selbst sich ausgedacht zu haben, dann haben sie die Chance, ein Gefühl der Selbstwirksamkeit entwickeln zu können. Dort wo Menschen lernen, behutsam und Schritt für Schritt eigene wichtige Entscheidungen für das eigene Leben selbst zu treffen, dort entstehen Handlungsbereitschaft, Aktivität und Hoffnung auf positive Lebensveränderung.

Die Gruppenarbeit als Labor zur Verhaltensänderung

Wo soll denn nun die Veränderung stattfinden? Und wie soll das gehen? Wenn wir so weit sind, dass wir uns mit unseren Adressaten auf einen weiterführenden aktivierenden Prozess einlassen wollen, ist ein Methodenumschwung wichtig. Während sinnvollerweise und logischerweise auf der »Straße« die Regeln der Gastgeber (in diesem Fall die Adressaten) gelten, muss nun ein neues Setting dafür sorgen, dass neue Verhaltensweisen eingeübt werden können.

Neue Verhaltensweisen bedeuten, sich auf eine Reise zu begeben, neue Ufer zu entdecken, Unbekanntes hinter sich zu lassen. Dazu gehört auch das stundenweise oder minutenweise Verändern von selbstverständlichen Alltagsmustern. Mit den Adressaten sollen nun neue Dinge entwickelt werden, neue Verhaltensmuster erprobt werden, neue Konfliktlösungsmöglichkeiten aufgezeigt werden, eine andere Form von Kommunikation ermöglicht werden. An dieser Stelle lernen die Jugendlichen Organisationsfähigkeit, Teamfähigkeit, sie werden trainiert im Sozialverhalten, sie werden auf unterschiedliche mögliche Rollenverhalten im Bereich der Geschlechtererziehung, aber auch im Bereich der interkulturellen Kompetenz geschult.

Streetworker müssen hier über ein hohes Maß an Methodensicherheit verfügen. Grundlage sind Kompetenzen im Bereich von Gruppendynamik, Gruppenleitung, Konfliktlösung, Gender und interkulturelle Kompetenz. Während auf der Straße die Regeln und Gepflogenheiten der Jugendlichen gelten, müssen im Gruppenprozess neue Regeln mit den Jugendlichen entwickelt werden. Hier wird von den Mitarbeitern ein hohes Maß an Durchsetzungsfähigkeit, aber auch an strategischer Empathiefähigkeit vorausgesetzt. Hier geht es nicht nur darum zu verstehen, nett zu finden und sympathisch zu sein – hier geht es nun darum Konflikte einzugehen, Konflikte zu durchleben, und die Fähigkeit zu besitzen, mit den Jugendlichen auf der Metaebene über ihr Konfliktverhalten zu sprechen. Dies wird noch erschwert, weil bildungsferne Jugendliche oft nicht die Fähigkeit besitzen, auf einer Metaebene über ihr eigenes Verhalten zu reflektieren (dies fällt bekanntermaßen auch gebildeten Erwachsenen schwer). Zum zweiten ist es schwirig, die richtigen Worte zu finden. Klassischerweise handelt es sich bei den Adressaten von Streetwork meistens um Jugendliche aus bildungsfernen Schichten. Kommunikationskompetenzen sind oft nicht besonders stark ausgeprägt. In einer einfachen Sprache komplizierte Dinge zu erklären, beziehungsweise zu besprechen ist schwieriger, als auf einer Metaebene mit gleich gesinnten oder gleich gebildeten Menschen zu debattieren.

Jede Gruppenarbeit, jeder Gruppenprozess benötigt einen Gegenstand, ein Objekt, eine Idee, um die sich die Gruppenarbeit rankt. Jede Gruppe benötigt ein Motiv oder einen Sinn, zu dem Aktivitäten bearbeitet werden sollen. Besonders hilfreich ist es, wenn das Motiv zur Gruppenarbeit von den Jugendlichen selbst entwickelt wurde, weil es dann ihr eigenes Interesse ist, dass die Gruppe erfolgreich arbeitet. Streetworker benötigen nicht nur Methodenkompetenz für Gruppenarbeit, sie benötigen auch psychologisches Einfühlungsvermögen. In Gruppenprozessen können sehr tief gehende psychische Prozesse bei einzelnen Gruppenteilnehmern eingeleitet werden oder an anderer Stelle eingeleitete Prozesse aufbrechen. Streetworker müssen damit umgehen können. Sie müssen erkennen können, wie kritisch die Situation bei Störungen wirklich ist, sie müssen über Fähigkeiten verfügen, mit solchen Störungen sinnvoll umzugehen, sie müssen in der Lage sein, psychologisch zu intervenieren.

Hier sind sichere Kenntnisse unterschiedlicher Moderationsformen erforderlich. Gruppenarbeit mit Jugendlichen hat größtenteils in ihrem Gegenstand Projektcharakter. Mit der Gruppe wird gemeinsam an einem Vorhaben gearbeitet, an dem diese wachsen, an dem diese lernen, an dem diese neue Verhaltensweisen erproben und neue Erfahrungen machen. Streetworker fungieren in diesem Setting als moderierende »Projektmanager«. Wenn auch nur in kleinem Rahmen erforderlich, sollten doch Grundkenntnisse des Projektmanagements vorhanden sein, um durchführbare Ablaufpläne, Finanzierung und Controlling der geplanten Schritte leisten zu können. Viele Streetworkprofis verfügen mittlerweile über Weiterbildungen in den Bereichen Sozialmanagement, Konfliktmanagement (Mediation), unterschiedliche Formen von Gesprächsführung bis hin zur Zusatzausbildung in systemischer Beratung oder Coaching, um nur einige notwendige Fachqualifikationen zu nennen.

Immer wieder die »territoriale« Frage

Integraler Bestandteil des Konzeptes der Mobilen Jugendarbeit ist das sozialräumliche Arbeiten. Oft werden, und das zeigt sich bei jeder Tagung oder Konferenz, sogar von Fachleuten die Begriffe Sozialraum und Stadtteil teilweise synonym benützt. Als Stadtteil bezeichnet man einen klar abgegrenzten Bezirk oder Distrikt oder Teil einer Stadt, der in der Regel einen eigenen Namen führt. Stadtteile sind gewachsen, waren früher vielleicht sogar eigenständige Gemeinden, Städte oder Siedlungen und sind nun Teil einer Stadt – ein Stadtteil.

Ein Sozialraum ist etwas völlig anderes: im Zentrum des Sozialraums steht immer das Individuum. Sozialraum ist ein abstrakter Begriff, der beim Individuum das räumliche Verständnis im Sinne eines geografischen Raumes beschreibt. Es ist immer der Raum, den das Individuum kennt und benützt. Es ist der Raum, der vom Individuum bewusst belebt wird und wo soziale Beziehung stattfindet. Beim Kleinkind ist das die elterliche Wohnung, dann wächst der Sozialraum in Richtung Spielplatz, andere Wohnungen von Freunden oder Verwandten, Straßen und Gärten auch Kindergärten in der Nachbarschaft. Jugendliche haben einen viel größeren Sozialraum Er erstreckt sich über das eigene Quartier, über den eigenen Stadtteil, über andere Teile der Stadt, in andere Städte, teilweise auch in andere Länder. Sozialraum ist immer der Raum, in dem das Individuum soziale Bezüge hat, die für das Leben, für die Bewältigung des Alltags relevant sind.

Sozialräumliches Arbeiten impliziert den Gedanken, dass juveniles Verhalten in weiten Teilen von der Tendenz territorialer Ausweitung geprägt ist. Aneignung und Verteidigung von »erobertem Raum« spielen im Alltagsverhalten außerhalb von Schule und Beruf eine wichtige Rolle. (Wobei auch auf Schulhöfen territoriale Eroberungen durchaus relevant sind.) Konflikte in der Öffentlichkeit, in die Adressaten von Mobiler Jugendarbeit involviert sind, haben häufig den Aspekt des Raumes unmittelbar oder zumindest mittelbar zum Gegenstand der Auseinandersetzung: Konflikte zwischen rivalisierenden Cliquen, Konflikte zwischen Jugendlichen und Anwohnern, Konflikte zwischen Jugendlichen und Hausbesitzern oder -verwaltern (z. B. Mehrfamilienhäuser, Wohnungsbaugenossenschaften), Konflikte zwischen Jugendlichen und Sportvereinen (wenn sich als Treffpunkt ein Fußballplatz oder der Vorplatz eines Vereinshäuschens anbietet). Typisch für sozialräumliche Konfliktlagen sind unterschiedliche Erwartungen an die Nutzung von »Räumen«, wie z. B. Schulhöfen in den Quartieren der Jugendlichen. Oft sind diese abgesperrt, abgezäunt, verriegelt: Betreten außerhalb des Schulbetriebes verboten! Jugendliche sehen dies in der Regel anders und betreten diese Flächen in ihrer Freizeit außerhalb des Schulbetriebes. Weitere Sozialraum bedingte Konflikte entstehen durch Aneignungsprozesse von Jugendlichen in Shoppingcentern, in Parkhäusern (diese sind sehr gut geeignet zum Skaten), in Parks, vor Geschäften und auf belebten Innenstadtplätzen.

Streetworker werden häufig in Kommunen eingestellt oder von Kommunen finanziert, weil Konflikte in der Öffentlichkeit wahrnehmbar sind, die einen sozialräumlichen Bezug bei den Adressaten aufweisen. Die Motivation der Einstellung von Streetworkern soll sehr häufig dazu dienlich sein, Plätze zu befrieden, Konflikte zu lösen, störende Jugendliche von bestimmten Plätzen fernzuhalten und an anderen Plätzen »anzusiedeln«. Streetworker benötigen ein dezidiertes Wissen über sozialräumliches Arbeiten. Sie müssen wissen, dass Raum eine zentrale Bedeutung im Lebensumfeld der Jugendlichen hat. Sie müssen eine Vorstellung davon haben, wie sozialräumliches Verhalten das Individuum, aber auch die Clique prägt. Um sozialräumlich arbeiten zu können, müssen Streetworker Kenntnisse von sozialräumlichen Forschungsmethoden besitzen und sie müssen in der Lage sein, diese Forschungsmethoden adäquat einzusetzen. Nadelmethode, Stadtteilfotografie, teilnehmende Beobachtung, Cliquenraster und andere gängige Methoden sollten zum Alltagsrepertoire von Streetworkern gehören und im Arbeitsalltag regelmäßig zur Anwendung kommen.

Ein ausdifferenziertes Verständnis von Beteiligung oder Partizipation ist Grundlage gelingender sozialräumlicher Mobiler Jugendarbeit. Wer parteilich für die Jugendlichen arbeitet, wer vorgibt in »anwaltschaftlicher Funktion« für Jugendliche da zu sein oder wer im Sinne des Konzeptes von Empowerment ressourcen-orientiert an die Stärken der Jugendlichen anknüpfen möchte, sollte dringlichst ein Verständnis und eine Vorstellung davon haben, wie man Jugendliche zu Akteuren in ihrem eigenen Lebensumfeld macht. Wer aktivierende Befragungen nach oben zitiertem Muster anwenden möchte, der sollte Konzepte haben, wie die Adressaten dahingehend aktiviert werden können, Zustände in ihrem Wohnquartier oder Stadtteil oder an sonstigen für sie selbst relevanten Plätzen und Räumen aktiv zu verbessern.

Literatur

Alisch, Monika (2002): Soziale Stadtentwicklung; Opladen
Antons, Klaus (2000): Praxis der Gruppendynamik; Göttingen
Baacke, Dieter (2000): Die 13- bis 18-Jährigen. Einführung in die Probleme des Jugendalters, Weinheim und Basel
Bernstein, Saul / Lowy, Louis (1982): Untersuchungen zur Sozialen Gruppenarbeit; Freiburg im Breisgau
Böhm, Winfried (2000): Wörterbuch der Pädagogik, Stuttgart
Böhnisch / Münchmeier (1987): Wozu Jugendarbeit? Orientierung für Ausbildung, Fortbildung und Praxis. Weinheim / München
Brenner / Hafenegger (1996): Pädagogik mit Jugendlichen. Bildungsansprüche, Wertevermittlung und Individualisierung, Weinheim / München
Bundesarbeitsgemeinschaft Streetwork / Mobile Jugendarbeit (2003): Fachliche Standards für Streetwork und Mobile Jugendarbeit, in: Gillich, Stefan (Hrsg.), Streetwork / Mobile Jugendarbeit. Aktuelle Bestandsaufnahme und Positionen eigenständiger Arbeitsfelder. Gelnhausen 2003, S. 208 – 217
Deinet, Ulrich (1999): Sozialrämliche Jugendarbeit. Eine praxisbezogene Anlei-

tung zur Konzeptentwicklung in der Offenen Kinder- und Jugendarbeit. Opladen

Dölker, Frank (2007): Interkulturelle Kompetenz als Schlüsselqualifikation in der Arbeit mit Jugendlichen mit Migrationshintergrund, in: Gillich, Stefan (Hrsg.); Streetwork Konkret: Standards und Qualitätsentwicklung, Gelnhausen 2007, S. 84-97

Dölker, Frank (2006a): Partizipation als Grundlage gelingender Integration durch Sensibilisierung kultureller Identität, in: Jugend Beruf Gesellschaft, 4/2006, S. 253-259

Dölker, Frank (2005a): Streetwork im Wandel, in: Sozial Extra, 4/2005, S. 40-44

Dölker, Frank (2005b): Ethnografie in der Jugendarbeit im Spannungsfeld zwischen Hilfesystem und wertfreier Forschung, in: Theorie und Praxis der Sozialen Arbeit, 1/2005, S. 48-53

Dölker, Frank (2004): Handlungsforschung in der Streetwork. Eine Annäherung an die Erstellung eigenständiger berufstypischer Handlungsprofile, in: Gillich, Stefan (Hrsg.); Profile von Streetwork und Mobile Jugendarbeit. Antworten der Praxis auf neue Herausforderungen. Gelnhausen 2004, S. 41-63

Dölker, Frank / Gillich, Stefan (2006): Interkulturelle Kompetenz als Chance: Europäische Vernetzung von Streetworkprojekten und internationale Begegnung als Grundlage der Teilhabe von benachteiligten Jugendlichen, in: Gillich, Stefan (Hrsg.): Professionelles Handeln auf der Straße. Gelnhausen 2006, S. 229-243

Gillich, Stefan (Hrgs.) (2007): Nachbarschaften und Stadtteile im Umbruch; Gelnhausen

Günter, Simon (2007): Soziale Stadtpolitik; Bielefeld

Kessel, Fabian / Reutlinger, Christian / Maurer, Susanne / Frey, Oliver (Hrsg.) (2005): Handbuch Sozialraum; Wiesbaden

Hinte, Wolfgang / Litges, Gerd / Springer, Werner (1999): Soziale Dienste: Vom Fall zum Feld; Berlin

Knapp/Herriger (1999): Empowerment in der pädagogischen Arbeit mit Straßenkindern, in: Soziale Arbeit, 5/1999. S. 157-163

Krafeld, Franz Josef (1992): Cliquenorientierte Jugendarbeit. Grundlage und Handlungsansätze, Weinheim

Kraußlach, Jörg (1978): Straßensozialarbeit in der BRD. Band 1 und 2. ISS. Frankfurt

Krummmacher, Michael / Kulbach, Roderich / Waltz, Viktoria / Wohlfahrt, Norbert (2003): Soziale Stadt – Sozialraumentwicklung – Quartiersmanagement; Opladen

Maatsch, Birgit; Dutschke, Heiner (1996): Qualitätsmerkmale von Streetwork: Vernetzung und Kooperation, in: Streetcorner, 9. Jg. 1/1996. S. 67-69

Miltner, Wolfgang (1982): Streetwork im Arbeiterviertel – Eine Praxisstudie zur Jugendberatung. Darmstadt, Neuwied

Müller-Wiegand, Irmhild (1996): Streetwork als lebensweltnahe Methode in der Jugendarbeit. In: Jugendwohl, Zeitschrift für Kinder und Jugendhilfe, Nr. 4/1996, S. 160-168

Rose; Lotte (2002): Kompetenz und Qualifikation in der Jugendarbeit, in: hessische jugend, Ausgabe 04/2002. S. 13-15

Schattenhofer, Karl (1992): Selbstorganisation und Gruppen; Opladen

Schulz von Thun, Friedemann (2001): Praxisberatung in Gruppen; Weinheim und Basel

Specht, Walter (Hrsg) (1991): Straßenfieber. Verlagswerk der Diakonie, Stuttgart
Specht, ›Walter (Hrsg.) (1987): Die gefährliche Straße. Jugendkonflikte und Stadtteilarbeit, Bielefeld
Specht, Walter (Hrsg.) (1979): Jugendkriminalität und mobile Jugendarbeit. Ein stadtteilbezogenes Konzept von Streetwork, Neuwied u. Darmstadt
Steffan, Werner (Hrsg.) (1989): Straßensozialarbeit. Eine Methode für heiße Praxisfelder, Weinheim u. Basel

Überlebenshilfen – Schritte der jugendspezifischen Straßensozialarbeit

Uwe Britten

Obdachlosigkeit ist immer nur ein Oberflächenproblem. In der darunter liegenden Tiefenstruktur schlummern all jene Probleme, in die Menschen geraten können und die zu den klassischen Aufgaben der sozialen Arbeit gehören: Armut, soziale Desintegration, psychische Störungen, Verhaltensauffälligkeiten, Sucht und vieles mehr. Aus all den Attributen resultiert darüber hinaus eine Stigmatisierung, die wiederum zur »Verunsicherung« jener Personen führt, die in diesen prekären Lebenslagen zurechtzukommen versuchen und zurechtkommen müssen.

Bei Jugendlichen und jungen Erwachsenen wird diese komplexe Problemstruktur auf spezielle Weise ausgefüllt. *Armut* bedeutet beispielsweise, finanziell von Eltern abhängig zu sein, die selbst nur über höchst eingeschränkte Einkommen verfügen – ein Thema, das sich gerade unter Hartz IV für diese Klientel verschärft hat. *Soziale Desintegration* heißt, vielleicht eine gravierende elterliche Vernachlässigung schon als Kind erfahren und womöglich eine Institutionenkarriere durchlebt zu haben. *Psychische Störung* oder *Verhaltensauffälligkeiten* schließlich resultieren aus frühen Traumatisierungen; daraus erwachsene *Ängste* und Unsicherheiten werden mittels *Drogen* zu kontrollieren versucht.

Wer also von jungen Obdachlosen oder »Straßenkindern« spricht, der muss wissen, dass es höchst selten nur um das Beheben eines Wohnungsproblems geht, sondern dass nach einer Unterbringung in Wohnprojekten die tiefer liegenden Probleme erst sichtbar werden.

Es kann nicht wirklich verwundern, dass junge Menschen in einem solchen Geflecht von Problemen und zudem meist in einer schwachen sozialen »Aufgehobenheit« in brachiale Krisen geraten können. Junge Menschen »auf der Straße« brauchen deshalb im ersten Schritt Hilfen, die als Überlebenshilfen verstanden werden können, und im zweiten Schritt eine Abfolge von Stabilisierungshilfen im Sinne eines sukzessiven Empowerments.

Überlebenshilfen – Kriseneskalation stoppen!

Es ist heute eine weit verbreitete Hypothese in psychosozialen Arbeitsfeldern, dass der Klient selbst am besten wisse, was gut und richtig für ihn ist. Diese Annahme ist erst einmal sinnvoll, muss aber häufig um die Beobachtung ergänzt werden, dass so mancher Hilfe suchende Mensch keinen (unmittelbaren) Zugang zu seinen inneren wie äußeren Ressourcen hat – gerade deshalb sucht er ja Hilfe. Gilt dies sogar für viele Erwachsene, so erst recht für Jugendliche. Hinzu kommen bei jungen Menschen mangelnde Lebenserfahrung sowie entwicklungsbedingte und lebenszeitabhängige Einschränkungen der Problemlösekompetenz.

Jugendlichen und jungen Erwachsenen mit »schwierigen« Biografien und in aussichtslos erscheinenden Lebenslagen fehlen Fähigkeiten und auch Erfahrungen, um ihre Krisen (ohne professionelle Hilfen) bewältigen zu können. Sosehr also Absichten und Wünsche akzeptiert werden müssen durch die Professionellen, so sehr gilt es auch, dass sie die in ihrer Ausbildung erworbenen Kompetenzen zur Lösung psychosozialer Probleme zur Verfügung stellen müssen. Der Klient weiß, was er will, aber er weiß nicht, wie er das Ziel erreichen kann. Genau dieses »Veränderungswissen« können Sozialarbeiterinnen und Sozialarbeiter einbringen und *müssen* es einbringen. Ihr Wissen und ihr Engagement retten Leben.

Mir sagte einmal der Geschäftsführer der Einrichtung Karuna in Berlin, Jörg Richert: »Ich habe mir am Anfang gesagt, dass ich den Job sofort aufhöre, wenn der erste von uns betreute Jugendliche stirbt – hätte ich diese Regel eingehalten, dann hätte ich nicht lange in diesem Berufsfeld gearbeitet.« Straßensozialarbeit mit Jugendlichen und jungen Erwachsenen muss sich dieser Dimension der professionellen Herausforderung bewusst sein. Auf der Grundlage einer Akzeptanz des Klienten gilt es, den Blick auf dessen Ressourcen zu richten, um ihm so allmählich Möglichkeitsräume zu erschließen.

Überleben sichern – Hilfen in der Akutphase der Krise

Wenn junge Menschen in Kontexten der Straßensozialarbeit auftauchen, dann gibt es zwar verschiedene »Typen« (etwa »Wegläufer« versus »Pendler«), die in unterschiedlichen Alltagssituationen leben, aber bei einem Großteil von ihnen ist schnell sichtbar, dass sie in einer ernst zu nehmenden Krise stecken. Krankheiten oder eine generelle körperliche Schwächung können das Leben dieser Menschen genauso bedrohen wie Suizidalität oder selbstgefährdendes, risikohaftes Verhalten.

Das heißt: Bei vielen dieser Jugendlichen geht es darum, das Ausmaß der Gefährdung zu erkennen und dann auch entschlossen zu handeln. Hat sich ein junger Obdachloser in eine heillose Situation gebracht, dann ist es offensichtlich, dass er aus der Krise allein nicht wieder herausfindet. Auch wenn Straßensozialarbeit mit einer hohen Akzeptanz gegenüber den Klientinnen und Klienten arbeitet, so bedeutet die Hilfe am Tiefpunkt einer Krise doch, zuerst einmal eine weiteren Verschärfung der Lebenslage zu verhindern und damit akute existenzielle Bedrohungen zu reduzieren – und sei es gegen den Willen der Klienten. Es geht einzig und allein um die Frage: Was braucht dieser Mensch zum Überleben?

Beherztes sozialarbeiterisches Handeln ist besonders gefordert bei (latenter) Suizidalität und bei deutlicher Fremdgefährdung durch offene Aggressivität oder »riskante« Verhaltensweisen. Erforderlich sind häufig das vorübergehende Herauslösen aus der Szene und ihren Lebensbedingungen, sind Ruhe und Selbstbesinnung und ist die Befriedigung existenzieller Bedürfnisse (Essen, Schlaf, Hygiene, geschützter Raum).

Körperliche Unversehrtheit – somatische Gesundung

Ist die Spirale abwärts erst mal gestoppt oder wenigstens verlangsamt, dann geht es im nächsten Schritt darum, rein körperliche Verfallserscheinungen zu behandeln. Dazu gehören die Versorgung von Wunden und auch die medizinische Behandlung bereits länger anhaltender oder chronischer Erkrankungen. Bei Suchtmittelabhängigkeit gehören natürlich auch (früher oder später) der Entzug oder der kontrollierte Umgang mit Suchtstoffen dazu (Methadonprogramme etc.).

Da sich diese jungen Klientinnen und Klienten meistens nicht wohlfühlen »in ihrer Haut«, spielt der Zugang zum eigenen Körper eine nicht unbedeutende Rolle. Nach der Linderung somatischer Erkrankungen sollte deshalb die Aufmerksamkeit auf den Umgang mit dem eigenen Körper gelenkt werden. Zur Bewusstmachung eignet sich vielleicht eine kleine sprachliche Varianten einer gängigen Redewendung: statt nämlich zu sagen, ich »habe« einen Körper, heißt es sinnvoller: Ich »bin« ein Körper. Geht es mir körperlich gut, dann ist das ein erster Schritt, damit auch anderes wieder »gut« werden kann.

Wie schwer es häufig für traumatisierte Menschen (etwa bei sexuellem Missbrauch, bei starker Vernachlässigung oder anderen Gewalterfahrungen) ist, den eigenen Körper wahrzunehmen und zu akzeptieren, ist inzwischen bekannt. Nach der Behandlung von Erkrankungen sollte deshalb ein positives Körpergefühl zumindest angeregt, der Weg dahin angebahnt werden (»Leg dich mal in die warme Badewanne und spür deinen Körper! Berühr dich, fühl dich!«).

Psychische Unversehrtheit – Bewältigungsstrategien

Die Klientinnen und Klienten der Straßensozialarbeit haben in der Regel Erfahrungen gemacht, die zu schweren psychischen Irritationen oder Störungen geführt haben. Ihr psychisches System ist überfordert gewesen, Ereignisse waren für sie nicht bewältigbar ohne ein Weglaufen. Der Schritt »auf die Straße« ist somit zwar ein Problemlöseversuch, aber einer, der seinerseits schwerwiegende Beeinträchtigungen nach sich zieht. Solche (biografisch gewachsenen) Erfahrungen haben seelische Konsequenzen: narzisstische Kränkungen, geringer Selbstwert, schwacher Glaube an die eigene Handlungskompetenz (»Selbstwirksamkeit«) etc. Dies kann zu Depressionen, übersteigertem Suchtmittelgebrauch oder psychotischen Wahrnehmungen führen.

Nun ist Sozialarbeit keine Form der Psychotherapie, aber therapeutisches Wissen hilft im Umgang mit solchen psychischen Auffälligkeiten. Ganz entschieden brauchen diese jungen Menschen ein positives Selbsterleben während der sozialarbeiterischen Begleitung. Sie müssen wieder ein Gefühl davon bekommen, als Individuen einen Wert zu haben, von anderen – trotz all ihrer »Schrägheiten« – gemocht oder geliebt zu werden und brauchen einen Glauben an sich selbst: »Ich bin okay.« Auf dem Weg, das eigene Leben wieder anders zu gestalten, bietet Straßensozialarbeit erste Möglichkeiten einer solchen Selbsterfahrung, sei es im sozialarbeiterischen Kontakt, in Gesprächsgruppen, in Feriencamps oder bei der Mitarbeit in Projekten.

Soziale Kompetenz

Schlechte Erfahrungen mit anderen Menschen (insbesondere »Erwachsene« werden als unzuverlässig, missbrauchend etc. wahrgenommen) oder schwer gestörte soziale Kontexte haben bei diesen Klientinnen und Klienten häufig zu einer schwachen sozialen Kompetenz geführt. Mit anderen

Worten: Fast überall benehmen sie sich daneben und gelten als schwierig bis »auffällig«. Viele Menschen wollen mit ihnen nichts zu tun haben. So verengt sich der Lebenskontext auf die jeweilige »Szene«.

Eine mangelnde soziale Kompetenz verhindert mithin Problemlösungen in beinahe allen Lebenskontexten: bei Ämtern oder in höher schwelligen Hilfeeinrichtungen, bei Vermietern oder Nachbarn, in der Schule. Diese Jugendlichen fallen also überall durch – und raus. Bei aller berechtigten Forderung nach einer gewissen Toleranz solchen Menschen gegenüber gilt dennoch, dass sie ein sozial verträgliches Verhalten lernen müssen, anders ist ein Zusammenleben mit anderen Menschen nicht möglich.

Selbst wer keine sozialen Trainings durchführen kann oder will, sollte diesen jungen Menschen in der Sozialarbeit »spiegeln«, wie sie wirken. Hier zeigt sich die Bedeutung, warum Sozialarbeiterinnen und Sozialarbeiter in der Jugendhilfe Zeit haben müssen dafür, die Klienten zu Ämterbesuchen etc. zu begleiten. Die Jugendlichen müssen lernen, welche Verhaltensweisen akzeptiert werden und dass eine solche Akzeptanz bei anderen auch dazu führt, eigene persönliche Probleme lösen zu können. Mindestens leichte Veränderungen im Sozialverhalten und eine Erhöhung der sozialen Kompetenz sind vielleicht der letzte Schritt, um die Überlebenshilfe unmittelbar nach der Krise zu stabilisieren.

Fortsetzung des Lebens auf verändertem Niveau – Ziele

Ist eine akute existenzielle Krise gestoppt und mit den genannten Schritten eine erste Stabilisierung erreicht, dann beinhaltet dies, dass zumindest vorläufig das Wohnproblem gelöst ist, dass die körperliche Gefährdung abgewendet wurde und dass sich der junge Mensch auch psychisch wieder erholt hat. So lassen sich, im positiven Fall, weitere Schritte vornehmen, die das Erreichte untermauern können. Nach einer solchen Krisenhilfe, die sehr gegenwartsbezogen ist (Hilfen im Hier und Jetzt), muss es um die schrittweise Gestaltung der Zukunft gehen.

Soziale Integration

Befindet sich ein junger Mensch in einer Hilfeeinrichtung, dann bedeutet das eine soziale Eingebundenheit, die einigermaßen verlässlich ist und im deutlichen Kontrast zur »Szene« steht. Metaphorisch ausgedrückt: In einer helfenden Einrichtung muss der Jugendliche wieder festen Boden unter den Füßen spüren. Aber Hilfe nimmt ihn auch in die Pflicht. Die Hilfestruktur zieht es nach sich, dass sich der Klient sozialen Erwartungen gegenüber angemessen verhalten muss und dass sich darüber das Maß seiner sozialen Integration wieder verstärkt: intensivere Kontakte zu weiteren Helfern, zu (therapeutischen) Gruppen, zu Ämtern, zur Schule, zu den Eltern etc.

Sozialarbeiterische Hilfen verbreitern den sozialen Rahmen wieder, in dem sich ein Klient bewegt, und unterstützen ihn bei Unsicherheiten. So lernen die jungen Menschen, sich in zusätzlichen sozialen Rollen zu verhalten, verbreitern entsprechende Erfahrungen und steigern ihre soziale Kompetenz insgesamt. Zudem helfen professionelle Rückmeldungen bei der Reflexion des eigenen Verhaltens, was wiederum die Sicherheit im Umgang mit anderen Menschen erhöht. Im positiven Fall werden so Weichen gestellt, um aus dem vorherigen problematischen Verhalten herauszufinden. Die Verbreiterung des sozialen Rollenspektrums und die mit ihr verbundene zunehmende Kompetenz befördern die Zuversicht des Betroffenen.

Die Bahnung der weiteren sozialen Integration ist ein Hauptstabilisator, um aus Krisenlagen hinauszufinden. Wer ein tragendes soziales Umfeld hat, erlebt sich sicherer und kann in Notlagen auf ein Netz nichtprofessioneller Unterstützung zurückgreifen. Untersuchungen haben mehr als einmal gezeigt, dass junge Menschen mit problematischen Verhaltensweisen und entsprechender Institutionenkarriere (Knast, Psychiatrie etc.) nicht etwa durch bestimmte sozialpädagogische Programme ihre Probleme in den Griff bekommen, sondern durch Unterstützung und Stabilisierung üblicher Lebensformen mit Wohnung, Arbeit, Partnerschaft. Ein Prozess, der häufig mit »Normalisierung« umschrieben wird. Hier kann Sozialarbeit viel leisten.

Psychische Stabilität

Psychische Merkmale von Menschen bilden sich nicht nur von Beginn der ganz frühen Kindheit heraus und sind gerade deshalb so enorm stabil, sondern sie sind auch schwer zu verändern und entziehen sich in Teilen der bewussten Einflussnahme. Wer eine traumatisierende Kindheit und in seiner Jugendphase Obdachlosigkeit erlebt hat, hat eine »brüchige« Psyche oder sogar eine angeschlagene »Persönlichkeit« (im psychologischen Sinn). Diese Brüchigkeit bleibt vermutlich immer eine seelische Wunde, die beinahe jederzeit aufbrechen kann. Auch Psychotherapie kann diese Verwundbarkeit nie ganz beheben, auch wenn ihre Verfahren erheblich zur Stützung psychischer Stabilität beitragen. Die psychische Verletzlichkeit lässt sich also nicht »heilen«, wohl aber lässt sie sich »bewältigen«.

Junge Menschen, die schnell in Selbstzweifel geraten, sich wertlos fühlen, sich wenig zutrauen, die in Depressionen versinken oder zum harten Drogenkonsum neigen, brauchen im Fortgang der sozialarbeiterischen oder therapeutischen Begleitung viel Unterstützung. Sie brauchen eigene »Verfahren«, wie sie mit diesen psychischen Einbrüchen umgehen können, ebenso wie Anlaufpunkte, an denen sie Hilfe erhalten. Diese Ressourcen werden heute oft mit dem sogenannten »Notfallkoffer« beschrieben, der sowohl eine reale Schachtel als auch nur ein Blatt Papier sein kann. Dieser »Koffer« jedenfalls enthält Möglichkeiten, um auf psychische Einbrüche zu reagieren und diesen nicht hilflos gegenüberzustehen.

Wer sozialarbeiterisch mit jungen obdachlosen oder von Obdachlosigkeit bedrohten Personen arbeitet, fühlt sich gerade von diesen psychischen Besonderheiten der Klientel oft überfordert. Das ist kein Wunder, denn vielen Verhaltensweisen müsste man psychotherapeutisch begegnen, wofür die Straßensozialarbeit aber nicht zuständig ist. Wer jedoch massiven Ängsten, psychotischen Wahrnehmungen, Drogenmissbrauch, selbst- oder fremdgefährdendem Verhalten oder Persönlichkeitsstörungen begegnen muss, braucht eine Basiskompetenz im Erkennen solcher Symptome und muss dann an Fachleute weiterverweisen.

Wer mit seinen eigenen psychischen Beeinträchtigungen umzugehen lernt, kann zukünftig besser auf Schwankungen in der Befindlichkeit reagieren und bringt sich selbst seltener in krisenhafte Situationen. Viele jener Projekte und Maßnahmen, die Selbst-Erfahrung bei den Klientinnen und Klienten ermöglichen, helfen diesen, sich selbst zu reflektieren und psychischen Krisensymptomen angemessener zu begegnen.

Gesundungskompetenz

Wer den eigenen Körper über lange Zeit arg vernachlässigt und womöglich in der eigenen Kindheit schon Vernachlässigung, Gewalt oder sexuellen Missbrauch erlebt hat, muss oft einen positiven Zugang zum eigenen Körper erst lernen. Das ist ein langfristiger Prozess. Gesundheitsvorsorge bezieht sich natürlich nicht nur auf die psychische Gesundheit, sondern auch auf die körperliche. Junge Menschen – die ihrem Körper ohnehin oft vieles zumuten, was wir in späteren Jahren nicht mehr »riskieren« würden – müssen nach Phasen der Obdachlosigkeit vermittelt bekommen, wie man den eigenen Körper schätzt und pflegt. Dazu gehört die Vermittlung von Wissen über Ernährung, über Körperpflege, über den Umgang mit potenziellen Suchtstoffen sowie das Suchen danach, was jemand körperlich als angenehm, wohltuend empfindet. Wer seinen Körper (und seine eigene Körperlichkeit) positiv erspürt, braucht ihn nicht zu malträtieren, um ihn zu fühlen.

Essen und Trinken bedeuten dann mehr, als nur satt zu werden, Sport ist mehr als nur Anstrengung (»sich quälen müssen«) und Baden ist mehr als nur Hygienevorsorge. Zur körperlichen Gesundheitsvorsorge gehört auch, die eigene Sinnlichkeit wiederzuentdecken: riechen, schmecken, hören, sehen, spüren. Auf all das kann Sozialarbeit hinweisen. Dann bedeutet Musikhören vielleicht nicht so sehr, sich mittels Ohrhörern zuzudröhnen, sondern in einer bestimmten Atmosphäre entspannt zuzuhören.

Erfolgreiche Lebensführung

Im sozialarbeiterischen Umgang mit Straßenmilieus junger Menschen geht es nach einem Krisenmanagement schon recht bald darum, Lebensperspektiven zu erarbeiten oder wenigstens Möglichkeitsräume anzudeuten. Jeder Mensch braucht solche Perspektiven. Tauchen junge Menschen aus Krisen wieder auf, dann steht im Fokus, wie Krisen zukünftig vermieden oder wie sie wenigstens besser abgefedert werden können (denn ohne Krisen geht es bekanntlich in keinem Menschenleben zu) und wie das zukünftige Leben insgesamt positiver gestaltet werden kann.

Junge Menschen »auf der Straße« sind stark verunsichert in fast allen Lebensbereichen, die uns sonst Sicherheit geben. Tief unter diesen Krisensymptomen liegen dennoch die Reste der Ressourcen verborgen. Im Anschluss an eine Krise gilt es deshalb, nach diesen Ressourcen zu suchen und sie zu verstärken – sie mittelfristig dominant zu machen. Wer sozial wieder stärker integriert ist, mit seinen psychischen Beeinträchtigungen einigermaßen zurechtzukommen weiß, sich als körperliches Wesen rücksichtsvoll behandelt, der kann in ein Leben aufbrechen, das Selbst-Verwirklichung, Zufriedenheit und Erfolg (was immer das im Einzelfall sein mag) beinhaltet.

Straßensozialarbeit sollte eine Stellvertreterrolle in Sachen zukünftiger Lebensmöglichkeiten einnehmen (Hoffnung geben). In Krisen ist es dem Betroffenen oft nicht möglich, konstruktiv nach vorne zu denken, aber Sozialarbeiterinnen und Sozialarbeiter können stellvertretend Hoffnung haben, können auf Möglichkeitsräume hindeuten, können Mut machen.

Übersicht der dargestellten Schritte:

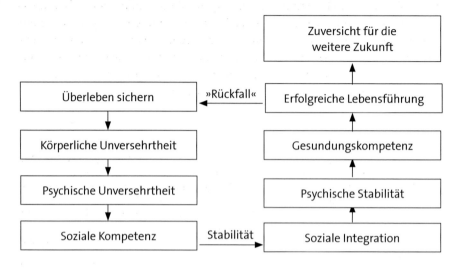

Und wie weiter?

Die hier angedeuteten »Schritte«, um Krisen junger Menschen mit »Straßenkarrieren« abzufangen und aus diesen Krisen heraus wieder Lebenszuversicht zu entwickeln, sind natürlich nicht strikt als Reihenfolge zu verstehen. Obwohl es in jeder Krise »erste« und »nächste« Schritte in der Problembewältigung gibt, beinhaltet jeder Schritt immer schon auch Aspekte der folgenden Aufgaben. Gerade diese Komplexität macht es oft so schwierig, angemessen zu reagieren. Einmal ganz davon abgesehen, dass so mancher dieser jungen Menschen in der Tat in einer Lebenslage feststeckt, bei der Außenstehenden auch nur der Hilferuf »Oh, Gott!« einfallen würde.

In der Straßensozialarbeit mit jungen Menschen ist es nicht einfach, zu jeder Zeit das Prinzip Hoffnung hochzuhalten. Gleichwohl ist das eine ethische Implikation der professionellen Aufgabe. Wenigstens ansatzweise hilft der Satz: »In jeder Krise steckt eine Chance«, auch wenn er, zum falschen Zeitpunkt ausgesprochen, von Betroffenen schnell als Zynismus wahrgenommen werden kann. Oft muss die Schwere einer Not erst einmal anerkannt werden.

Frustrationstoleranz brauchen also auch Sozialarbeiterinnen und Sozialarbeiter, wenn es darum geht, die Not junger Menschen auszuhalten. Mehr noch: Diese Menschen können nach einer Krise oft nicht (vollständig) aus ihrer bisherigen Lebensführung aussteigen. Sie brechen Hilfen ab und stecken schon nach kurzer Zeit wieder in derselben höchst problematischen Lebenslage – was häufig mit »Rückfall« bezeichnet wird. Doch im Umgang mit existenziellen Krisen hat der Betroffene immer etwas mehr dazugelernt – auch dann, wenn es nicht das letzte Mal gewesen sein sollte, dass die Sozialarbeit Überlebenshilfen geben musste.

Literatur

Bodenmüller, Martina/Piepel, Georg (2003): Streetwork und Überlebenshilfe. Entwicklungsprozesse von Jugendlichen aus Straßenszenen, Weinheim

Britten, Uwe (2002): Notschlafstellen für Jugendliche. Ergebnisse einer bundesweiten Befragung, in: Soziale Arbeit, 51. Jg., S. 6, S. 213-217

Pfennig, Gabriele (1996): Lebenswelt Bahnhof. Sozialpädagogische Hilfen für obdachlose Kinder und Jugendliche, Neuwied

Hansbauer, Peter (Hg.) (1998): Kinder und Jugendliche auf der Straße. Analysen, Strategien und Lösungsansätze, Münster

Nouvertné, Klaus/Wessel, Theo/Zechert, Christian (Hg.) (2002): Obdachlos und psychisch krank, Bonn

Permien, Hanna/Zink, Gabriela (1998): Endstation Straße? Straßenkarrieren aus der Sicht von Jugendlichen, München

Romahn, Angela (2000): Straßenkinder in der Bundesrepublik Deutschland. Beweggründe, Straßenkarrieren, Jugendhilfe, Frankfurt am Main

Zur Zusammenarbeit von Mobiler Jugendarbeit und Polizei – Voraussetzungen, Möglichkeiten und Grenzen

Georg Grohmann

Neue Sicherheitskonzepte und aktuelle gesellschaftspolitische Entwicklungen haben gravierende Auswirkungen auf die Adressaten[1] Mobiler Jugendarbeit. Durch die Ausweitung der Überwachung und Kontrolle des öffentlichen Raums werden sie aus den Innenstädten vertrieben (vgl. Simon 2001, S. 15-16). Der öffentliche Raum als Möglichkeit, ein Stück gesellschaftliche Teilhabe zu praktizieren, wird immer stärker beschränkt, diszipliniert und monofunktionalisiert. Mobile Jugendarbeit[2] ist in ihrer anwaltschaftlichen Tätigkeit für ihre Adressaten gefordert, sich mit diesen Entwicklungen auseinanderzusetzen und Möglichkeiten zu suchen, um auf diese Ausgrenzungserscheinungen zu reagieren. Dabei muss sie auch zum Umgang mit der Polizei Position beziehen. Durch gemeinsame Zielgruppen entstehen auch zwangsläufig Berührungspunkte. Die unterschiedlichen Arbeitsaufträge und -ziele führen zu Konflikten, welche noch vor einigen Jahren weitestgehend unbearbeitet blieben. Kontakte zur Polizei wurden von Seiten der Mobilen Jugendarbeit oftmals strikt abgelehnt und tabuisiert (vgl. Krafeld 2004, S. 195).

Von Interesse ist für mich, vor dem Hintergrund einer professionellen Haltung und ausgehend von den speziellen Handlungsaufträgen und -profilen der jeweiligen Institutionen, Möglichkeiten der Zusammenarbeit zu suchen und damit einhergehende Probleme und Gefahren zu betrachten. Denn eines ist klar: Die Polizei hat allein schon auf Grund ihrer Machtbefugnis in einem von Konkurrenz- oder Feindbild-geprägten Miteinander einen Vor-

---

[1] Um beiden Geschlechtern gerecht zu werden verwende ich das Binnen-I in Formulierungen, welche beide Geschlechter betreffen

[2] Ich beziehe mich in meiner Arbeit konkret auf das Arbeitsfeld Mobiler Jugendarbeit, obwohl ähnliche Ansätze wie Streetwork und aufsuchende Jugendsozialarbeit oft im selben Zusammenhang verwendet werden. Da alle drei Ansätze viele Überschneidungen und Gemeinsamkeiten haben, finden sich auch in der Literatur oftmals keine genauen begrifflichen Unterscheidungen. So sind teilweise Quellen zu finden, welche überhaupt nicht zwischen diesen unterschiedlichen Formen unterscheiden. Obwohl zum Teil eine klarere Abgrenzung und Differenzierung gefordert wird (vgl. Krafeld 2004, S. 15), ist es oft unmöglich und manchmal auch nicht sinnvoll, diese Unterscheidung durchzuführen. Deswegen bearbeite ich die Thematik konkret bezogen auf Mobile Jugendarbeit, beziehe mich dabei aber, in dem Bewusstsein der jeweiligen Eigenarten, teilweise auf Quellen, welche eine andere Form der aufsuchenden Arbeit nennen

teil gegenüber Mobiler Jugendarbeit und wird aus solch einer Situation immer als Gewinner hervorgehen.

Professionelle Soziale Arbeit kann daher nicht in Feindbildern und Abwehrhaltungen erstarren, sondern muss Wege im Umgang mit der Polizei suchen, welche für die eigene Arbeit dienlich sind und trotzdem nicht dem eigenen Selbstverständnis widersprechen. Als wesentlichen Teil der Diskussion und zur näheren Betrachtung der Problematik befragte ich Mitglieder beider Berufsgruppen. Ziel der Interviews war dabei jedoch nicht, repräsentative Aussagen zu erhalten, sondern einzelne Meinung zu hören, Einblicke in bestehende Kooperationen zu schaffen und Argumente für und gegen Kooperationen von Polizei und Mobiler Jugendarbeit zu sammeln. Ein wichtiges Element der Interviews war, dass jeder die Thematik nicht nur aus seiner Profession heraus betrachtet, sondern versucht den Blickwechsel zu vollziehen und sich in die Gegenseite hineinzuversetzen, um Ziele und mögliche Probleme abzuschätzen.

Zu Beginn soll erst einmal die konzeptionelle und ordnungspolitische Ebene betrachtet werden. Wichtige Elemente sind hierbei der Einfluss ordnungspolitischer Debatten sowohl auf Mobile Jugendarbeit als auch auf Polizei, sowie die Voraussetzungen und die Möglichkeiten einer Zusammenarbeit basierend auf dem Selbstverständnis beider Akteure. Anschließend soll der Blick ins Detail gehen und bestimmte, bereits vorhandene Formen der Zusammenarbeit kritisch betrachtet werden, um Chancen und Risiken einer Kooperation abzuwägen.

Mobile Jugendarbeit und Polizei unter dem Einfluss ordnungspolitischer Debatten

Der öffentliche Raum ist stark umkämpft. Als Gemeingut einer Gesellschaft wird er von allen genutzt und daher auch mehr oder weniger in Anspruch genommen. Unterschiedlichste Interessen stehen sich hier oft völlig konträr gegenüber. Dabei sind nicht nur die unterschiedlichsten Formen der Aneignung des Raumes zu beobachten, auch seine Nutzung ist sehr stark gruppenspezifisch ausgeprägt.

Wo unterschiedliche Interessen und Ansprüche sind, findet auch immer ein Machtkampf statt. Diese Konflikte waren in unterschiedlichsten Ausprägungen immer da. Dabei lässt sich aber leicht feststellen, wer als Verlierer aus diesen Spannungen und Kontroversen zurückblieb: Arme, Prostituierte,

Obdachlose, Drogenabhängige und »störende« Jugendliche (vgl. Simon 2001, S. 8). Ihrer Anwesenheit im öffentlichen Raum wurde im Verlauf der Geschichte immer wieder mit Regulierungen, Verboten und Verordnungen begegnet. Die Schwächsten der Gesellschaft wurden und werden so aus den Zentren der Städte verdrängt, von gesellschaftlicher Teilhabe ausgegrenzt und an die Stadtränder abgeschoben (vgl. Gillich 2005, S. 7). Die starke Lobby in der kommunalen Politik haben mit finanzkräftigen Investoren, ansässigen Gewerbetreibenden, Kulturschaffenden und Konsumenten andere Gruppen. In den letzten beiden Jahrzehnten lässt sich eine deutliche Verschärfung der Debatten um die öffentliche Sicherheit feststellen. Die Videoüberwachung ist an öffentlichen Plätzen beinahe zur Normalität geworden, immer mehr Sonderplätze werden eingerichtet, an denen wiederum Sonderregelungen gelten, um effektiv gegen »störende« und an diesen Plätzen nicht gern gesehene Menschen vorgehen zu können (vgl. ebd., S. 7-8).

Die öffentlichen Diskussionen über solche Zustände folgen meistens dem gleichen Schema. Da sind die Politiker, Ordnungsämter und Lobbyisten verschiedenster Gruppierungen, welche mit dem Argument auftreten, dass die Jugendlichen auf zentralen Plätzen immer wieder durch ihr lärmendes Verhalten auffallen und jedes Mal viel Dreck hinterlassen. Dies ist schlecht für das Stadtbild, für den Tourismus und für die anliegenden Gewerbe, außerdem fühlen sich Passanten gestört und unsicher. So weit sind dies erst mal plausible und nachvollziehbare Begründungen. Die Gegenstimmen, sofern es denn welche gibt, greifen dann die angeführten Argumente auf und versuchen für Verständnis für die Jugendlichen zu werben und ihr Verhalten zu erklären. Dabei geht die Diskussion jedoch an ihrem Kern vorbei. Die entscheidende Frage ist doch, warum wir uns von Verhaltensweisen gestört und verunsichert fühlen, welche andererseits bei den im Laufe des Jahres stattfindenden, unterschiedlichsten Volksfesten, als Beispiel sei hier der durch seine Umzuge den öffentlichen Raum prägende Karneval genannt, in noch viel exzessiverer Weise mit Stolz von breiten Seiten der Bevölkerung gefeiert werden. Bei denen dann das Verbot von Alkoholgenuss in der Öffentlichkeit ausgesetzt wird, bei denen sich Eltern scheinbar völlig enthemmt im Beisein ihrer Kinder dem selbigen hingeben und bei denen Tonnen von Dreck hinterlassen werden, welche noch so viele zerbrochene Flaschen von Jugendlichen belanglos aussehen lassen. Es soll hier nicht um die gesellschaftliche Bedeutung solcher Volksfeste gehen, sondern vielmehr um die Verhältnismäßigkeit und das Schlechtmachen von oftmals selbst vorgelebtem Verhalten. Eine der sicherlich vielfältigen Ursachen für diese Argumentationslogik sehe ich in der die Gesellschaft durchdringende Ökonomisierung aller Lebensbereiche. Erlaubt und gut ist, was Profit schafft. Das neoliberale Denken, welches alle Aspekte unseres Alltags unter ökonomischen Gesichtspunkten definiert und bewertet, hat schon längst Einzug in unsere Köpfe gehalten. Soziale Argumente haben gegenüber ökonomischen Sparargumenten kaum noch eine Chance. Dieses Diktat der Ökonomisierung geht oftmals so weit, dass der Verweis auf leere Kassen jegliche weitere Diskussion ersticken lässt, ohne dass dabei jemals das System, welches diese leeren Kassen hervorgebracht hat, in Frage gestellt wird. Dass die kommunikative Kraft der Vernunft durch die ökonomische Kraft des Kapitals ersetzt wird, wie es der Sozialphilosoph Jürgen Habermas beschreibt, bringt diese Entwicklung auf den Punkt (vgl. Haupert 2005, S. 21).

Mobile Jugendarbeit und auch Polizei sind als Akteure im öffentlichen Raum direkt in diese Prozesse involviert. Ordnungspolitische Forderungen nach einer Beruhigung an Brennpunkten, der Verschiebung von Cliquen aus dem öffentlichen Raum hinein in Jugendclubs oder gleich nach ihrer Auflösung, betreffen beide Akteure gleichermaßen. Dazu ein Streetworker:

»Weil ein Oberbürgermeister oder Politiker Streetwork immer auch als Instrument, als sanfte Ordnungsmacht sehen, also auch immer als Instrument von Ordnungspolitik. Die sehen das auch als Instrument der Sozialen Arbeit, aber die Motivation einer Stadtverwaltung, Streetwork einzusetzen, ist immer auch eine ordnungspolitische Erwägung, auch wenn sie das nie offen aussprechen, man weiß es, es ist im Spiel und es ist im Raum.«

Solch einer möglichen Instrumentalisierung muss sich Mobile Jugendarbeit bewusst sein, um mit ihren Möglichkeiten nicht missbraucht zu werden. Es ist jedoch zumindest zu vermuten, dass sich Mobile Jugendarbeit häufig ganz konkret mit ihrer Instrumentalisierung auseinandersetzen muss, nämlich dann, wenn klare Arbeitsaufträge vorliegen, welche genau diesen Missbrauch Wirklichkeit werden lassen. Doch auch Polizei sieht sich mit dem kritischen Aspekt der Instrumentalisierung konfrontiert. Die polizeiliche Primäraufgabe der Gefahrenabwehr unterliegt einer gewissen begrifflichen Dehnbarkeit und Veränderlichkeit. Dabei ist der Begriff der Gefahrenabwehr kritisch zu betrachten, da sein Verständnis sowohl zeitlich-kulturellen, als auch individuellen Veränderungen und unterschiedlichen Betrachtungsweisen unterliegt. Die Auffassung darüber, was schützenswerte Rechtsgüter sind und wie wichtig ihr Schutz ist, kann sich ändern, ist von Gesellschaft zu Gesellschaft unterschiedlich und zusätzlich auch abhängig von persönlichen Einstellungen und Wahrnehmungen. Dies kann jedoch dazu führen, dass Weisungen von der Polizei ausgeführt werden müssen, welche sie selbst als kontraproduktiv oder zumindest als ungünstig einstufen würde (vgl. Kugelmann 2006, S. 5-7). Beide Parteien befinden sich in einem Spannungsfeld aus politischen Interessen, zu erfüllenden Forderungen von außen und den eigenen Selbstverständnissen und Zielen. Besonders gravierend deutlich wird dieses Spannungsfeld immer wieder bei kurzfristig angelegten Projekten, bei denen Mobile Jugendarbeit als Sozialfeuerwehr eingesetzt werden soll, um Brennpunkte zu befrieden. Oftmals als Präventionsprojekte beschrieben, zielen diese Maßnahmen jedoch allzu häufig nur auf eine kurzfristige, oberflächliche und scheinbare Lösung. Die Methoden beschränken sich in solchen Fällen auf das Repertoire sekundärer und tertiärer Prävention, für Ursachen erforschende und tiefer gehende Beziehungsarbeit bleibt bei solch kurzfristigen Projekten keine Zeit. Das Ziel solch einer Arbeit kann nur die Anpassung und Unterordnung von Jugendlichen in »der Tradition des Obrigkeitsstaates« (Krafeld 2004, S. 197) sein. Dabei werden die Adressaten der Arbeit zu Objekten gemacht, die in den Erwachsenenwelten störend und gefährlich wirken. Solch eine Präventionsarbeit zielt, ob kurz- oder langfristig angelegt, auf die Verhinderung von für die Gesellschaft negativen Auswirkungen. Wenn man die störenden, exzessiven oder gewaltbereiten Verhaltensweisen als Resultat diverser Benachteiligungs- und Ausgrenzungsprozesse begreift, zielt solch eine Präventionsarbeit jedoch auch auf ein bloßes Verstummen und eine weitere Ausgrenzung der ohnehin schon benachteiligten jungen Menschen. Niemand fragt bei diesen Projekten danach, was mit den benachteiligten Jugendlichen passiert, sind sie erst einmal ruhiggestellt. Was für Auswirkungen Benachteiligung und fehlende gesellschaftliche Teilhabe haben, ist dabei völlig uninteressant, solang die Befriedung der öffentlichen Plätze wieder hergestellt wurde. Gewaltbereites Verhalten mit all seinen Ursachen wird sich jedoch so nicht abstellen lassen. Nur, wenn sich dieses Verhalten nicht im öffentlichen Raum abspielt, sondern beispielsweise in den Familien oder sich die Gewalt nach innen richtet, ist dies oberflächlich betrachtet für die Gesellschaft kein Problem. Egal was für weitere gesellschaftliche Probleme wiederum daraus resultieren können, so sind solche Arten von Projekten inhuman und nicht an wirklichen Lösungen orientiert.

Die Sicht auf Kinder und Jugendliche als Subjekte, welche danach streben und streben sollen, aus ihrem Leben etwas zu machen, fehlt in der Gesellschaft allzu häufig, was dazu führt, dass auch der Schutz ihrer entsprechenden Rechte vernachlässigt wird. Die oftmals erlebte scheinbare Interesselosigkeit von jungen Menschen macht dies sicherlich zu einem sich wechselseitig bedingenden Prozess. Doch liegen dieser Sichtweise die Vorstellungen von gesellschaftlich als erstrebenswert akzeptierten Zielen zu Grunde. Um sich zu emanzipieren benötigen junge Menschen jedoch nicht Hilfe bei der Anpassung an fremdbestimmte Auffassungen, sondern Unterstützung bei der Bewusstwerdung ihres Willens und ihrer Ziele. Die Erziehung zur Freiheit, ein so wichtiges Merkmal einer demokratischen Gesellschaft, darf nicht durch Ordnungspolitik von einer Erziehung zu Anpassung und Gehorsam ersetzt werden (vgl. Krafeld 2004, S. 197).

Neben der ethischen und moralischen Kritik an vielen Präventionsprojekten ist es letztlich auch äußerst zweifelhaft, ob es Aufgabe von Polizei und Sozialer Arbeit im Allgemeinen sein kann, solche tiefgehenden gesellschaftlichen Probleme zu lösen (vgl. ebd., S. 197; Kugelmann 2006, S. 5). Vielmehr müssten diese Probleme in einer breiten gesellschaftspolitischen Diskussion erörtert werden, um effektive und nachhaltige Lösungsvorschläge fernab von Ausgrenzung und Benachteiligung zu entwickeln.

Ein interessanter Aspekt dieser Problematik des neoliberalen Denkens ist die Frage, inwieweit Mobile Jugendarbeit dazu überhaupt Stellung beziehen sollte, beziehungsweise wie sie auf diese Entwicklungen reagieren kann und soll. Auf der einen Seite besteht sicherlich die Gefahr, dass sich Mobile Jugendarbeit in dem Bemühen, Ausgrenzungsprozessen entgegenzuwirken, in einen Kampf gegen Windmühlen begibt. Auf der anderen Seite wird Mobile Jugendarbeit aber unglaubwürdig, wenn sie sich einfach kritiklos der Entwicklung anpasst. Befragt nach den Möglichkeiten auf Vertreibungsprozesse von Jugendlichen in Innenstädten zu reagieren, sieht ein interviewter Streetworker drei Optionen: Erstens kann man gemeinsam mit den Jugendlichen Widerstand leisten und Unmut gegen bestimmte Entscheidungen äußern und zeigen. Zweitens kann Mobile Jugendarbeit zwischen Jugendlichen und der Polizei vermittelnd tätig werden, mit beiden Seiten im Dialog sein und jeweils um Verständnis werben. So kann den Jugendlichen erklärt werden, warum die Polizei an diesen Ort kommt und ihn räumt, welche Entwicklungen dafür verantwortlich sind und was das mit den Jugendlichen zu tun hat. Auf der anderen Seite kann Mobile Jugendarbeit aber auch um Verständnis auf Seiten der Polizei werben und eigene Handlungsmöglichkeiten aufzeigen, um so deeskalierend zu wirken. Als dritte Option bietet sich die Möglichkeit, aktuelle Entwicklungen aufzugreifen und daraus resultierend neue Konzepte zu entwerfen, um auf

Veränderungen zu reagieren. Dies bedeutet, dass sich Mobile Jugendarbeit bestimmten gesellschaftlichen Prozessen auch anpasst und die eigene Arbeit dahingehend ändert.

Mobile Jugendarbeit ist sicherlich nicht in der Position ganz große Veränderungen in einer gesellschaftspolitischen Diskussion zu bewirken. Dies ist aber auch nicht ihre Aufgabe. Vielmehr beschäftigt sich Mobile Jugendarbeit auf lokaler Ebene ganz konkret mit den Auswirkungen des gesellschaftlichen Umbaus (vgl. Gillich 2005, S. 12). Genau dort bieten sich dann auch Handlungsmöglichkeiten und Momente zur Vertretung der Interessenten der eigenen Adressaten. Die eben beschriebenen Optionen Mobiler Jugendarbeit können diesbezüglich nicht jeweils für sich stehengelassen werden, da die Wahl nur einer dieser Möglichkeiten in der Praxis vermutlich einfach nicht funktionieren würde. Die erste Option, gegen Vertreibungen zu protestieren und rebellisch zu sein, würde vielleicht für Aufsehen sorgen und dem Gerechtigkeitsgefühl der Adressaten entsprechen, jedoch lässt sich dann wahrscheinlich schnell feststellen, dass eine Interessenvertretung in solch einseitiger Form kaum eine Situation verbessern kann, zumal die lokale Politik die Mobile Jugendarbeit bei einem derartigen Vorgehen relativ schnell in Frage stellen würde und somit die Arbeit in Gefahr gerät. Trotzdem kann es sinnvoll sein, auch für den Lernprozess der Adressaten aufzuzeigen, dass in einer demokratischen Gesellschaft nicht jede Maßnahme, jede Entscheidung einfach so hingenommen werden muss. Friedliche Proteste und Demonstrationen sind ein legitimes Mittel, um den eigenen Forderungen Aus- und Nachdruck zu verleihen. Wirklichen Nutzen bringen sie jedoch erst dann, wenn sich auch ein Dialog mit den handelnden Akteuren entwickelt, wie es bei der zweiten Option dargestellt wird. Für das als anstößig empfundene Verhalten der Adressaten um Verständnis zu werben, ist ein klassisches Beispiel anwaltschaftlicher Tätigkeit Mobiler Jugendarbeit. Dabei geht es nicht nur darum, die Gemüter beispielsweise im Ordnungsamt zu besänftigen. Vielmehr sollten wirklich auch die Hintergründe und eine fachliche Einschätzung des Verhaltens Grundlage für Erklärungsversuche sein. Mit der dritten Option wird die Anforderung an Mobile Jugendarbeit beschrieben, auf Veränderungen zu reagieren und gegebenenfalls auch konzeptionelle Überlegungen folgen zu lassen. Es ist hier Vorsicht geboten, dass Mobile Jugendarbeit nicht zu einem bloßen Spielball gesellschaftlicher Entwicklungen wird. Sie muss deswegen frühzeitig die eigenen Standpunkte deutlich machen und sich positionieren, um Diskussionen mitgestalten zu können und nicht nur auf die Ergebnisse reagieren zu müssen.

Mobile Jugendarbeit ist also gefordert, auf ordnungspolitische Debatten im Rahmen ihrer Möglichkeiten Einfluss zu nehmen und diese im Sinne ihrer Adressaten zu beeinflussen. Um diesen Teil der Arbeit jedoch möglichst gewinnbringend und effektiv gestalten zu können, bedarf es meist einer breiten Vernetzung unter sozialen Einrichtungen und Trägern, um gemeinsam mit einer Stimme sprechen zu können.[3]

Voraussetzungen und Möglichkeiten einer Zusammenarbeit im kritischen Dialog

»Mobile Jugendarbeit/Streetwork arbeitet mit den kommunalen Ämtern, Institutionen, Einrichtungen und freien Trägern vor Ort zusammen. Sie schafft und stärkt auch soziale Netzwerke der Menschen und Professionellen (Runde Tische, Stadtteilkonferenzen, Ausschüsse, Jugendforen, Arbeitskreise u.a.). Vernetzung ist dabei nicht als Ziel, sondern als das Mittel zu betrachten, um in einer Kooperation mit Anderen Lösungen zu entwickeln. Es geht hier nicht um das ›darüber reden‹, sondern im Fokus steht ein Ergebnis. Es soll quasi für die Menschen ›etwas herauskommen‹.« (LAK MJA Sachsen e.V. 2007, S. 4).

Das Streben nach Kooperationen als Teil aktivierender Gemeinwesenarbeit ist in den Standards Mobiler Jugendarbeit festgehalten. Kooperationen verfolgen dabei einen bestimmten Zweck, sie sind ein Mittel, um bestimmte Ziele der eigenen Arbeit zu erreichen. Auf Seiten der Polizei hat das Streben nach Kooperationen die gleiche Funktion. Polizei verspricht sich etwas von den Kooperationen und investiert dementsprechend in die Vernetzung mit anderen Institutionen und Trägern. Es gibt bei einer Zusammenarbeit von Polizei und Mobiler Jugendarbeit letztlich drei Parteien, deren Ziele und Erwartungen diskutiert werden müssen. Neben den beiden schon genannten Akteuren sind es natürlich die Adressaten als gemeinsame Zielgruppe, welche von den Kooperationen profitieren sollen und müssen. Deswegen soll nun im Folgenden die Einschätzung über den Nutzen von Kooperationen für alle drei Akteure jeweils von Seite der Polizei als auch von Seite der Mobilen Jugendarbeit dargestellt werden. Ziel einer Kooperation, speziell im Bereich der Tertiärprävention, ist für einen befragten Polizisten, dem Erziehungsgedanken des Jugendkriminalrechts so nahe wie

---

[3] Erfahrungsgemäß zeigt sich jedoch genau hier eine Schwachstelle Sozialer Arbeit. Rangeleien um öffentliche Gelder, Sponsoren, vielleicht auch Adressaten und persönliche Eitelkeiten verhindern nur allzu oft den Aufbau einer breiten Lobby, welche gezielt und effektiv die Interessen der Adressaten vertreten könnte

möglich zu kommen. Er ist der Meinung, dass im Falle einer Straftat eines Jugendlichen eine wirksame, dem Erziehungsgedanken folgende Strafe nur mit dem Wissen verschiedener Professionen gefunden werden kann. Der Nutzen für die Polizei besteht demnach darin, mit einer wirkungsvollen Intervention langfristig Straftaten verhindern zu können.

Die Vertreter der Mobilen Jugendarbeit sehen drei mögliche Aspekte hinsichtlich des Nutzens von Kooperationen für die Polizei. Erstens kann Mobile Jugendarbeit unter den Adressaten durchaus die polizeiliche Arbeit positiv darstellen und ihren gesetzlichen Auftrag verständlich machen. Mobile Jugendarbeit würde also in diesem Fall gewissermaßen eine Vermittlerfunktion zwischen Polizei und Adressaten einnehmen. Zweitens wird auf den konkreten Nutzen gelingender präventiver Arbeit hingewiesen, bei der ein Effekt eine Verringerung der Straftaten ist. Die Bemühungen der Polizei, mit Mobiler Jugendarbeit zu kooperieren, sind also auch als ein Baustein polizeilicher Gefahrenabwehr zu sehen. Drittens wird Mobile Jugendarbeit natürlich auch mit dem Ermittlungsdruck der Polizei konfrontiert, da die Polizei alle vorhandenen Informationen nutzen will und muss. Diesbezüglich muss sich Mobile Jugendarbeit jedoch deutlich positionieren und entsprechend ihres Selbstverständnisses solch eine Informationsweitergabe jederzeit ausschließen.

Es lassen sich somit zwei konkrete Aspekte festhalten, welche die Kooperationsarbeit von Polizei mit Mobiler Jugendarbeit lohnend machen können. Zum einen besteht die Möglichkeit, eine Verringerung der Straftaten als Folge gemeinsamer präventiver Arbeit zu erreichen, zum anderen scheint eine Verbesserung des Images von Polizei bei den gemeinsamen Zielgruppen denkbar zu sein, woraus bestenfalls die Entschärfung von Konflikten zwischen Polizei und Jugendlichen resultieren könnte. Als Nächstes sollen mögliche lohnende Aspekte für Mobile Jugendarbeit bei Kooperationen mit Polizei betrachtet werden. Wieder wird von Seiten der Mobilen Jugendarbeit ihre Rolle als Vermittler benannt. Dazu ein Streetworker:

»Jugendliche haben Kontakt mit Polizei, Jugendliche, mit denen wir arbeiten, werden immer wieder straffällig und Polizei verhält sich gegenüber Jugendlichen und Jugendliche verhalten sich gegenüber der Polizei. Meistens verhalten sich beide relativ ungünstig und meine Motivation ist es, deeskalierend zu wirken. Ich möchte für Verständnis werben, dass die Polizei sich besser in die Lebenssituation von Jugendliche hineinversetzen kann und nicht gleich pampig reagiert, wenn Jugendliche zum Beispiel bei Vernehmungen oder über-

haupt bei Befragungen auf der Straße oder bei Kontakten auf der Straße mit den Jugendlichen, wenn die Jugendlichen dann unfreundlich sind oder sich schlecht verhalten, dass die Polizei dann vielleicht falsch reagiert oder überreagiert und den Jugendlichen daraus ein Nachteil entsteht und zum andern möchte ich aber auch bei den Jugendlichen darauf hinweisen und ihnen zeigen, die Polizei ist nicht nur schlecht, sondern die Polizei hat auch sehr viel Positives und wenn die Jugendlichen in einer Notsituation sind, dann können sie auch die Polizei rufen und dann wird die Polizei ihnen helfen.«

Daneben werden aber auch taktische Erwägungen benannt. Wenn in kommunalpolitischen Debatten Mobile Jugendarbeit in Frage gestellt werden sollte, kann das Wort eines Polizeipräsidenten durchaus wichtig sein. Somit kann eine Zusammenarbeit und ein gutes Standing bei der Polizei Mobiler Jugendarbeit eine stärkere Lobby auf politischer Ebene verschaffen. Ein anderer Streetworker beschreibt als weiteren Aspekt das Bemühen um eine Entkriminalisierung:

»Was wir wollen, ist ganz einfach, dass eine Entkriminalisierung stattfindet, dass die Polizei einfach auch begreift, dass man Jugendliche auch irgendwo sitzen lassen kann, ohne nur die Gemeindevollzugsordnung da ständig konkret durchsetzen zu müssen. Es geht auch um die Ansprache. Also geh ich hin und treib Jugendliche weg und arbeite gleich mit Platzverboten oder ist es auch eine Variante einfach mal hinzugehen und eine andere Anspracheform zu wählen und zu sagen: Also Leute, passt auf, hier gibt es auch andere Leute, die haben auch Interessen an dem Platz, guckt mal, dass ihr da was hinkriegt.«

Mobile Jugendarbeit profitiert natürlich davon, wenn ihre Adressaten nicht von den gewohnten Treffplätzen vertrieben werden. Wenn Polizei also einen anderen, nicht repressiven Umgang mit den Jugendlichen finden kann, erleichtert das die Tätigkeit Mobiler Jugendarbeit, da die Adressaten sich nicht zurückziehen. Eine Zusammenarbeit, bei der ein Erfahrungsaustausch zwischen Mobiler Jugendarbeit und Polizei stattfinden kann, um so Handlungsstrategien auf Seiten der Polizei zu verändern, scheint demnach auch für Mobile Jugendarbeit profitabel zu sein.

Obwohl es in einem Fall bereits länger intensive Gespräche zwischen Polizei und Mobiler Jugendarbeit gibt, zeigt ein interviewter Polizist eine gewisse Unkenntnis über den Arbeitsansatz Mobiler Jugendarbeit. Den möglichen Nutzen einer Kooperation für die Mobile Jugendarbeit sieht er in der Zuleitung von aufgegriffenen, straffällig gewordenen Jugendlichen an die Mobile Jugendarbeit, welche dann, die Ausnahmesituation nutzend, einen leichteren Zugang zu den Jugendlichen bekommen könnte. Hier zeigt sich eigentlich nur eine gewisse Unkenntnis über den Ansatz Mobiler Jugendarbeit. Weder werden Delinquenten Mobiler Jugendarbeit zugeleitet, noch nutzt Mobile Jugendarbeit Drucksituationen in der Hoffnung, dass sich jemand für ein Hilfeangebot öffnet. Freiwilligkeit als ein Prinzip Mobiler Jugendarbeit ist im Gegenteil besonders bei einer Kontaktaufnahme von hoher Bedeutung (vgl. LAK MJA Sachsen e.V. 2007, S. 3). Dafür wird an diesem Beispiel umso deutlicher, dass die Vermittlung der jeweiligen Aufgaben und Selbstbilder kein einfacher Prozess ist. Die gegensätzlichen Blickwinkel und Aufträge scheinen ein großes Hindernis für ein gegenseitiges Verständnis zu sein, selbst wenn der Wille hierfür da ist.

Es lassen sich somit zwei für die Mobile Jugendarbeit profitable Aspekte festhalten. Als Vermittler zwischen Polizei und Adressaten erleichtert sie sich bestenfalls die Arbeit, wenn die Zielgruppen durch veränderte polizeiliche Vorgehensweisen weniger von ihren Treffpunkten vertrieben werden. Die kontinuierliche und langfristige Arbeit mit den Adressaten wird so gestützt. Außerdem scheint eine Zusammenarbeit mit Polizei die Interessenvertretung von Mobiler Jugendarbeit zu erleichtern, was im Hinblick auf Sparzwänge und Stellenkürzungen, wie bereits beschrieben, von Vorteil sein kann.

Die interessanteste und wichtigste Frage ist jedoch, was die Adressaten Mobiler Jugendarbeit für einen Nutzen von Kooperationen zwischen Polizei und Mobiler Jugendarbeit haben können. Es ergibt schließlich wenig Sinn, Kooperationen nur aus taktischen Erwägungen einzugehen, wenn dabei kein Nutzen für die Zielgruppen herausspringt oder, noch schlimmer, diese Kooperationen den Interessen der Zielgruppen entgegenstehen.

Aus Sicht eines interviewten Polizisten ist der Nutzen für die Adressaten eher indirekter Art. Eine Zusammenarbeit verschiedener Institutionen und Behörden würde seiner Meinung nach langfristig delinquentes Verhalten mindern und somit könnte auch für den einzelnen Delinquenten ein weiteres Abdriften in die Kriminalität verhindert werden. Mobile Jugendarbeit sieht verschiedene positive Aspekte:

»Wenn die Polizei über Jugendliche Bescheid weiß und sie zum Beispiel das Kommunikationsverhalten von bestimmten Jugendlichen kennenlernt, wenn sie wissen, dass diese Jugendlichen einfach aufbrausender sind, weil es in ihrer Natur steckt, und dass bestimmte Äußerungen vielleicht gar nicht belei-

digend gemeint sind, obwohl sie sich vielleicht für ein deutsches Polizistenohr so anhören würden, dann hat der Jugendliche einen starken Nutzen davon, wenn das Sprechverhalten der Jugendlichen von den Polizisten richtig eingeordnet wird. Deswegen machen wir mit den Polizisten interkulturelle Trainings, damit die einfach verstehen, warum sich die Jugendlichen so und so verhalten. Dass es nicht immer als Beleidigung aufgefasst wird.

Gleichzeitig müssen die Polizisten auch ein Gespür für die Lebenswelten dieser Jugendlichen entwickeln können. Die Polizisten fragen sich, warum halten sich denn diese Jugendlichen immer in der Innenstadt auf. Und als ich den Polizisten erklärt habe, dass die Jugendlichen einfach keine großen Wohnungen haben und dass die auch keine großen Gärten haben, sondern dass vier Jungs in einem Schlafzimmer schlafen, haben sie langsam verstanden, dass der öffentliche Raum für die Jugendlichen, einen ganz anderen Raum darstellt als für die Kinder der Polizisten. Da haben sie plötzlich verstanden, dass die in ganz anderen Welten leben.«

Der Streetworker geht hier vor allem auf den Aspekt der Weiterbildung von Polizisten ein, wodurch sich ein anderer Umgang von Polizei mit den Adressaten ergeben soll. Die Adressaten profitieren somit durch veränderte Handlungsstrategien der Polizei im öffentlichen Raum, zum Beispiel, dass weniger mit Platzverweisen gearbeitet wird oder dass Polizei auch einfach Verständnis für die Situation der Jugendlichen zeigen kann, wodurch sich das konfliktbehaftete Verhältnis von Polizei und Adressaten entspannen kann. Zusätzlich wird noch ein Aspekt eingebracht, welcher als »einseitige Kooperation« bezeichnet wird:

»Es kommt vor, dass uns die Polizei sagt: ›Passt auf, da sind Straftaten passiert, hier wird gegen eine Gruppe Punks ermittelt, wir haben Leute im Visier.‹ Sie sagen uns dann auch die Spitznamen und es ist klar, dass die Polizei sie ermitteln wird. Die Polizei gibt uns letztlich nur die Möglichkeit, dass wir mit den Leuten sprechen können und ihnen den polizeilichen Sachstand geben, damit sie die Möglichkeit haben, sich selbst zu stellen und so auf eine geringere Strafe hoffen können.«

Für die Polizei geht es in diesem Fall nicht darum, dass Mobile Jugendarbeit hilft, eine Straftat aufzuklären, sondern Mobile Jugendarbeit kann einfach ihre guten Kontakte zu den Adressaten nutzen, um ihnen die Chance zu geben, sich selbst zu stellen und so die eigene Strafe abzuschwächen. Dieser einseitige Informationsfluss wird im Weiteren noch in Bezug auf Gerichtsverfahren und Bewährungshilfe beschrieben, wo Mobile Jugendarbeit auch mit anderen Behörden zusammenarbeitet, jedoch ausschließlich konkret und unmittelbar positiv für die Adressaten wirkend.

Es ergeben sich somit aus der Meinung der Experten mehrere nützliche Aspekte für die Adressaten aus Kooperationen zwischen Polizei und Mobiler Jugendarbeit. Die Formen der Zusammenarbeit können ein (weiteres) Abdriften in die Kriminalität verhindern und bei vorliegenden Straftaten kann sich durch einen guten Informationsfluss zwischen Polizei und Mobiler Jugendarbeit die Möglichkeit bieten, geringere Strafen zu erhalten. Des Weiteren profitieren die Adressaten von einem weniger repressiven polizeilichen Handeln. Schließlich bietet ein positives Polizeibild auch die Möglichkeit, Polizei als Helfer in Notsituationen wertzuschätzen und so auch das eigene Sicherheitsgefühl zu verbessern.

Im Überblick nun noch mal alle gesammelten Argumente.

Nutzen von Kooperationen zwischen Mobiler Jugendarbeit und Polizei für:

Polizei	Mobile Jugendarbeit	Adressaten
• Verringerung von Straftaten • Verbesserung des eigenen Images	• kontinuierliche Arbeit an gewohnten Treffpunkten • bessere Interessenvertretung in politischen Diskussionen	• Verhinderung von Abdriften in die Kriminalität • Strafmindernde Momente • Weniger repressives polizeiliches Handeln • Polizei als Helfer in Notsituationen

Angesichts dieser, für alle Seiten positiven Aspekte ist es wenig verwunderlich, wenn die Intensivierung und Ausdehnung von Kooperationen zwischen Polizei und Mobiler Jugendarbeit gefordert wird. Wieso jedoch gibt es gerade auf Seiten der Mobilen Jugendarbeit so große Bedenken gegen solche Zusammenarbeiten? Einige dieser Bedenken wurden unter dem Punkt der ordnungspolitischen Debatten bereits angedeutet, einige andere werden jetzt noch folgen. Warum wird von vielen Sozialarbeitern eine klare Abgrenzung gegenüber der Polizei gefordert, nicht nur im Bereich der Mobilen Jugendarbeit? Wo sehen die interviewten Experten Grenzen der Kooperationen auf konzeptioneller Ebene, dass heißt also, ohne ins Detail zu gehen oder konkrete Situationen anzusprechen, wo gibt es Probleme und was ist überhaupt nicht leistbar?

Die stets wiederkehrende Befürchtung der Profilverwischung, wenn Polizei zunehmend Methoden Sozialer Arbeit einsetzt, wird immer wieder im

Arbeitsfeld thematisiert. Krafeld betont diesbezüglich die Verantwortung Mobiler Jugendarbeit, zunächst einmal das eigene Profil zu schärfen. So ist auch eine klare Abgrenzung gegenüber der Polizei möglich (vgl. Krafeld 2004, S. 198). Die Wichtigkeit einer solchen Abgrenzung begründet sich vor allem aus zwei Aspekten. Mobile Jugendarbeit ist Beziehungsarbeit. Das Vertrauen der Adressaten zu den jeweiligen Sozialarbeitern muss langsam aufgebaut werden und ist auf Grund der individuellen Lebenserfahrungen der Jugendlichen oftmals sehr leicht zu erschüttern. Ab wann die Adressaten nicht mehr unterscheiden können, in welchem Auftrag der vor ihnen stehende Mensch arbeitet, ist kaum festzulegen, beziehungsweise festzustellen. Deswegen ist es, zum Schutz des Vertrauensverhältnisses zu den Adressaten besser, eine klar erkennbare Trennung zwischen Polizei und Mobiler Jugendarbeit zu ziehen. Als zweiter Aspekt, welcher die Wichtigkeit einer Abgrenzung begründet, ist das Bewusstsein für den eigenen Auftrag zu nennen. Polizei hat einen speziellen gesellschaftlichen Auftrag und Mobile Jugendarbeit hat auch eine spezielle Aufgabe innerhalb der Gesellschaft. Zusätzlich arbeiten beide Akteure zumindest überwiegend mit ihren eigenen Methoden, um den Arbeitsauftrag zu erfüllen. Beide laufen daher Gefahr, ihr Selbstbild aufzuweichen oder zu verändern, wenn die klare Abgrenzung nicht mehr gegeben ist. Mit einem fehlenden Bewusstsein über das eigene Profil und Handeln würden die an einen gestellten Anforderungen und Ziele jedoch sehr schnell aus den Augen verloren werden. Es ist also eine permanente Zielüberprüfung gerade bei Kooperationen notwendig. Sind die eigenen Ziele so zu erreichen? Was für Ziele verfolgt diese Kooperation? Stehen die eigenen Adressaten und ihre Interessen wirklich im Mittelpunkt? Welche weiteren Probleme können bei Überlegungen zu Kooperationen auftauchen? Aus polizeilicher Sicht werden mögliche Probleme vor allem resultierend aus mangelhaften Absprachen und unzureichenden Kenntnissen über den jeweiligen Kooperationspartner angeführt. Als primär von Bedeutung werden das Verständnis und der Respekt für den Arbeitsauftrag des Partners beschrieben. Ist beides nicht gegeben, entstehen Probleme. Auch ein vertrauensvolles Verhältnis unter den Kooperationspartnern wird als besonders wichtig geschildert. Des Weiteren werden Kompetenzrangeleien als problematisch gesehen. Wenn ein Akteur den anderen unter Druck setzt, Vorschriften macht oder ihn nicht als gleichberechtigten Partner ansieht, werden Schwierigkeiten entstehen.

Auf Seiten der Mobilen Jugendarbeit werden hingegen folgende problematischen Aspekte benannt:

»Wir lehnen eine konkrete Arbeit ab, wo es wirklich um Informationen geht über einzelne Jugendliche oder wo es um Informationen zu Treffpunkten von Jugendlichen geht. Darüber wird es von uns nie Informationen an die Polizei geben, weil das für uns Vertrauensbrüche darstellen würde. Wenn wir Kenntnis haben, wo Jugendliche sich aufhalten, wo auch klar ist, dass sie da zum Beispiel kiffen, würden wir so eine Information nie an die Polizei weitergeben. Weil die Jugendlichen sofort wüssten, woher diese Informationen stammen, wenn da die Polizei auftaucht, und dann könnten wir mit unserer Arbeit aufhören. Das ist aber so mit der Polizei besprochen und auch akzeptiert von ihnen.«

Zunächst wird also ganz deutlich gemacht, dass eine Informationsweitergabe an die Polizei die eigene Arbeit gefährden würde. Weitergedacht wären eventuell sogar die agierenden Sozialarbeitern durch die entstandenen Vertrauensbrüche gefährdet (vgl. Thieme 2005, S. 134). Mobile Jugendarbeit funktioniert nur über Beziehungsarbeit, welche beidseitiges Vertrauen erfordert. Sie würde sich daher vollständig unglaubwürdig, letzten Endes nutzlos machen, wenn sie das ihr entgegengebrachte Vertrauen missbrauchen würde. Weiterhin wird argumentiert, dass Polizei Leute als kriminell einstufen könnte, wenn sie Kenntnis hat, dass Mobile Jugendarbeit mit ihnen arbeitet. So hatten zum Beispiel gemeinsame Freizeitaktionen von Polizei und Streetwork dazu geführt, dass die teilnehmenden Klienten in der Folge verstärkt kontrolliert wurden (vgl. Dölker/Hensch/Klaus 2005, S. 160). Mobile Jugendarbeit muss also sehr sensibel mit ihren Kontakten zu den Adressaten umgehen und diese Informationen auch und vor allem vor der Polizei zurückhalten. Zudem geht auch die Mobile Jugendarbeit auf die Problematik unklarer Arbeitsaufträge ein. Wie bereits aus der polizeilichen Perspektive beschrieben, müssen beide Parteien genau über den jeweiligen Auftrag des anderen informiert sein, um Probleme zu vermeiden.

Interessanterweise beziehen sich die Problemsichten aller Interviewten immer nur auf Probleme Mobiler Jugendarbeit, ihrer Adressaten oder sie sind allgemeiner Natur und werden nicht konkretisiert. Die Polizei scheint jedoch keine Probleme befürchten zu müssen. Beide Seiten beschreiben vor allem die strikte Verpflichtung gegenüber dem Legalitätsprinzip als Schutz polizeilicher Arbeit vor problematischen Situationen. So nimmt dieses Prinzip eine Entscheidung beispielsweise in einem Gewissenskonflikt ab. Um eine positive Sicht auf die Thematik einzunehmen, sollen nun, ausgehend von den beschriebenen Problemen, die Voraussetzungen für gelingende und die erläuternden Chancen verwirklichende Kooperationen zwischen Mobiler Jugendarbeit und Polizei dargestellt werden. Die permanente (Be-)Achtung der Arbeitsprinzipien Mobiler Jugendarbeit muss bei Überlegungen zu Zusammenarbeiten oberste Priorität haben. Besonders von Bedeutung sind demnach folgende Kriterien:

Vertrauen und Offenheit

Bereits im Vorfeld müssen die jeweiligen Erwartungen der beiden Akteure an eine eventuelle Zusammenarbeit formuliert werden. Sinnvollerweise sollte dies unter Einbezug der Leitungsebene geschehen (vgl. Dölker, Hensch, Klaus 2005, S. 161). Dabei ist es besonders wichtig, sich gegenseitig die jeweiligen Arbeitsaufträge, -ziele und -ansätze zu vermitteln und Grenzen aus der jeweiligen professionellen Sicht aufzuzeigen. So können Missverständnisse und falsche Hoffnungen frühzeitig verhindert werden (vgl. Thieme 2005, S. 134). Für den Aufbau einer vertrauensvollen Beziehung erscheint es sinnvoll, sich auf wenige, dafür aber feste Gesprächspartner zu beschränken. Diese klaren Zuständigkeiten helfen auch dabei, Absprachen nicht immer wieder neu treffen zu müssen (vgl. Dölker/Hensch/Klaus 2005, S. 161).

Akzeptanz und Respekt

Diese beiden Aspekte sind in mehrfacher Hinsicht wichtig. Akzeptanz und Respekt vor den jeweiligen Arbeitsaufträgen und Ansätzen bilden die Grundlage einer gelingenden Zusammenarbeit. Dazu gehört auch die Akzeptanz der nötigen Distanz zum Kooperationspartner als Teil professionellen Handelns (vgl. Thieme 2005, S. 134). Des Weiteren ist ein möglichst gleichberechtigtes Verhältnis von Mobiler Jugendarbeit und Polizei anzustreben (vgl. Dölker/Hensch/Klaus 2005, S. 161). Das Bewusstsein, dass tatsächliche Gleichberechtigung auf Grund des polizeilichen Machtmonopols nicht möglich ist, darf dabei nicht aus den Augen verloren werden. Akzeptanz und Respekt beziehen sich aber auch ganz konkret auf die Adressaten Mobiler Jugendarbeit. Der Schutz ihrer Anonymität und eine ihnen gegenüber wertschätzende Haltung, welche sie nicht als Mittel zum Zweck missbraucht, sind unabdingbar, um dem Selbstverständnis Mobiler Jugendarbeit gerecht zu werden.

Parteilichkeit

Mobile Jugendarbeit ist da für die Probleme, welche die Adressaten haben, und nicht für die, die sie verursachen! Ordnungspolitische Aufgaben als Arbeitsaufträge Mobiler Jugendarbeit gefährden ihre Parteilichkeit und ihre Anwaltsfunktion für die Zielgruppen. Deswegen ist es ein wichtiger Bestandteil von Gesprächen über Zusammenarbeiten in Bezug auf diese Thematik, klar Stellung zu beziehen und deutlich die Grenzen der eigenen Tätigkeit aufzuzeigen (vgl. Thieme 2005, S. 135-136).

Freiwilligkeit

Mobile Jugendarbeit darf ihr Prinzip der Freiwilligkeit für Kooperationen nicht opfern. Die Adressaten entscheiden selbst, ob und welches Angebot sie annehmen möchten (vgl. ebd., S. 135). Dies ist insbesondere wichtig für eventuelle gemeinsame Angebote von Polizei und Mobiler Jugendarbeit.

Transparenz

Für eine vertrauensvolle Beziehung zu den Adressaten ist es von Bedeutung, dass Mobile Jugendarbeit mögliche Kontakte zur Polizei gegenüber den Zielgruppen transparent und nachvollziehbar gestaltet. Mobile Jugendarbeit muss diesbezüglich sehr sensibel arbeiten, um Zweifeln und Misstrauen keinen Raum zu geben (vgl. ebd., S. 136).

Mit diesen Prinzipien steht Mobiler Jugendarbeit ein solides Grundgerüst zur Verfügung, um mögliche Kooperationen mit Polizei kritisch zu beurteilen. Wenn die dargestellten Vorraussetzungen erfüllt werden können, kann der Blick ins Detail gehen und es können konkrete Möglichkeiten der Zusammenarbeit geprüft werden.

Mögliche Formen der Zusammenarbeit

Es gibt, wie bereits weiter oben angedeutet, ganz verschiedene Ebenen auf denen sich Polizei und Mobile Jugendarbeit begegnen können. Im Folgenden sollen nun konkrete Formen der Zusammenarbeit dargestellt werden. Die Betrachtung einzelner Projekte und Maßnahmen, unter Berücksichtigung der im vorherigen Kapitel dargestellten Vorraussetzungen für eine Kooperation, ist der wichtige Schritt von der eher abstrakten und administrativen Ebene hinein in die Praxis. Gleichzeitig soll jedoch auch auf Grenzen in dieser hingewiesen und weitere mögliche Probleme eingebracht werden. Die interviewten Streetworker benennen vier verschiedene Bereiche, in denen Mobile Jugendarbeit und Polizei zusammenarbeiten.

Als erster Bereich werden gemeinsame Sportveranstaltungen genannt. Beschrieben werden gemeinsam durchgeführte Fußballturniere, welche überwiegend von der Polizei finanziert wurden, bei denen aber dann keine Polizisten anwesend waren. Trotzdem wurde auch den Jugendlichen gegenüber transparent dargestellt, wer die Veranstalter dieser sportlichen Aktivitäten waren. Bei solch einer Zusammenarbeit profitieren letztlich alle Beteiligten. Die Adressaten Mobiler Jugendarbeit bekommen ein Freizeitprogramm geboten, was begeistert angenommen wird. Mobile Jugendarbeit kann mit einem finanziell vergleichbar niedrigen Aufwand an verschiedensten Zielen arbeiten, beispielsweise Teamfähigkeit, interkulturellem Lernen, Akzeptanz und die Vermittlung von Aufmerksamkeit und Anerkennung. Zudem sind diese Turniere immer Möglichkeiten der Kontaktaufnahme, beziehungsweise der Beziehungspflege zu den Adressaten. Für die Polizei sind solche Veranstaltungen Teil ihrer präventiven Arbeit. Gerade bei Fußballturnieren, an denen sehr viele Jugendliche teilnehmen, ist der Nutzen diesbezüglich sehr hoch, wie ein Streetworker erklärt:

»Da hat die Polizei sehr viel davon, weil dann einfach weniger Straftaten zu verzeichnen sind. Und das wissen die Polizisten mittlerweile. Also die Polizei weiß, dass wenn man ein Mitternachtsfußballturnier veranstaltet und da kommen Freitagabend zwischen 20 und 24 Uhr hundert Jugendliche, dass in dieser Zeit diese hundert Jugendlichen keine Straftaten begehen. Dann hat man auch eine ziemlich hohe Wahrscheinlichkeit und eine große Chance, dass die Jugendlichen nach 24 Uhr auch nicht mehr viele Straftaten begehen, weil sie einfach in dieser Zeit von 20 bis 24 Uhr nicht getrunken, nicht gekifft haben, nicht in der Disko sind, sondern vermutlich nach Hause gehen.«

Als zweiter Bereich wird der Informationsaustausch genannt. Dabei geht es um gemeinsame Gremienarbeit mit Gemeinwesenbezügen. Die Gremien sind für Mobile Jugendarbeit, genau wie für alle anderen Beteiligten, von Bedeutung, um an den politischen Diskussionen teilnehmen und die eigenen Interessen darlegen zu können. Es ist daher wichtig, dass auch hier die unterschiedlichen Arbeitsaufträge klar sind. Gerade in Gremien, wie zum Beispiel Präventionsräten, in denen es möglicherweise schnell zu ordnungspolitischen Forderungen an Mobile Jugendarbeit kommen kann, ist eine klare Positionierung von Bedeutung.

Der dritte benannte Bereich bezieht sich auf gegenseitige Weiterbildungen von Polizei und Mobiler Jugendarbeit. Es geht dabei um einen fachlichen Wissensaustausch, der beiden Akteuren zu einer Horizonterweiterung verhilft und Synergieeffekte bewirken kann (vgl. Stiftung Deutsches Forum für Kriminalprävention 2004, S. 16). Konkret genannt werden Weiterbildungen der Mobilen Jugendarbeit für Polizisten zu den Themen interkulturelle Kompetenz und Lebenswelten von Jugendlichen mit Migrationshintergrund, während die Polizei Schulungen zum Thema Drogen speziell für Mobile Jugendarbeit durchführte. Gleichzeitig dienen solche Weiterbildungen auch der Vermittlung des eigenen Arbeitsansatzes und dem Kennenlernen von handelnden Personen. Bei all dem ist jedoch die notwendige Distanz zwischen den Professionen zu beachten. Auf der einen Seite ist es wichtig, diese Distanz vor den Adressaten auch sichtbar zu machen, auf der anderen Seite muss man sich dieser Distanz aber auch selbst immer bewusst sein. Dazu zwei Beispiele:

»Zum einen könnte es natürlich problematische Situationen geben, wenn zum Beispiel Polizisten aus meinem Büro herauskommen, wenn gerade Jugendliche davor stehen und die Jugendlichen dann das Gefühl hätten, dass ich mit der Polizei zusammen sitze und bestimmte Dinge bespreche, dann glaube ich würden die Jugendlichen schon das Vertrauen in mich und in die Arbeit verlieren.

Zum anderen glaube ich, dass die Gefahr besteht, dass man sich als Sozialpädagoge unprofessionell verhält und vielleicht Dinge ausplaudert. Wenn man mit den Polizisten einen engeren, vielleicht sogar freundschaftlich-kollegialen Kontakt hat, dass man anfängt über die Jahre vertraulich zu werden, dass man aus Versehen Informationen weitergibt oder über bestimmte Personen spricht. Das wäre natürlich fatal, das darf nicht passieren. Ich glaube, man darf nie über Personen sprechen, nie über Namen und halt auch nicht über Delikte. Man muss als Sozialarbeiter permanent wissen, dass die Polizei nach dem Legalitätsprinzip arbeitet. Ich glaube, andersherum ist es nicht so wichtig, Polizei ist es relativ egal, ob wir einen akzeptierenden Ansatz haben oder einen verstehenden oder einen begleitenden oder einen helfenden oder einen tröstenden.«

Es ist Teil professionellen Handelns, dass beide Akteure sensibel für solche Situationen sind und beiden Seiten bewusst ist, was für Folgen bestimmte Grenzüberschreitungen haben können. Wichtig ist, dass solche Situationen auch ganz konkret im Vorfeld besprochen werden, um einfach Erwartungen abzugleichen und Missverständnissen vorzubeugen. Auch wenn sich während einer Zusammenarbeit Tendenzen von Grenzüberschreitungen oder fehlender Distanz zeigen, müssen beide Akteure regelmäßig und kontinuierlich Absprachen treffen, um negativen Folgen vorzubeugen.

Der vierte benannte Bereich stellt keine konkrete Form einer Zusammenarbeit dar, ist jedoch auch Teil eines Dialogs zwischen Polizei und Mobiler Jugendarbeit. So berichtet ein Streetworker von einem Konflikt zwischen Jugendlichen und der Polizei. Da keine Lösung absehbar war, lud er beide Parteien zu einer Aussprache in einen Jugendtreff ein, wobei er als Moderator des Gesprächs agierte. So wurde eine Grundlage für einen vernünftigen Austausch geschaffen. Die Jugendlichen wurden dabei im Vorfeld gefragt, ob sie damit einverstanden wären. Ziel und Möglichkeit dabei war es, dass alle Beteiligten einen Nutzen von so einem Treffen haben und auftretende Konflikte in Zukunft anders angegangen werden konnten. Bei all den angesprochenen Formen der Zusammenarbeit sollten, solange die im vorigen Kapitel beschriebenen Voraussetzungen erfüllt sind, keine gravierenden Probleme auftreten. Alle von den Interviewten angesprochenen und dargestellten Probleme beziehen sich entweder auf fehlende Absprachen, mangelndes Vertrauen, ungenügende Akzeptanz des anderen Arbeitsauftrages oder unprofessionelles Verhalten.

Anregung zum Dialog

Es ist schwierig für Mobile Jugendarbeit, wenn die Thematik einer Zusammenarbeit mit der Polizei im Raum steht, jedoch weder handelnde Personen auf Seiten der Polizei noch ihre Ziele und Absichten bekannt sind. Diffuse Vorstellungen und Vermutungen über polizeiliche Strategien sind keine geeignete Basis für eine Kooperation. Solche Mutmaßungen und Erwartungen bilden eher die Grundlage für ein vorurteilbehaftetes Spartendenken, welches wohl nicht selten bei beiden Akteuren auf Grund von Unwissenheit und schlechten Erfahrungen vorzufinden ist. Doch, wie weiter oben dargestellt, versprechen die verschiedenen Formen der Zusammenarbeit einige Vorteile für alle Beteiligten. Nicht zu versuchen, diese zu nutzen, wäre unverständlich. Wahrscheinlich werden sich einige Konflikte allein dadurch schon entschärfen, dass Mobile Jugendarbeit und Polizei in einen Austausch miteinander treten, um sich gegenseitig ihre Aufträge, Ziele und Ansätze zu erklären. Dieser so wichtige Dialog, welcher gleichzeitig damit gekoppelt ist, dass sich die handelnden Personen kennenlernen und somit dann auch klare Ansprechpartner zur Verfügung stehen, kann viel bewirken. Mobile Jugendarbeit sollte es als ihre Aufgabe ansehen, in diesen Dialog zu treten. Dabei muss es nicht einmal um konkrete Ideen zu Kooperationen gehen, denn er verspricht selbst in einer sehr unverbindlichen Form große Vorteile.

Problematisch ist es natürlich, wenn zumindest eine der beiden Seiten das Spartendenken nicht überbrücken kann oder kein Interesse an einer gleichberechtigten Beziehung besteht. Dazu sind zwei Punkte festzuhalten:

Es ist unprofessionelles und unreflektiertes Verhalten, wenn an unbelegten Behauptungen, Mutmaßungen oder Vorurteilen festgehalten wird. Dass solche Gedanken entstehen, wenn keine Verständigung stattgefunden hat, ist jedoch nicht verwunderlich.

Deswegen sollten sich beide Akteure bewusst sein, dass solch ein Verständigungsprozess auch Zeit braucht. Gerade bei so unterschiedlichen Arbeitsaufträgen und -ansätzen, eventuell durch differente Menschenbilder noch zusätzlich geprägt, können Veränderungen nicht sofort eintreten. Sie benötigen Geduld und gegenseitigen Respekt.

Daher ist es für den Beginn eines Dialogs bedeutsam vorn zu beginnen. Die beschriebenen Voraussetzungen sind die Grundlage des Prozesses und als solches sollten sie am Anfang auch im Mittelpunkt der Bemühungen stehen. Da allein auch schon dieser Verständigungsprozess sehr viel bewirken kann, sollte ihm die nötige Zeit gegeben werden, ohne dass von einer Seite unnötiger Druck aufgebaut wird. Gemeinsame Projekte, welcher Art auch immer, sollten erst entstehen, wenn die Voraussetzungen für alle Seiten befriedigend geschaffen wurden. Dabei ist es wichtig, jederzeit die aus den unterschiedlichen Arbeitsaufträgen entstehende Distanz zu wahren, den Dialog kritisch zu betrachten und darauf zu achten, dass die zentralen Ziele der eigenen Arbeit stets klar definiert sind.

Literatur

Alberts, Hans W/Gundloch, Thomas E./Jasper Jörn (2003): Methoden polizeilicher Berufsethik. Das Hamburger Ethikseminar, Frankfurt
Deutsches Forum für Kriminalprävention: URL: http://www.kriminalpraevention.de/downloads/as/gewaltpraev/kj/ Aus_und_Fortbildung.pdf Zugriffsdatum: 27.02.09
Dölker, Frank/Hensch, Natalie/Klaus, Adrian (2005): Streetwork und Polizei im kritischen Dialog, in: Bundesarbeitsgemeinschaft (BAG) Jugendsozialarbeit

(Hrsg.): Jugend Beruf Gesellschaft. Zeitschrift für Jugendsozialarbeit. 56. Jahrgang, Heft 3. 2005, S. 158-162

Gillich, Stefan (Hrsg.) (2005): Ausgegrenzt & Abgeschoben. Streetwork als Chance, Gelnhausen

Günther, Manfred (2005): Beziehungen zwischen Jugendsozialarbeit und Polizei. Eine Zwischenbilanz zur Lage der modernen Jugendgewaltprävention. Rechte, Probleme, Prozesse, Perspektiven, in: Bundesarbeitsgemeinschaft (BAG) Jugendsozialarbeit (Hrsg.): Jugend Beruf Gesellschaft, Zeitschrift für Jugendsozialarbeit, 56. Jahrgang, Heft 3. 2005, S. 147-153

Haupert, Bernhard (2005): Ausgrenzung als Kern neoliberalen Denkens. Antworten der aufsuchenden Sozialarbeit, in: Gillich, Stefan (Hrsg.): Ausgegrenzt & Abgeschoben. Streetwork als Chance. Gelnhausen, S. 18-36

Krafeld, Franz-Josef (2004): Grundlagen und Methoden aufsuchender Jugendarbeit. Eine Einführung, Wiesbaden

Kugelmann, Dieter (2006): Polizei- und Ordnungsrecht, Berlin – Heidelberg

Landesarbeitskreis (LAK) Mobile Jugendarbeit (MJA) Sachsen e.V. (Hrsg.) (2007): Fachliche Standards. o. O. URL: http://www.mja-sachsen.de/mja-sachsen/material/lak_standards_2007.pdf, Landesarbeitskreis Mobile Jugendarbeit Sachsen e.V. Zugriffsdatum: 27.02.09

Simon, Titus (Hrsg.) (2001): Wem gehört der öffentliche Raum. Zum Umgang mit Armen und Randgruppen in Deutschlands Städten, Opladen

Stiftung Deutsches Forum für Kriminalprävention (Hrsg.) (2004): Förderung von Vernetzung und Kooperation insbesondere durch Aus-, Fort- und Weiterbildung am Beispiel von Polizei und Jugendsozialarbeit in der Gewaltprävention, o. O.

Thieme, Klaus (2005): Kooperation. Jetzt wird's kritisch, in: Gillich, Stefan (Hrsg.): Ausgegrenzt & Abgeschoben. Streetwork als Chance, Gelnhausen, S. 132-137

»Es wird nichts so heiß gegessen, wie es gekocht wird« – Haltungen und Einstellungen als Ressource Sozialer Fachkräfte zur Gesunderhaltung im Berufsalltag

Irmhild Poulsen

Wenn ein 50-jähriger Sozialarbeiter aus dem Tätigkeitsfeld der Jugend- und Erwachsenenbildung mit 24-jähriger Berufserfahrung so eine Aussage trifft auf die Frage, welche Einstellungen und Sichtweisen er allgemein für den Umgang mit Anforderungen, Problemen und Aufgaben im Berufs- und Lebensalltag hat, dann lässt diese Antwort auf eine reife Gelassenheit schließen, die ihm hilft, im Job fit und gesund zu bleiben, und die sicher auf längere Sicht weiterhin zu seiner Burnoutprävention beiträgt.

In der Sozialen Arbeit haben Fachkräfte Einblicke in schwierige Lebensumstände von Menschen, hervorgerufen durch biografische Brüche, Verelendungen, Suchtmittelabhängigkeit, Armut, schwere psychische und physische Erkrankungen. Sie erleben stark belastende Lebensschicksale, vernachlässigte und verwahrlose Kinder; tragen dadurch große Verantwortung und sind durch hohes Engagement für ihre Klientel in besonderer Weise gefordert. Der Balanceakt zwischen Nähe und Distanz, zwischen sich engagieren und abgrenzen können ist zu meistern, um nicht »auszubrennen« und dauerhaft zu erkranken. Klienten und Anstellungsträger erwarten Engagement und professionelles Handeln, viele Hände greifen nach jeder Fachkraft. Steigende Fallzahlen und Engpässe in Einrichtungen fordern zunehmend, eigene Grenzen immer weiter auszudehnen. Das kann krank machen. Wer viel Feuer für den Job entwickelt, muss für ausreichend ›Brennstoff‹ sorgen. Was aber ist guter ›Brennstoff‹ für die Fachkräfte??

Ich war selbst viele Jahre als Sozialarbeiterin in der niedrigschwelligen Jugendarbeit tätig und habe 25 Jahre lang im Hochschulbereich Fachkräfte ausgebildet; mir ist aufgefallen, dass Stress, Druck, Zeitnot und Belastungen in den letzten Jahren in der Berufspraxis zugenommen haben. Hohe Krankenstände und längere Fehlzeiten, aufgrund von zu viel empfundenem Stress, Mitarbeiter/innen, die bereits die »innere Kündigung« ausgesprochen, die Fluchtgedanken haben, nur noch Dienst nach Vorschrift leisten, die – aus Selbstschutz – einen ständigen Zynismus an den Tag legen, die demotiviert und nicht mehr kreativ sind, kosten das Individuum viel seelische Kraft und die Träger und Einrichtungen Sozialer Arbeit viel Geld.

Das haben mittlerweile auch die Träger, Personalverantwortliche und Leitungspersonen in Institutionen und Einrichtungen erkannt und organisieren Workshops und Fortbildungen. Das Thema der Burnoutprävention für ihre Fachkräfte liegt ihnen am Herzen: Der konstruktive Umgang mit Stress und Belastungen im Berufsalltag, in der spannenden Tätigkeit mit und für Menschen. Es ist eine Zeiterscheinung der Moderne, dass wir alle im Berufs- und Lebensalltag mit Stress, Hektik oder Lärmbelastung konfrontiert sind. Dies lässt sich nicht verhindern. Der konstruktive Umgang mit Stress, also die Aneignung hilfreicher Bewältigungsstrategien lässt sich allerdings erlernen.

In zahlreichen Tagesworkshops, Wochenendseminaren und bei größeren Vorträgen – auch in Personalvertretungen großer Kommunen und in den verschiedensten Arbeitskreisen – zum Inhalt »Guter Umgang mit Stress und Belastungen im Alltag Sozialer Arbeit«, konnte ich in den letzten Jahren viele interessante Erfahrungen machen. Die gesetzlichen Krankenkassen fördern und bezuschussen jede Teilnahme zur Stressbewältigung und Vermittlung von Entspannungsmethoden, um gesundheitlichen Beeinträchtigungen präventiv zu begegnen, anstatt sie kostenintensiv behandeln zu müssen, wenn ›das Kind dann doch in den Brunnen gefallen ist‹.

Die Stresstheorie von Lazarus basiert auf der Annahme einer dynamischen Beziehung zwischen der Person, den Ereignissen, inneren Haltungen und eigenen Wertvorstellungen. Ob eine Situation als Stress erlebt wird, ist abhängig von der subjektiven Wahrnehmung des Individuums und seiner kognitiven Bewertung. Was den einen völlig nervt, überfordert und ›kribbelig‹ macht, lässt einen anderen ›völlig kalt‹. Sind keine Bewältigungsstrategien vorhanden, einer belastenden, Stress geladenen Situation gut zu begegnen, wird diese als bedrohlich, belastend und krank machend erlebt. Dauerstress und ein zu hohes Belastungsniveau haben Folgen. Diese Folgen sind hinlänglich bekannt und müssen hier nicht nochmals aufgelistet werden. Unser Körper und unser Geist benötigen gerade in helfenden Berufen, im täglichen Umgang mit Menschen, unbedingt Erholungs-, Entspannungs- und Ruhephasen, um die geistige und körperliche Leistungsfähigkeit, die innere Balance und die Arbeits- und Lebensfreude zu erhalten.

In unseren Workshops und Seminaren ist immer wieder auffällig, dass viele Fachkräfte heute den zur seelischen und körperlichen Regenration notwendigen Wechsel zwischen Anspannung und Entspannung nicht mehr herstellen können – sie leben in einer permanenten Anspannungssituation, reiben sich auf für ihre Klienten und meinen, ohne sie gehe gar nichts. Eine Teilnehmerin äußerte, dass sie sich bedingt durch Kündigung von Kollegen und einem hohen Krankenstand des restlichen Teams einfach der Klientel verpflichtet fühle. Sie wolle diese Menschen ›nicht hängen lassen‹. Sie selbst war jedoch völlig fertig und brach weinend zusammen. In solchen Situationen wird mit der Gesundheit hoch gepokert, oftmals fast bis zum Zusammenbruch. Das Immunsystem verweigert seinen Dienst, es folgen häufige und heftige Erkältungen, der Rücken und Nacken schmerzt permanent, man klagt über fehlende Energie, Kopfschmerzen, Müdigkeit und Erschöpfung, Schlappheit, Rastlosigkeit, innere Unruhe, nicht mehr abschalten können, Schlafstörungen. Diese Symptome entstehen öfters und länger anhaltend. Oftmals stehen die Symptome mit Stresserleben im Berufsalltag und im Privatleben in engem Zusammenhang. Viele Menschen haben heute verlernt, gut für sich zu sorgen.

Aufgrund der derzeitigen Finanzkrise erlebe ich bei Fachkräften in den Institutionen und Einrichtungen verstärkt latente Ängste und ganz offen geäußerte Befürchtungen. Sinken die staatlichen Einnahmen, bleibt auch weniger Geld für soziale Einrichtungen übrig. Es herrscht in vielen Einrichtungen die Besorgnis, dass das Belastungsniveau zukünftig noch steigen und die Arbeit auf noch weniger Schultern verteilt werden wird. In dieser Situation ist es existentiell notwendig, dass Fachkräfte Stressbewältigungsmaßnahmen kennen und praktizieren, denn wem nutzen ausgebrannte, permanent unter Stress und Druck stehende Mitarbeiter? Zu diesen Bewältigungsstrategien zählen unter anderen ganz wesentlich innere Haltungen, Sichtweisen und Einstellungen zu sich selbst, zu den gestellten Aufgaben, zum Berufsleben allgemein. Aber wie entstehen diese »inneren Haltungen«, die ja nicht angeboren oder vom Himmel gefallen sind? Sind sie entstanden durch Erfahrung? Sind sie durch Therapien hart erarbeitet? Oder sind sie ein Ergebnis von Reflexion, Erkenntnis und verändertem Verhalten?

In 2007 habe ich im Auftrag der Hans-Böckler-Stiftung ein Forschungsprojekt mit dem Titel »Feuer braucht Brennstoff – Was hält soziale Fachkräfte fit?« durchgeführt. Einige ausgesuchte Ergebnisse zu diesen inneren Haltungen und Einstellungen zur Gesunderhaltung werden anschließend dargestellt. Die gesamten Ergebnisse sind mittlerweile als Buch publiziert (siehe Literatur). In diesem Forschungsprojekt wurde auf der Grundlage Antonovskys Salutogenese der Frage nachgegangen, wie es Fachkräften im Berufsfeld Sozialer Arbeit auch nach langjähriger Tätigkeit gelingt, in diesem verantwortungs- und anspruchsvollen Beruf auf Dauer gut für sich selbst zu sorgen und unter dem allgemein hohen Stressniveau dennoch nicht »auszubrennen«. Es wurden hierzu mittels qualitativer Fragebögen 30 Fachkräfte in ganz Deutschland aus den unterschiedlichsten Tätigkeitsfeldern Sozialer Arbeit zu ihren Stärken und Fähigkeiten befragt, wie sie im Berufsalltag den täglichen Herausforderungen begegnen und dabei fit und gesund bleiben. Teilnahmevoraussetzung war eine mindestens 10-jährige Berufstätigkeit im sozialen Bereich auf der Mitarbeiterebene und die Selbstwahrnehmung, immer noch engagiert, fit und mit Elan die täglichen Aufgaben und Herausforderungen zu meistern, von den normalen Schwankungen, wie in jedem Beruf, abgesehen. Aus den Ergebnissen lassen sich interessante Schlussfolgerungen ziehen.

Die Fragen der Untersuchung beinhalteten die Wahrnehmung von Stressoren, die Unterstützung des Trägers und der Mitarbeitervertretung, das Vorhandensein innerer Ressourcen, die Einschätzung der eigenen Stärken und Fähigkeiten, Handlungsstrategien und Kraftquellen im Umgang mit Stress, aber vor allem auch Fragen nach den inneren Einstellungen allgemein für den Umgang mit schwierigen und problematischen Anforderungen. Eingegrenzt auf diese inneren Haltungen sollen hier die direkten Aussagen vorgestellt werden auf die Frage: Welche Einstellungen, Sichtweisen und Lebenshaltungen haben Sie allgemein für den Umgang mit Anforderungen, Problemen und Aufgaben im Berufs- und Lebensalltag? Die Antworten lassen uns nachdenklich werden und wir können sicher daraus Denkanstöße gewinnen. In Klammern stehen jeweils, Alter, Geschlecht, Tätigkeitsfeld und Dauer der Jahre in der Sozialen Arbeit. Diese Aussagen waren im Einzelnen:

- Soziale Arbeit ist Handwerk. Ich biete den Menschen mein Wissen, damit sie entscheiden können, ob und wie sie es für sich nutzen können. Ich bin jedoch nicht für andere Menschen »verantwortlich«. Verantwortung übernehme ich für mich und meine Kinder. Ich gebe so viel, wie meine Kraft »erlaubt«, die ganze Kraft gehört jedoch mir! (47, w., Sozialpädagogische Familienhelferin, 24 Jahre in der Sozialen Arbeit)
- Ich gehe »mit Biss« an die Arbeit. Ich orientiere mich grundsätzlich nicht an den Schwächeren oder Schlechteren, sondern vergleiche meine Arbeit mit der von Kollegen, die besser sind als ich. (47, m., Bezirkssozialarbeit, 12 Jahre in der Sozialen Arbeit)
- Die Arbeit ist da, um erledigt zu werden, jede bewältigte Herausforderung gibt Zufriedenheit und Motivation für neue Aufgaben, Freude am Erleben, Erfolge! (47, w., Suchthilfe, 25 Jahre in der Sozialen Arbeit)

- Ich bin gesund, fit, intelligent. Ich werde damit fertig. Ich habe Freunde/Kollegen, die mich unterstützen. (47, w., ASD, 16 Jahre in der Sozialen Arbeit)
- Möglichst gelassen bleiben. Nicht in die Stressspirale kommen. Wichtiges vom Unwichtigen trennen. Zunächst ist es wichtig, dass es mir gut geht. Grenzen ziehen, spüren. (45, w., Erwachsenenbildung, 16 Jahre in der Sozialen Arbeit)
- Möchte nicht am Fließband stehen und mich vom Chef scheuchen lassen, bin mir meiner »Freiheiten« bewusst. Habe psychische Stärken, die ich einsetzen kann. Habe Lösungsstrategien und kann diese umsetzen. Ich fühle mich nicht hilflos. Ich kenne meine Grenzen und versuche, sie zu wahren. Ich werde krank, wenn ich nicht gut genug auf mich achte. (49, w., ASD, 23 Jahre in der Sozialen Arbeit)
- Arbeit macht mir grundsätzlich Spaß und ich gehe gerne an die Arbeit, ich möchte kollegial arbeiten, gegenseitige Achtung von Wünschen und Interessen, alle haben ein Recht auf Rücksichtnahme, so auch ich. (41, m. GWA, 15 Jahre in der Sozialen Arbeit)
- Probleme finden oft ihre eigene Lösung ohne mein Zutun, es wird nichts so heiß gegessen, wie es gekocht wird, wenn ich ausreichend große »Berge« vor mir habe, arbeite ich sie Schritt für Schritt ab. (50, w. JEB, 24 Jahre in der Sozialen Arbeit)
- Arbeit ist Arbeit und Freizeit ist Freizeit, am besten keine Probleme »mitnehmen«, mit sich selbst und der Umwelt im »Reinen« sein, Stressfaktoren bearbeiten, bzw. mit ihnen positiv umgehen, Hilfe einfordern. (42, m., Jugendhilfe, 20 Jahre in der Sozialen Arbeit)
- Anforderungen verantwortungsvoll bearbeiten, nicht bei der ersten Krise resignieren, Probleme offen in Angriff nehmen, Hilfe einfordern, nicht seine Kräfte und Motivation ausreizen. (34, w., Behindertenhilfe, 10 Jahre in der Sozialen Arbeit)
- Regelmäßiges Reflektieren meines Arbeitsfeldes, meiner Arbeitsweise, wo *meine* Aufgaben sind, *meine* Zuständigkeiten, auszuhalten, Gegebenes so zulassen, Mut zur Lücke, zu sich selbst stehen, auch wenn es mal nicht so klappt, auch meine Fehler ... Nur, wer nichts tut, macht nichts falsch. Gnädig mit sich selbst sein. (50, w., Sozialer Dienst im Pflegeheim, 15 Jahre in der Sozialen Arbeit)
- Sich den Problemen stellen und sie offen und ehrlich angehen, Abgeben (auch an die höhere Macht), wenn alles gemacht ist, eigene Grenzen akzeptieren, Hilfe durch andere annehmen (gegenseitiges Geben und Nehmen), sich fair und ehrlich zeigen, authentisch sein, zu Gefühlen ste-

hen, Spaß haben und weitergeben.(47, m., Bezirkssozialarbeit, 21 Jahre in der Sozialen Arbeit)
- Alles ist begrenzt, auch ich. Je klarer ich bin, umso besser können andere mit mir umgehen. Das Leben ist zu kurz, um es zu vergeuden. Ich bin überzeugt, dass meine Arbeit sinnvoll ist und etwas bewirkt. (56, m., Jugendhilfe, 22 Jahre in der Sozialen Arbeit)
- Gehe an vieles sehr sachlich und distanziert heran, ist besonders für Krisensituationen und unübersichtliche Arbeitssituationen hilfreich. Um manche Dinge muss man sich auch erst kümmern, wenn sie mal da sind, auch mal was liegenlassen. Meine fachlichen und persönlichen Möglichkeiten und Grenzen kenne ich gut. (51, w., Krisenintervention/Jugendamt, 26 Jahre in der Sozialen Arbeit)
- Geteiltes Leid – ist halbes Leid. Problematische Anforderungen etc. beleben und fordern »raus«. Wenn's zu viel wird: Hilfe holen. Viel Energie einsetzen, um gute Bedingungen zu schaffen, sich selbst und die eigenen Handlungen relativieren können, vertraute und liebe Menschen haben, Menschen achten, wertschätzen und manche lieben. (55, w., Suchthilfe, 30 Jahre in der Sozialen Arbeit)
- Humanistisches Menschenbild, ganzheitliche Sichtweise, Körper-Geist-Seele, Religionsweisheiten und Glaube (58, w. Psychiatrische Hilfen, 32 Jahre in der Sozialen Arbeit)
- Ich bin – und fühle mich – grundsätzlich nicht für die Probleme und Lebenssituation der Klienten verantwortlich (Abgrenzung). Ich bin mir bewusst, dass meinen Hilfsmöglichkeiten auch Grenzen gesetzt sind, die ich gut akzeptieren kann (48, m., Suchthilfe, 23 Jahre in der Sozialen Arbeit)
- Ich versuche, »meine Sache« möglichst gut zu machen: sorgfältig und gewissenhaft – was ich nicht schaffe, »hat halt nicht sollen sein«, aber ich habe meinen Beitrag geleistet; ich neige zu Perfektionismus und versuche deshalb derzeit, Dinge schneller abzuschließen und mit 80%-Lösungen zufrieden zu sein; ich versuche stets wahrzunehmen, wie es den anderen Beteiligten geht; ich versuche, großzügig und wohlwollend mit den anderen Beteiligten umzugehen (weil ich erwarte und erlebe, dass sie auch mit mir großzügig sind); ich versuche, mich auf Ressourcen und Lösungen zu konzentrieren statt auf Defizite (34, m., Jugendhilfe, 10 Jahre in der Sozialen Arbeit)
- Offenheit für Neues, Probleme sind Herausforderungen, keine Belastungen. (47, m., Jugendhilfe, 21 Jahre in der Sozialen Arbeit)
- Ich kann das machen, was im Rahmen meiner Möglichkeiten steht, kurz-

fristig bin ich bereit, auch mal über meine Grenzen zu gehen, jedoch nur im überschaubaren Maße und wenn ich spüre, dass es sich lohnt. Herausforderungen reizen mich, auf Neues bin ich neugierig, ich setze mich gerne auseinander, Lösungen im Team zu entwickeln ist ein bereichernder Prozess. (51, w., Suchthilfe, 30 Jahre in der Sozialen Arbeit)
- Anforderungen und Herausforderungen fordern und fördern mich – ich entdecke, was in mir steckt, hinterher bin ich zufrieden. Ich benutze das Wort Stress fast nie – erlebe aber, dass viel los ist und zu tun ist und genieße dann auch, wenn es wieder ruhigere Zeiten gibt. Oft erleben andere Stress oder ein Problem, was ich lockerer, gelassener sehe. (50, w., Altenhilfe, 26 Jahre in der Sozialen Arbeit)
- Wirklich wichtige Aufgaben und Probleme zuerst lösen, alles andere nachrangig bearbeiten, ein Schritt nach dem anderen. Ich kann nur so viel leisten, wie ich leisten kann und Zeit zur Verfügung habe. Ich bin in meiner Arbeit nur gut, wenn ich mich nicht zu sehr auspowere und genügend Abstand und Kraftquellen habe, Aufgaben und Anforderungen immer auf mehrere Schultern verteile. (37, w., Jugendhilfe, 14 Jahre in der Sozialen Arbeit)
- Ich muss nicht immer die Beste sein, gut zu sein, reicht aus. Ich bin nur für eine kurze Spanne auf dieser Erde, ich mache das Beste daraus. Privatleben hat einen höheren Stellenwert als Arbeitsleben! (58, w., Psychiatrische Hilfen, 15 Jahre in der Sozialen Arbeit)
- Positive Grundeinstellung, Humor, (dunkle Phasen hat jeder mal), Wertschätzung gegenüber Familie, Freunden, Kollegen – für sie habe ich immer ein Ohr. Ich ziehe mir nicht breitflächig das Unglück und die Unzufriedenheit anderer rein. (45, w., Behindertenhilfe, 25 Jahre in der Sozialen Arbeit). (Poulsen 2008, S. 83ff).

Diese Haltungen sind Bewertungs- und Bewältigungsreaktionen und zeigen, dass es ganz deutlich innere Einstellungen sind, die das individuelle Empfinden und die Wahrnehmung prägen. Eine klare pragmatische Annäherung an das Berufsfeld, die Relevanz der Selbstfürsorge, die Erkenntnis, dass man nur hilfreich für andere sein kann, wenn es einem auch selbst gut geht, die Kunst der Gelassenheit und inneren Stärke, eine optimistische Grundeinstellung und die Fähigkeit, einen gesunden Optimismus zu entwickeln, der eine zuversichtliche Lebenseinstellung beinhaltet, bedeutet, dass sich die Dinge auch wieder ›einrenken‹, dass sie sich regeln werden, wenn mal was schiefläuft. Man akzeptiert die Realität und verlässt sich auf ›bessere‹ Zeiten. Diese Beschäftigten lassen sich nicht den Wind aus den Segeln nehmen, wenn etwas nicht klappt, sondern sagen sich: Dieses Mal hat es nicht geklappt, das nächste Mal wird es besser werden. Die Untersuchungsergebnisse verweisen darauf, dass einige der Fachkräfte durchaus den Erfolg ihrer Arbeit, ihrer Tätigkeit wahrnehmen und die Wirksamkeit ihrer Bemühungen deutlich erkennen können. Es ist jedoch auch ein realistisches Einschätzungsvermögen der eigenen Handlungsreichweite erkennbar, und es herrscht reflektierte Klarheit darüber, dass nicht immer alles gelingt und dass die eigenen Bemühungen durchaus auch Grenzen erfahren.

Wenn's zu viel wird – Hilfe holen!

Immer wieder überrascht die Fähigkeit in den Aussagen, eher leicht um Hilfe bitten zu können (bei Kollegen, Freunden, Familie). Das lässt bei den Einzelnen auf ein reflektiertes Selbstbewusstsein und Selbstwertgefühl schließen. Hilfe zu erbitten oder einzufordern, befreit den Menschen von etwaigen omnipotenten Selbstansprüchen und befähigt ihn, ›abzugeben‹ und ›loszulassen‹. Das impliziert auch Religiosität und Glaube, was deutlich wird in der Aussage: »Abgeben, auch an die höhere Macht«. Die Kolleginnen und Kollegen stehen allgemein »hoch im Kurs«, und wenn Hilfestellung notwendig wird, werden diese häufig als erste angefragt. Die gemeinsame Entwicklung von Lösungen im Team wird als bereichernd erlebt, Kolleginnen und Kollegen als Unterstützungsressourcen wahrgenommen und nicht als ›Konkurrenten‹, die vielleicht etwas besser machen können als man selbst.

Abgrenzen und Nein sagen

Die Fähigkeit, eigene Grenzen zu spüren, sie wahrzunehmen und auch deutlich setzen zu können, sowie die subtilen oder deutlichen Körpersignale in Stresssituationen wahrzunehmen und entsprechend gegenzusteuern, ist gesund erhaltend und erhält die Freude und den »Spaß« an der Arbeit in diesem Beruf. Ein klares Selbstbewusstsein über die eigenen psychischen Stärken, sowie die Überzeugung, über diverse Lösungsstrategien zu verfügen, helfen die auftauchenden Probleme und Anforderungen gut zu bewältigen. Aus einigen Aussagen spricht eine tiefe Zuversicht, ein Urvertrauen in sich selbst, also eine Grundhaltung, im Leben alles meistern zu können.

In der Balance sein, seine Kräfte nicht überstrapazieren und damit haushalten, sowie Durchhaltevermögen und Dranbleiben in kniffligen Situationen zeigen deutlich, dass diese Einstellungen im Berufsalltag hilfreich sind, um sich nicht durch die Aufgaben erdrücken zu lassen. Auch den Alltag nach eigenen ethischen Werten zu leben und zu gestalten (Fairness, Ehrlichkeit, Authentizität, Offenheit) und nach Religionsweisheiten und dem eigenen Glauben auszurichten, sowie sich auch nach langjähriger Berufstätigkeit noch die Neugier und das Interesse am Menschen zu bewahren, sind wichtige innere Lebenshaltungen, die diesen Fachkräften mithelfen, ihre Arbeitsfähigkeit auf Dauer zu bewahren.

Perfektionismus schadet

In der Burnoutforschung heißt es ja immer wieder, dass besonders perfektionistisch geprägte Menschen vom Ausbrennen betroffen sind. Die Aussagen hierzu zeigen in die Richtung, dass sich die betreffenden Fachkräfte durchaus ihres hohen Anspruchs bewusst sind und sich daher zielgerichtet und bewusst darin »üben«, mehr Lebensqualität durch einen verringerten Selbstanspruch zu erlangen. Diese Fachkräfte werden gute Chancen haben, auch weiterhin im Berufsfeld zu bleiben – sie werden jedenfalls nicht an ihren zu hohen Selbstansprüchen scheitern.

Der Schlüssel zum Wohlbefinden in diesem Berufsfeld liegt in der Balance der vier grundlegenden Lebensbereiche: dem mentalen, sozialen, spirituellen und körperlichen Leben. Die vorliegenden Ergebnisse eröffnen eine optimistische Herangehensweise: Der Blick richtet sich nicht nur auf die von den Fachkräften wahrgenommenen Stressoren im Berufsalltag, auf die ausbremsenden Faktoren, sondern im Vordergrund stehen die herausgefilterten Einstellungen und Lebenshaltungen, Sicht- und Handlungsweisen, die auf Dauer gesund erhalten. Im Fokus sind die Kompetenzen und Bewältigungsressourcen jeder einzelnen Fachkraft. Es ist deutlich geworden, dass die dargestellten Fähigkeiten im Laufe einer langjährigen Berufserfahrung gelernt werden können, was die Chance impliziert, dass dies bei vorhandener Aufmerksamkeit von jedem selbst erlernt werden kann. Hier wendet sich der Fokus auch deutlich auf die Ausbildung zur Fachkraft: die Konzipierung von Präventionsmaßnahmen zur Verhinderung eines möglichen Burnouts, die in die Entwicklung curricularer Konzepte unbedingt mit einfließen sollten, ist unbedingt erforderlich und längst überfällig; bereits hier muss zukünftig die Gesundheitsprävention stärker fokussiert und thematisiert werden, um belastende Alltagsanforderungen und problematische Situationen im Beruf mit »gesunder Selbstfürsorge« für die seelische und körperliche Gesundheit zu meistern.

Die Suche nach dem Gleichgewicht zwischen Arbeit, Familie und Freizeit, das Ringen um Einklang von Körper, Geist und Seele beschäftigt heute zunehmend mehr Menschen als noch vor 20 Jahren. Der »Wellness Boom« der letzten Jahre greift ein individuelles Bedürfnis nach mehr Wohlergehen, Wohlsein und Wohlbefinden in einer zunehmend hektischen und unüberschaubaren Welt auf. Beginnen lässt sich mit einem veränderten Fokus auf den eigenen Umgang mit Zeit und der bewussten Entscheidung und Wahl, neue Wege einzuschlagen und auszuprobieren. Denn alles befindet sich in einem rhythmischen Wechsel von Werden und Vergehen, Schlafen und Wachen, Arbeiten und Pause machen, Anspannung und Entspannung, Produktivität und Regeneration. Wer das verstanden und verinnerlicht hat, wird sich auf den Weg machen, einem Burnout vorzubeugen und seinem Stress konstruktiv zu begegnen. Es ist ein Weg hin zur Selbstkultur im Wechselspiel der Maximen »Erkenne dich selbst« (Sokrates) und »Befiehl dir selbst« (Cardano; berühmter Arzt, Philosoph, Mathematiker und Naturwissenschaftler des 16. Jahrhunderts).

Die zentrale Frage, wie diese »Selbstkultur« gelernt werden und ein guter Umgang mit Stress und Belastungen im Berufsalltag zur individuellen Burnoutprävention verwirklicht werden kann, vermitteln wir in unseren Seminaren und Tagesworkshops mit Fachkräften der Sozialen Arbeit, die wir seit einigen Jahren erfolgreich durchführen. Der Austausch in der Gruppe hilft hierbei, gibt Impulse, erweitert das eigene Blickfeld. Hierin besteht eine große Chance: Durch Bewusstwerdung eigener Strukturen und der Bereitschaft, an sich zu arbeiten, Mut zu Neuem und Offenheit für einen neuen Fokus auf die Alltagsherausforderungen lässt sich sukzessive auch Einfluss auf Veränderungen an den eigenen Berufs- und Alltagsbedingungen vornehmen und lernen, gezielt aufmerksam mit sich selbst umzugehen und gut für sich selbst zu sorgen. Es bleibt zu hoffen, dass dies den Fachkräften innerhalb der Sozialen Arbeit – in diesem interessanten und spannenden Beruf mit Menschen zukünftig gut gelingen wird.

Unsere Workshops und Seminare sind von den großen Krankenkassen nach dem Grundsatz zur Prävention als Gesundheitsvorsorge anerkannt und werden bezuschusst. Wir kommen im Rahmen der Fortbildungsmöglichkeiten zu Tagesworkshops direkt in die Einrichtung und arbeiten zu Themen rund um Stressbewältigung und Burnoutprävention, auf das jeweilige Tätigkeitsfeld zugeschnitten. Alle Mitarbeiterinnen und Mitarbeiter des Instituts kommen aus sozialen Tätigkeitsfeldern, nähere Infos unter: www.burnout-institut.de.

Literatur

Antonovsky, Aaron (1997): Salutogenese. Zur Entmystifizierung der Gesundheit, Tübingen

Bundeszentrale für gesundheitliche Aufklärung (BzgA) (2001): Was erhält Menschen gesund? Antonovskys Modell der Salutogenese – Diskussionsstand und Stellenwer, Köln

Poulsen, Irmhild (2007): Raus aus der Sackgasse! Hilfen bei Stress und Belastung im Alltag Sozialer Arbeit, in: Sozialmagazin. Die Zeitschrift für Soziale Arbeit, 10/2007, S. 11-21

Poulsen, Irmhild (2008): Burnoutprävention im Berufsfeld Soziale Arbeit. Perspektiven zur Selbstfürsorge von Fachkräften, Wiesbaden

II. Praxisfelder

Von der bunten Konsumwelt in die Schuldenfalle: Möglichkeiten und Grenzen im Streetworkalltag

Mandy Grazek/Sandy Hildebrandt

1 Schulden sind immer Thema

Circa 7 Millionen Menschen befinden sich derzeit in der Schuldenfalle. Die Gründe dafür können sehr vielschichtig sein. Ursache für die Überschuldung sind oftmals kritische Lebensereignisse oder unerwartete Umbrüche im Leben. Es fällt auf, dass es insbesondere Kindern und Jugendlichen zunehmend an Fähigkeiten und auch Willen fehlt, mit den verfügbaren finanziellen Mitteln zurechtzukommen und zu haushalten. Laut Institut für Jugendforschung hatten 2004 ca. 12 Prozent der Jugendlichen Schulden.

Es ist davon auszugehen, dass die Brisanz dieser Problematik noch zunehmen wird. Daher ist die Schuldnerberatung bzw. der Umgang mit verschuldeten jungen Menschen in der Straßensozialarbeit ein unverzichtbarer Bestandteil der Arbeit. Zum einen wollen wir erläutern, welche Präventionsarbeit geleistet werden kann, um Jugendliche für das Thema zu sensibilisieren sowie einen verantwortungsvolleren und bewussteren Umgang mit den ihnen zur Verfügung stehenden Mitteln zu erlernen. Zum anderen geben wir einen kurzen Einblick in Schuldenarten, die Schritte der Gläubiger und Regulierungsmöglichkeiten, um eine umfassende Beratung unserer Klientel leisten zu können. Dabei steht keinesfalls die Bereinigung aller Schulden an erster Stelle, als vielmehr eine Auseinandersetzung mit den eigenen Schulden, die Schaffung eines Überblicks der Gläubiger, eine Begrenzung des Schuldenanstiegs sowie die Krisenintervention, z. B. bei Räumungsklagen, Haftandrohung etc.

2 Definitionen, Ursachen und Auswirkungen von Schulden

Als *Schulden* bezeichnet man die rechtliche Verpflichtung zur Erbringung einer Leistung, die meistens in einer Zahlung besteht. Schulden macht, wer sich Geld leiht. Das kann eine Privatperson ebenso sein wie ein Unternehmen oder der Staat. Derjenige, der das Geld verleiht, wird damit zum Gläubiger oder Forderungsperson, derjenige, der es in Anspruch nimmt, zum Schuldner oder zahlpflichtigen Person.

Eine *Verschuldung* liegt dann vor, wenn Forderungen bestehen, die man sofort oder in Zukunft (Raten) begleichen kann.
Eine *Überschuldung* ist dann gegeben, wenn das monatliche Einkommen dauerhaft nicht ausreicht, die fixen Lebenshaltungskosten (Miete, Energie, Versicherung etc.), Ernährung sowie fällige Raten und Rechnungen zu bezahlen.

Mögliche Ursachen einer Überschuldung
Wie bereits im ersten Abschnitt kurz erwähnt, sind Gründe einer Überschuldung sehr vielfältig. Sie reichen von Arbeitslosigkeit, Krankheit, Trennung bis hin zum übersteigerten Konsum. Bedeutsame Aspekte sind im Folgenden aufgelistet, ohne Anspruch auf Vollständigkeit:
Unvorhergesehene oder kritische Lebensereignisse: Arbeitslosigkeit; Wegfall von Einkommen; Trennung/Scheidung; Unfall; Krankheit; Geburt eines Kindes.
Bildungs- und Erfahrungsdefizite: fehlende Ausbildung; geringes Einkommen; Unerfahrenheit und Unwissenheit in Geldgeschäften; mangelnde wirtschaftliche Planungskompetenz, z. B. unrealistische Einschätzung der eigenen Möglichkeit (Ratenzahlung: Höhe und Dauer).
Konsumverhalten: Konsum als Ausdruck der Zugehörigkeit; symbolische Bedeutung größer als der Gebrauchswert; Kaufrausch als ein Ausgleich zum Alltag.

Folgen von Überschuldung
Eine Überschuldung führt nicht nur zu finanziellen Problemen, es treten in diesem Zusammenhang viele weitere soziale, psychische, aber auch existenzielle Folgeerscheinungen auf wie:
Finanzielle Folgen: Drastische Senkung des Haushaltsbudgets mit erheblichen Einschränkungen in der täglichen Versorgung; Fehlen finanzieller Reserven für unvorhergesehene Ereignisse; Gehalts- und Lohnpfändungen mit möglicherweise anschließendem Verlust des Arbeitsplatzes; Aufnahme von Krediten mit der Folge der weiteren Überschuldung; Armut.
Psychisch-soziale Folgen: Stress und Überbelastungssituationen für Eltern und Kinder, erhöhte Reizbarkeit im Umgang miteinander; Zerstörung der ehelichen und familiären Gemeinschaft; Zukunftsangst, Hilflosigkeit; Schuld-, Scham- und Versagensgefühle; Aufbau von Aggressionen, Gewalt; Krankheit, Verwahrlosung; Isolation; gesellschaftliche Diskriminierung.
Existenzielle Folgen: Einstellung der Energieversorgung für die Wohnung; Wohnungsverlust; Obdachlosigkeit.

Jugendspezifische Ursachen für Verschuldung

Ganz besonders junge Menschen stehen in der heutigen Zeit in einem Spannungsfeld zwischen Konsumwünschen und realem Budget, welches ihnen zur Verfügung steht. Alterspezifisch geringe ökonomische Kenntnisse in Verbindung mit einer Überschätzung der eigenen finanziellen Möglichkeiten sowie einer leichtsinnigen Lebensführung können den Weg in die Schuldenspirale ebnen. Gezielte Werbestrategien unterstützen diese Prozesse maßgeblich. Kinder und Jugendliche zwischen sechs und sechzehn Jahren sehen im Monat durchschnittlich neunhundert Werbespots. Markenprodukte werden von Jahr zu Jahr wichtiger. Speziell diese Lebensphase ist von dem Wunsch nach Freiheit und Selbstbestimmung geprägt. Dies nutzt die Werbeindustrie für sich und verknüpft diese Sehnsüchte mit dem Image der von ihr beworbenen Produkte (Schönheit, Erfolg, das ultimative Lebensgefühl etc.).

Konsum und sozialer Status haben einen so großen Einfluss, dass Verschuldung immer leichter in Kauf genommen wird. Kinder und Jugendliche vergleichen sich in der Regel mit ihren Freunden und orientieren sich demzufolge auch an deren Besitz. Dies hat zur Folge, dass die Verzichtbereitschaft der Kinder und Jugendlichen sinkt. Einnahmequellen wie Geldgeschenke oder Taschengeld nehmen tendenziell ab. Auf der anderen Seite werden die Freizeitangebote immer teurer. Auch sind die Kosten für Kommunikation bei Jugendlichen sehr hoch (Handy, Internet, Downloads). Die gesellschaftlichen Rahmenbedingungen für den Start ins Erwachsenenleben haben sich grundlegend geändert: Die derzeitige Arbeitsmarktlage erschwert die regelmäßige Einkommenserzielung, Investitionen in die private Alters- und Gesundheitsvorsorge steigen. Junge Erwachsene werden immer stärker von Kreditinstituten umworben und zu langfristigen Geldgeschäften animiert. Häufige Konsumfaktoren bei Jugendlichen sind: Bekleidung, Weggehen, technische Geräte, Drogen etc. Bei jungen Erwachsenen können die erste eigene Wohnung, Führerschein, Versicherungen, das eigene Auto oder Kredite in die Schuldenfalle führen.

Ein letzter und wichtiger Punkt ist, dass die Kinder und Jugendlichen kaum noch Kompetenzen im Umgang mit Geld innerhalb der Familie vermittelt bekommen. Geld und Familieneinkommen sind häufig Tabuthemen. Die Kinder erleben nicht mehr, dass Geld eine knappe Ressource ist, da ihnen viele Wünsche schnell erfüllt werden.

3 Schuldenarten

Grundlegend kann man zwischen Primär- und Sekundärschulden unterscheiden. Dabei bedeutet primär nicht unbedingt, welche Schulden in der Rangliste am wichtigsten sind, sondern welche unmittelbar die Existenz bedrohen. Das gilt vor allem für Miet- und Energieschulden. Bei Mietrückständen kann es schnell zur Kündigung der Wohnung kommen. Dann droht der Verlust der Wohnung und damit Obdachlosigkeit. Zahlt man die Kosten für die Energieversorgung nicht, kann die Energiezufuhr gesperrt werden. Man verfügt weder über Koch- und Heizmöglichkeit noch über Licht.

Sekundärschulden sind alle sonstigen Schulden, welche nicht unmittelbar die Existenz bedrohen. Das bedeutet aber nicht, dass diese Schulden weniger von Bedeutung sind. Wird beispielsweise eine Person zu einer Geldstrafe verurteilt, kommt der Zahlung jedoch nicht nach, kann eine Haftstrafe drohen (d.h. die Geldstrafe muss abgesessen werden, z.B. wenn diese aus strafrechtlichen Gerichtsverfahren resultiert oder der Gläubiger der Staat ist).

Wenden wir uns nun etwas genauer den häufigsten Schuldenarten unserer Klientel zu, kann man deutlich erkennen, dass die Primärschulden auch hierbei an erster Stelle stehen.

Mietschulden, also offene Mietrückstände über zwei Monatsmieten (auch auf längeren Zeitraum verteilt) bzw. mehr als eine fehlende Monatsmiete in zwei aufeinander folgenden Monaten, können – wie bereits erwähnt – eine fristlose Kündigung nach sich ziehen. Zur Miete zählt hier ebenfalls die Kaution. Ist die Wohnung wegen rückständigen Mietzinses gekündigt und die Schuldner ziehen nicht aus, kann der Vermieter eine Räumungsklage bei Gericht einreichen. Jedoch ist es möglich, eine Übernahme der Mietschulden (innerhalb von zwei Jahren nur einmal möglich) bei der Kommune bzw. der Agentur für Arbeit zu beantragen.

Ebenso verhält es sich bei *Energieschulden*. Energieschulden stellen – wie die Mietschulden – eine existentielle Bedrohung für Schuldner und deren Angehörige dar. Der Stromlieferant kann nämlich die Energiezufuhr sperren, wenn nicht gezahlt wurde. Dies geschieht zumeist, wenn das Versorgungsunternehmen bereits angemahnt hat, weil eine Zahlung überfällig ist und innerhalb von vierzehn Tagen keine Bezahlung erfolgt. Dabei entsteht eine zusätzliche Gebühr für das Ab- und Zuschalten von Strom/Gas/Heizung. Eine Liefersperre darf nur dann nicht erfolgen, wenn Kleinkinder,

Behinderte, alte Menschen oder Kranke in dem Haushalt leben, aufgrund der Kündigung Gesundheitsschäden für die Mieter drohen oder der Zahlungsrückstand gering ist und ein Zahlungsverzug erstmalig besteht. Auch hier ist eine Übernahme der Schulden durch das Sozialgesetzbuch (SGB) II bzw. SGB XII Träger als Darlehen möglich, ohne dass darauf ein Rechtsanspruch besteht (Kann-Leistung).

Zu den Sekundärschulden zählen unter anderem die *Kreditschulden*. Denkt man dabei an die Klientel von Streetwork, stellt sich schnell die Frage, woher die Kreditwürdigkeit kommt. Praktisch lässt sich diese Frage jedoch recht schnell beantworten. Die meisten Gläubiger fragen nicht nach. Sei es beim typischen *Ratenkauf* bei Waren- und Versandhäusern, welcher über fest vereinbarte monatliche Raten zustande kommt oder nimmt man den *Überziehungskredit* vieler Banken her, welcher mit dem Kontoinhaber nicht vereinbart wurde, jedoch mit einem hohen Zinssatz als Überziehung des Girokontos geduldet wird. Weitere bekannte Kreditarten sind der *Dispositionskredit* (Dispo), welcher mit der Bank als Überziehung des Girokontos mit einer maximalen Höhe vereinbart wird, der *Ratenkredit*, der ein Darlehn für private Haushalte zur Beschaffung von Konsumgütern (z. B. Auto, Möbel, etc.) darstellt und in festen monatlichen Teilbeträgen zurückgezahlt wird sowie der *Zielkauf*, wenn beim Kauf eines Gegenstandes der Kaufpreis erst zu einem späteren Zeitpunkt fällig wird. Kreditarten, welche seltener durch unsere Klientel genutzt werden sind u.a. der *Hypothekenkredit*, welcher zur Finanzierung von Immobilien, i.d.R. durch eine Hypothek oder eine Grundschuld gesichert wird sowie der *Kombinationskredit*, welcher in Verbindung mit einer Lebensversicherung steht, monatlich hierfür nur die Zinsen fällig werden und die Rückzahlung des geliehenen Geldes am Ende der Laufzeit über den Auszahlungsbetrag einer Lebensversicherung entrichtet wird. Ebenfalls als Kredit wird die *Pfandleihe* gesehen. Dabei werden Wertgegenstände im Pfandhaus gegen einen entsprechenden Geldbetrag hinterlegt. Sie können innerhalb einer vereinbarten Zeit für den ausgezahlten Geldbetrag zuzüglich einer »Leihgebühr« wieder eingelöst werden.

Aus Sicht unserer Klientel völlig unproblematisch gestaltet sich die *Bürgschaft*. Sie ist ein Vertrag zwischen Bürge und Gläubiger, in dem sich der Bürge verpflichtet, für die Erfüllung der Verbindlichkeit des Schuldners einzustehen. Die Bürgschaft dient somit als Sicherung einer Forderung gegen den Schuldner. Dass jedoch mit dieser Unterschrift eine Haftung besteht, welche rechtlich eingeklagt werden kann, ist den jungen Menschen oftmals nicht bewusst. Die sog. »selbstschuldnerische« Bürgschaft ist heute besonders weit verbreitet und besagt, dass der Gläubiger direkt beim Bürgen fordern darf, ohne einen Zwangsvollstreckungsversuch beim Schuldner unternommen zu haben.

Vielfach verbreitet sind die *Behördenschulden*, wie Rückforderungen staatlicher Leistungen. Diese entstehen oftmals durch Unwissenheit (z. B. nicht gemeldete Änderungen im Einkommen) und/oder vorsätzliche Falschangaben (z. B. über das Zusammenleben mit einem Partner), aber auch durch Überzahlungen der Leistungsträger. Jeder Leistungsempfänger sollte seine Bescheide kontrollieren und somit nicht korrekte Angaben melden. Werden dennoch Gelder »zu Unrecht« zurückgefordert, sollte man sich mit dem § 45 SGB X (Rücknahme eines rechtswidrigen begünstigenden Verwaltungsaktes) vertraut machen und ggf. einen Anwalt zu Rate ziehen.

Eine weitere – oftmals in der Forderungshöhe nicht zu unterschätzende Schuldenart – sind die *Gerichtskosten* und *Schadensersatzansprüche*. Diese werden oft erst nach Jahren fällig. Die Prozesskostenbeihilfe sowie Beratungshilfe kann hierbei durchaus einen Teil der Kosten minimieren (wenn diese im Vorfeld beantragt wird), sie können jedoch nicht immer alle Kosten einer Verhandlung tragen (z. B. die Kosten des gegnerischen Anwaltes müssen gezahlt werden, sollte man den Prozess verlieren).

Ein häufiger Grund von *Handyschulden* können hohe Grund- und Tarifgebühren bei Verträgen sein. Nach dem Vertragsabschluss entstehen gerade in den ersten Monaten oft hohe Summen, da die Netzbetreiber die erste Rechnung erst nach zwei bis drei Monaten verschicken. Dort sind dann die einmaligen Anschlussgebühren, die Kosten für das Handy, die Grundgebühren, die Gesprächsgebühren und die Kosten für SMS gesammelt. Ein weiteres Problem sind die in der Regel sehr langen Vertragslaufzeiten. Meist betragen diese vierundzwanzig Monate, also zwei Jahre. In dieser Zeit kann sich schnell die finanzielle Situation ändern, die Grundgebühren müssen jedoch bis zum Ende des Vertrages weiter bezahlt werden. Oft muss auch bereits drei Monate vor Vertragsende gekündigt werden. Andernfalls verlängert sich der Vertrag automatisch um die ursprüngliche Vertragslaufzeit (z. B. weitere zwei Jahre). Auch geraten junge Menschen immer wieder in die Falle der Klingelton- und Logo-Abonnements. Diese sind oft erst nach einer bestimmten Zeit sowie mit einem bestimmten Zahlencode kündbar.

Eine verwaltungsrechtliche Sanktion bei Ordnungswidrigkeiten stellen die *Bußgelder* dar. Diese sind bei unserer Klientel sehr vielseitig, reichen vom abgelaufenen Ausweis, über Ruhestörung bis hin zu Verkehrsdelikten. Wird eine Geldbuße nicht bezahlt, kann die Verwaltungsbehörde beim zuständigen Gericht Erzwingungshaft beantragen. Diese darf jedoch nur einmal für eine Ordnungswidrigkeit bis maximal sechs Wochen angeordnet werden. Ist der Schuldner zahlungsunfähig, wird von einer Erzwingungshaft abgesehen. Deshalb sollte man sich bei Bußgeldern umgehend mit der zuständigen Verwaltungsbehörde in Verbindung setzen.

Die Rundfunkgebühren für Radio und Fernseher, welche an die *Gebühreneinzugszentrale der öffentlich-rechtlichen Rundfunkanstalten* (GEZ) fällig wird, steht ebenfalls häufig in der Schuldenübersicht unserer Klientel. Eine wichtige Quelle für Daten sind die Einwohnermeldeämter. Diese leiten gemäß den gesetzlichen Rahmenbestimmungen der jeweiligen Bundesländer An- und Ummeldedaten an die GEZ weiter. Zur Ermittlung nicht angemeldeter Rundfunkteilnehmer gleicht die GEZ ihren Datenbestand mit zugekauften Adressdaten von kommerziellen Adresshändlern ab. Die Einkäufe bei den Adresshändlern sind durch den Rundfunkgebührenstaatsvertrag legitimiert. Daher ist es kaum verwunderlich, dass Mitarbeiter der GEZ an Haustüren klingeln. Für die meisten unserer Klienten ist ein Antrag auf GEZ Befreiung lohnenswert. Jedoch sollte man bedenken, dass dieser (auf die Gültigkeit des der Befreiung zugrundeliegenden Bescheids) befristet ist und nach Ablauf eine erneute Beantragung bzw. Zahlung von Rundfunkgebühren fällig wird. Rückwirkend kann eine Befreiung nicht erwirkt werden.

Wohl eher selten kommen Schulden durch eine *Erbschaft* auf einen jungen Menschen zu. Die Erbfolge tritt automatisch beim Tod des Erblassers ein und richtet sich nach letztwilliger Verfügung (Testament) oder nach Gesetz. Man kann also Erbe werden, ohne es zu wissen und ohne etwas zu tun. Auch Schulden werden vererbt. Jedoch kann eine Erbschaft innerhalb von sechs Wochen nach Kenntnisnahme beim Nachlassgericht ausgeschlagen werden. Hat man die Frist versäumt, weil man von der Überschuldung nicht wusste, so kann man die Versäumung der Ausschlagungsfrist wegen Irrtums über eine verkehrswesentliche Eigenschaft des Nachlasses (Überschuldung) ebenfalls innerhalb von 6 Wochen anfechten.

Weitere Sekundärschulden, welche unsere Klientel oftmals bedienen, sind u.a. Schulden bei *Versandhäusern, Unterhaltsschulden, Anwaltsschulden, Wett- und Spielschulden, Arztschulden, Versicherungsschulden* und nicht zu vergessen Schulden bei *Verwandten und Freunden*. Jedoch gibt es noch eine Menge weitere Schulden, welche im Einzelfall immer wieder auftreten, hier den Rahmen der Aufzählung aber sprengen würden. Wichtig für unsere Arbeit ist ja nicht die Vollständigkeit aller Schuldenarten zu kennen, sondern die Wege der Gläubiger zu verstehen und Regulierungsmöglichkeiten mit den Klienten zu erarbeiten.

4 Schritte der Gläubiger

Der erste Schritt eines Gläubigers ist üblicherweise die Zusendung einer Zahlungsaufforderung, die erste *schriftliche Mahnung*. Wenn beispielsweise zu einem vereinbarten Termin die Miete nicht gezahlt wurde, gerät der Mieter automatisch in Zahlungsverzug. Eine Mahngebühr darf hierbei erhoben werden, sollte maximal zwischen 2,50 Euro und 5 Euro liegen. Ohne fest vereinbarten Zahlungstermin bedarf es vorerst einer ersten Zahlungsaufforderung des Gläubigers (gebührenfrei), um den Schuldner in Verzug zu setzen. Von da an können Gläubiger zusätzlich Verzugszinsen verlangen, welche bis zu fünf (privat) und acht (gewerblich) Prozentpunkten über dem amtlichen Basiszins (ca. 1,17 Prozent) liegen dürfen. Wird auf eine schriftliche Mahnung nicht reagiert, bedienen sich viele Gläubiger fremder Hilfe. *Inkasso-Dienste* betreiben die außergerichtliche Eintreibung der Forderungen von Gläubigern. Sie werden im Wesentlichen in zwei Formen tätig:

Inkassozession

Die Forderung wird vom Gläubiger treuhänderisch an den Inkasso-Dienst abgetreten. Nach außen hin wird der Inkasso-Dienst also (neuer) Gläubiger. Im Innenverhältnis bleibt das wirtschaftliche Risiko aber beim (alten) Gläubiger. Der Eintreibungserlös geht an den Gläubiger. Gläubiger und Inkasso-Dienst einigen sich auf ein Honorar, wobei in der Regel ein bestimmter Anteil der eingetriebenen Forderung beim Inkasso-Dienst verbleibt.

Forderungskauf

Der Inkasso-Dienst kauft dem (alten) Gläubiger die Forderung zu einem bestimmten Prozentsatz ab (meist 5 – 10 Prozent der Forderung) und versucht, die Gesamtforderung beim Schuldner einzutreiben. Gelingt dies, ist der Inkasso-Dienst der finanzielle Gewinner.

Jeder Inkasso-Dienst benötigt für seine Inkassotätigkeit eine Erlaubnis, die auf Verlangen des Schuldners nachzuweisen ist. Inkasso-Dienste, die ohne eine solche Erlaubnis arbeiten verstoßen gegen das Rechtsberatungsgesetz und haben keine Rechte. Die Gebühren, die von Inkasso-Diensten verlangt werden, sind umstritten. Eine Gebührenordnung für Inkasso-Dienste gibt es nicht. Die Kosten, die dem Gläubiger durch den Inkassoauftrag entstehen, müssen vom Schuldner nur dann übernommen werden, wenn er sich aufgrund der Mahnung oder der nicht fristgemäßen Zahlung in Zahlungsverzug befindet und wenn der Gläubiger erwarten durfte, dass er ohne Einschaltung des Gerichts zahlen wird (kann). Hatte der Schuldner dem Gläubiger bereits vor dem Inkassoauftrag mitgeteilt, dass er zahlungsunfähig ist oder die Forderung nicht für berechtigt hält, dann erfolgte die Einschaltung des Inkassobüros formell bzw. juristisch nicht korrekt.

Das *gerichtliche Mahnverfahren* dient den Gläubigern, einen rechtlichen Titel zu erwerben und somit ihren Anspruch zwangsweise einzufordern (Zwangsvollstreckung). Ein Vollstreckungstitel (kurz Titel) ist eine öffentliche Urkunde, die dem Anspruch eine besondere Rechtsbeständigkeit bescheinigt, die staatlichen Vollstreckungsorgane zur Zwangsvollstreckung verpflichtet und die *Verjährungsfrist* auf dreißig Jahre anhebt. Die ansonsten sogenannte »regelmäßige« Verjährungsfrist beträgt nach § 195 BGB (Bürgerliches Gesetzbuch) drei Jahre und beginnt mit dem Ende des Jahres, in dem der Anspruch entstanden ist. Ausgenommen von dieser Frist sind beispielsweise Schadensersatzansprüche, Herausgabeansprüche aus Eigentum, erbrechtliche Ansprüche, Ansprüche aus vollstreckbaren Vergleichen und Urkunden wie notarielle Schuldanerkenntnisse sowie rechtskräftig festgelegte Ansprüche wie z. B. titulierte Forderungen. Diese verjähren in dreißig Jahren, sofern nichts anderes bestimmt ist. Eine Verjährung kann weiterhin unterbrochen oder gehemmt werden. »Unterbrechung« bedeutet, dass sich die gesamte Verjährungsfrist erneut zu laufen beginnt. Dies ist beispielsweise bei einer Zahlungsverhandlung, neuen Vereinbarung, etc. der Fall. Eine »Hemmung« tritt bei z. B. Stundungen, laufende Verhandlungen über den Anspruch, Antrag auf Insolvenzverfahren etc. auf und bedeutet, dass sich die Verjährungsfrist um genau den Zeitraum verlängert, während dessen die Verjährung gehemmt war. Für die Arbeit mit überschuldeten Menschen in der aufsuchenden Arbeit bedeutet dies, dass das Datum des letzten Schreibens genau betrachtet werden sollte. Liegen die letzten Mahnungen, Forderungen, Schreiben etc., die nicht tituliert sind, länger als ein halbes Jahr zurück, sollte man nicht von sich aus aktiv werden.

Das gerichtliche Mahnverfahren beginnt mit der Zustellung des *Mahnbescheids*. Dieser wird durch den Gläubiger beim Amtsgericht beantragt. Das

Gericht erlässt den Mahnbescheid, ohne dabei den Inhalt und die Richtigkeit zu prüfen. Ab Zustellung des Bescheides hat der Schuldner zwei Wochen Zeit, um gegen den Mahnbescheid Widerspruch oder Teilwiderspruch einzulegen. Soweit kein Widerspruch erhoben wurde, erlässt das Gericht einen *Vollstreckungsbescheid*, welcher wie ein Gerichtsurteil wirkt und dem Gläubiger ermöglicht, die Forderung zwangsweise einzufordern. Auch gegen diesen Bescheid hat der Schuldner eine zweiwöchige Widerspruchsfrist. Wird gegen den Vollstreckungsbescheid nicht fristgemäß Einspruch eingelegt, so wird er rechtskräftig. Nun können *Zwangsvollstreckungsmaßnahmen* durchgeführt werden, wie die Forderungspfändung auf Lohn- und Kontogutschriften, die Sachpfändung sowie die Eidesstattliche Versicherung. Bei einer *Forderungspfändung* erlässt das Gericht auf Antrag eines Gläubigers einen Pfändungs- und Überweisungsbeschluss, welcher an sog. Drittschuldner zugestellt werden. Drittschuldner sind Personen, gegen die der Schuldner selbst eine Forderung offen hat, wie beispielsweise der Arbeitgeber, der Untermieter, der Vermieter (Kaution), die Bank etc. Diese dürfen nach Erhalt des Beschlusses nicht mehr an den Schuldner zahlen. Bei der *Lohnpfändung* muss der Arbeitgeber den pfändbaren Anteil des Arbeitsnettoeinkommens errechnen (Pfändungstabelle abrufbar unter www.bmj.bund.de) und diesen an den Gläubiger abführen. Unpfändbare Anteile sind u.a. Weihnachtsgeld, Urlaubsgeld, Aufwandsentschädigungen, Gefahrenzulagen, Vermögenswirksame Leistungen. Es kann immer nur ein Gläubiger bedient werden. Erst wenn dieser komplett (einschließlich Zinsen) bedient wurde, kommt der zweitschnellste Pfändungsgläubiger zum Zuge. Bei einer *Kontopfändung* ist ebenfalls ein Pfändungs- und Überweisungsbeschluss notwendig.

Zunächst ist das Konto erst einmal für vierzehn Tage gesperrt. Dies gilt auch, wenn der Lohn oder das Gehalt bereits beim Arbeitgeber gepfändet wurde. Man bekommt nun am Automaten kein Bargeld mehr und die Bankkarte wird eingezogen. Daueraufträge werden ebenfalls nicht mehr ausgeführt. Nach Ablauf der vierzehn Tage wird das verbliebene Guthaben an den Gläubiger überwiesen und der Schuldner bekommt es nicht mehr zurück. Jedoch sind zweckgebundene Sozialleistungen wie Kindergeld, Pflegegeld, Bafög, Wohngeld, Arbeitslosengeld I und II, Krankengeld, Sozialhilfe etc. sieben Tage nach Kontogutschrift generell unpfändbar. Hat man diese Frist versäumt oder steht eine Lohnpfändung aus, kann man innerhalb von vierzehn Tagen beim Vollstreckungsgericht einen Antrag auf Freigabe der Sozialleistung bzw. des unpfändbaren Teils des Arbeitseinkommens stellen.

Eine der wohl bekanntesten Zwangsvollstreckungsmaßnahmen ist die *Sachpfändung* oder auch Pfändung von beweglichen Sachen. Grundsätzlich dürfen Gerichtsvollzieher die Wohnung nur mit der Einwilligung des Schuldners durchsuchen. Verweigert man den Zutritt oder wird man trotz schriftlicher Ankündigung mehrmals nicht zu Hause angetroffen, wird eine richterliche Durchsuchungsanordnung erlassen, welche dem Gerichtsvollzieher erlaubt, sogar die Wohnungstür aufbrechen zu lassen, was zusätzliche Kosten verursacht. Gepfändet werden dürfen grundsätzliche alle Gegenstände in der Wohnung, die nicht notwendig und angemessen sind und die nach Abzug der Kosten für Abtransport und Versteigerung einen Ertrag einbringen. Somit sind Fernsehgeräte, Computer und Musikanlagen nicht in Gefahr, sollten sie keine hochmodernen und teuren Luxusgüter darstellen. Wichtig ist hierbei zu wissen, dass auch Besitzgüter Dritter gepfändet werden können, sollten diese sich in der entsprechenden Wohnung befinden. Der Gerichtsvollzieher hat nicht die Aufgabe, die Eigentumsverhältnisse zu klären. Ist jedoch eindeutig erkennbar, dass die beweglichen Sachen nicht dem Schuldner gehören können (z. B. der Schminkkoffer der Freundin), dürfen diese nicht gepfändet werden.

Haben all diese Vollstreckungsversuche keinen Erfolg, kann auf Antrag des Gläubigers eine *Eidesstattliche Versicherung (EV)* vom Schuldner verlangt werden. Diese wird oftmals im unmittelbaren Anschluss an eine erfolglose Sachpfändung vom Gerichtsvollzieher durchgeführt. Früher als Offenbarungseid bezeichnet, hat die EV zum Ziel, die gesamte Vermögenssituation des Schuldners offen zu legen. Der Schuldner muss dabei bestimmte Angaben über seine Vermögenssituation nach bestem Wissen und Gewissen vollständig und korrekt abgeben. Vorsätzliche und fahrlässige Falschangaben sind strafbar. Verweigert er sich einer Eidesstattlichen Versicherung, kann gegen den Schuldner Haftbefehl erlassen werden! Die *Erzwingungshaft* dauert nur so lange, bis der Schuldner die EV abgegeben hat bzw. maximal sechs Monate. Die Schulden sind jedoch damit nicht beglichen.

5 Regulierungsmöglichkeiten

Schuldenabbau kann nur durch eine Reduzierung der Ausgaben oder eine Erhöhung der Einnahmen stattfinden. Daher ist es empfehlenswert, sich »unnötiger« Kosten zu entledigen. *Abonnements* von Zeitschriften, Klingeltönen etc., ebenso wie unnötige *Versicherungen* (z. B. ADAC Mitgliedschaft ohne Führerschein) sollten umgehend gekündigt werden. Zur eigentlichen Schuldenregulierung stehen Schuldnern zwei Wege offen.

Die *außergerichtliche Einigung* ist der »Königsweg« bei der Schuldenregulierung. Hier geht es darum, alle anstehenden Zahlungsverpflichtungen, z. B. fällige Kreditraten oder unbezahlte Rechnungen, zu prüfen und zu ordnen und Regelungen mit allen Gläubigern zu treffen, die es möglich machen, diese Schulden angemessen zu begleichen. Schuldner und Gläubiger versuchen gemeinsam, sich auf der Grundlage eines Schuldenbereinigungsplans gütlich zu einigen. Für den außergerichtlichen Schuldenregulierungsplan gibt es keine gesetzlichen Vorgaben. Man kann mit den Gläubigern alle Modalitäten frei vereinbaren, wie beispielsweise eine Ratenzahlung, eine Stundung (Fälligkeit wird hinausgeschoben), einen Vergleich (Einigung auf eine neue Forderungssumme), eine Bitte um Ausbuchung (Forderung wird eingestellt), eine Festschreibung (Einigung auf einen bestimmten Betrag und bestimmten Zinssatz in einem bestimmten Zeitraum) oder eine Verwertung von Sicherheiten (Pfandleihe, Kaution, etc.). Gerade bei einer großen Anzahl von Gläubigern ist eine Umschuldung sehr verlockend. Jedoch sind oftmals nicht die Anzahl der Gläubiger, sondern die Höhe der Schulden und die Höhe der Zinsen entscheidend. Deshalb Vorsicht bei einer Umschuldung!

Sollte man eine offene Forderung für richtig halten und sie zahlen wollen, jedoch derzeit nicht in der Lage dazu sein, kann durch ein *notarielles Schuldanerkenntnis* ebenfalls ein Vollstreckungstitel erworben werden. Dies erspart i.d.R. die üblichen kostspieligen Verfahren mit Inkasso, Mahngebühren, Vollstreckungsgebühren, etc. Die Notarkosten sind oftmals viel niedriger als die Gerichts- und Anwaltskosten. Jedoch Vorsicht bei vorformulierten Schuldanerkenntnissen durch Inkassodienste. Sie können unberechtigte Forderungen oder Gebühren enthalten.

Die gerichtliche Schuldenregulierung mittels *Verbraucherinsolvenzverfahren* ist der zweite Weg zur Schuldenbefreiung. Durch dieses Verfahren können Überschuldete unter Umständen auch gegen den Willen der Gläubiger eine Befreiung ihrer Schulden erlangen. Jedoch ist dieser Weg nicht unbeschwerlich und kostenfrei. Das Verbraucherinsolvenzverfahren besteht aus drei Stufen: dem außergerichtlichen Einigungsversuch, dem gerichtlichen Schuldenbereinigungsverfahren sowie dem vereinfachten Insolvenzverfahren. Ziel des außergerichtlichen Einigungsversuchs ist die Einigung mit allen Gläubigern auf einen Schuldenbereinigungsplan. Wenn eine Einigung nicht gelingt, benötigt man zur Einleitung des gerichtlichen Verfahrens eine Bescheinigung von einer sog. geeigneten Person oder Stelle (Rechtsanwälte, Notare, Steuerberater, Schuldnerberatungsstellen), dass der außergerichtliche Einigungsversuch gescheitert ist. Das Verbraucherinsolvenzverfahren wird beim zuständigen Insolvenzgericht beantragt, die dafür benötigten Formulare sind ebenfalls beim Gericht sowie in Schuldnerberatungsstellen zu erhalten. Eine Übersicht über alle Gläubiger mit den aktuellen Forderungen ist hierfür notwendig. Bevor jedoch das gerichtliche Insolvenzverfahren eröffnet wird, kann das Gericht nochmals den Versuch einer Schuldenbereinigung unternehmen. Vorteil des gerichtlichen Einigungsversuchs ist, dass jetzt nicht mehr alle, sondern nur noch die Mehrheit der Gläubiger dem Schuldenbereinigungsplan zustimmen muss.

Sind alle Einigungsversuche gescheitert, wird das einfache Insolvenzverfahren eröffnet. Voraussetzung dafür ist jedoch, dass der Schuldner pfändbares Einkommen/Vermögen besitzt oder eine beantragte Stundung der Verfahrenskosten genehmigt wurde. Die gestundeten Kosten sind nach Abschluss des Verfahrens spätestens innerhalb von vier Jahren in Raten (je nach Einkommen) zurückzuzahlen. Das Gericht setzt nun einen Rechtsanwalt als Treuhänder ein, dessen Aufgabe es ist, das pfändbare Sach- und Geldvermögen zu verwerten. Das Gericht prüft anschließend, ob eine Schuldenbefreiung vorliegt. Gründe gegen diese könnten u.a. sein, dass der Schuldner falsche schriftliche Angaben über die eigenen wirtschaftlichen Verhältnisse im Zusammenhang mit Kreditaufnahmen, Sozialleistungen und Steuererklärungen gemacht hat, im letzten Jahr vor Antragstellung unangemessene Verbindlichkeiten eingegangen ist oder sein Vermögen verschwendet hat, wegen Insolvenzbetrugs strafrechtlich verurteilt wurde, während der letzten zehn Jahre ein Insolvenzverfahren durchgeführt oder beantragt hat oder in den vorzulegenden Verzeichnissen unrichtige oder unvollständige Angaben gemacht hat. Nun schließt sich die sechsjährige Wohlverhaltensphase an, in welcher sich der Schuldner gegenüber dem Treuhänder »wohl verhalten« muss. In dieser Zeit muss der Schuldner jede zumutbare Arbeit annehmen und sich ständig um Arbeit bemühen sowie jede Veränderung (Einkommensänderung, Wohnungswechsel etc.) anzeigen. Hält der Schuldner alle Verpflichtungen ein, erteilt das Gericht nach Ablauf von sechs Jahren die Restschuldbefreiung. Ausgenommen von dieser sind Geldstrafen, Geldbußen, Ordnungsgelder, Kosten des Insolvenzverfahrens selbst sowie Forderungen aus einer vorsätzlich begangenen unerlaubten Handlung (z. B. Schadensersatzansprüche resultierend aus Straftaten).

6 Beratung von Klienten und Grenzen von Streetwork

Wer nicht in der Lage ist, aus eigenen Kräften und mit eigenen Mitteln seinen Lebensunterhalt zu bestreiten oder in besonderen Lebenslagen sich selbst zu helfen und auch anderweitig keine ausreichende Hilfe erhält, hat ein Recht auf persönliche und wirtschaftliche Hilfen. Ziel ist die Befähigung zur Selbsthilfe sowie die Sicherung eines menschenwürdigen Lebens. Die »eigentliche« Schuldnerberatung wird in Form von psycho-sozialer, finanzieller und rechtlicher Hilfe durch Schuldnerberatungsstellen kostenlos angeboten und durchgeführt. Jedoch dauert es oftmals viele Wochen und Monate, um dort einen Termin zu bekommen. Daher ist eine erste Beratung und Begleitung der überschuldeten Klientel von Seiten Streetwork ratsam und notwendig. Neben der Kontaktaufnahme (falls noch unbekannt) und persönlicher Datenerhebung sollte sich zusamme mit dem Klienten ein Überblick über alle Schulden und Gläubiger verschafft werden. Anschließend gilt es, die Sicherstellung der Existenz zu klären, welche unter Primärschulden bereits erwähnt wurden. Weiterhin sollte versucht werden, ein Konto »funktionstüchtig zu machen«, z. B. durch Aufhebung der Kontosperre bzw. Einrichtung eines Guthabenkontos.

Der zweite Aufgabenkomplex besteht darin, den Schuldenberg zu begrenzen. Es sollten umgehend unnötige Versicherungen, Mitgliedschaften, Abonnements etc. gekündigt werden, eventuelle Geldstrafen in gemeinnützige Arbeitsstunden umgewandelt werden, ausstehende Unterhaltsansprüche eingefordert bzw. die derzeitige Unterhaltshöhe geprüft werden etc. Erst danach beginnt die eigentliche Schuldenregulierung, die nur Sinn bei langfristigen und zahlungswilligen Klientenkontakten macht. Eine Vermittlung bzw. Zusammenarbeit mit einer Schuldnerberatung ist hierbei sinnvoll.

Und genau an dieser Stelle sind die Grenzen von Streetwork wahrnehmbar. Eine Beratung sowie die Einleitung eines Verbraucherinsolvenzverfahrens sind nur durch Schuldnerberatungsstellen möglich. Ebenfalls ist die Verhandlung mit den Gläubigern über eine solche Stelle oftmals viel erfolgversprechender. In den Schuldnerberatungsstellen arbeiten professionell ausgebildete Fachkräfte verschiedener Fachrichtungen (Sozialarbeit, Rechtswissenschaft, Hauswirtschaftslehre, Bankwesen). Sie sind mit allen Problemen der Überschuldung vertraut. Ebenfalls regelt das Rechtsberatungsgesetz (ab 01.07.08 Rechtsdienstleistungsgesetz), dass nur Personen mit einer behördlichen Erlaubnis fremde Rechtsangelegenheiten bedienen dürfen. Streetwork hat solch eine Erlaubnis nicht. Neben der Krisenintervention kann Streetwork jedoch auf die Vorbeugung – also Prävention von Überschuldung – Einfluss nehmen.

7 Prävention

Formen von Prävention

Die Primärprävention setzt ein, bevor eine Schädigung oder regelwidriges Verhalten eintritt und sucht nach den Ursachen und Risikofaktoren, die dazu führen können. Sie richtet sich meist an die gesamte Bevölkerung oder an eine bestimmte Bevölkerungsgruppe (Angehörige einer Altersgruppe/eines Geschlechts etc.). Schuldenprävention sollte idealerweise schon im Kindergartenalter ansetzen. In der Streetwork beziehen wir uns eher auf die Zielgruppe der Jugendlichen. Die Sekundärprävention beschäftigt sich mit der Verhinderung von Normverletzungen, damit sich der Verlauf nicht verschlimmert. Sie richtet sich an besonders gefährdete Zielgruppen. Im Bereich der Schuldenprävention sprechen wir demzufolge von Jugendlichen, die schon einmal Schulden gemacht haben, aber nicht überschuldet sind. Die Tertiärprävention ist weniger Prävention als Rückfallvermeidung oder Verminderung von Folgeproblemen. Diesen Aufgabenbereich kann die Streetwork nicht mehr leisten. Es ist eine Krisenintervention durch die Schuldnerberatung notwendig.

Ziele von Schuldenprävention

Ziele von Schuldenprävention können sein: die Erziehung zum eigenverantwortlichen Umgang mit Geld; finanzielle Allgemeinbildung (Wissen und Kompetenz im Umgang mit Finanzdienstleistungen und Konsumwünschen); Erweiterung der Sachkompetenz (Wissen um Fakten); Erhöhung der Selbstkompetenz (Wissen um eigene Stärken und Schwächen); Schaffung eines kritischen Verbraucherbewusstseins; Erweiterung der wirtschaftlichen Handlungskompetenz; sowie die Enttabuisierung der Themen Geld und Schulden.

Literatur

Schruth, Peter/Kuntz Roger/Müller, Peter, etc (2003): Schuldnerberatung in der
    Sozialen Arbeit, 5. Auflage, Weinheim, Basel, Berlin, Beltz Verlag
Bundesministerium Für Familie, Senioren, Frauen und Jugend (2005): Was mache
    ich mit meinen Schulden? Infos zu Wegen aus der Schuldenspirale sowie Tipps
    zur Vermeidung von Überschuldung. 12, Auflage, Berlin

Stiftung Integrationshilfe für ehemals Drogenabhängige e.V. (2004): Schuldnerberatung in der Drogenhilfe. München: Luchterhand Verlag
Infomaterialien Diözesan-Caritasverband für das Erzbistum Köln e.V. (o.J.)

Links zu Info- und Arbeitsmaterialien:

knappbeikasse.de
bag-sb.de bag-sb.de
meine-schulden.de
geldundhaushalt.de

Niederschwellige Beratung im Drogenbereich am Beispiel »Kontaktladen Café Fix« in Frankfurt am Main

Stefan Weber

Im Beitrag werden Struktur, Aufgaben, Vernetzungen und Besonderheiten der niederschwelligen Beratung im Drogenbereich aus der Sicht einer Frankfurter Einrichtung beschrieben.

1 Frankfurt am Main in Zahlen und Fakten

Die Stadt Frankfurt am Main hat eine Gesamtfläche von 248,3 km² mit einer Ausdehnung sowohl in Ost-West-Richtung als auch Nord-Süd-Richtung von ca. 23 km. Die Bevölkerung umfasst 667 468 EinwohnerInnen (31.12.2007), wovon 51% weiblich, 24,6% ausländische MitbürgerInnen, 12,2 % BürgerInnen mit »Migrationshintergrund« und 7,5% arbeitslos sind. Somit kommen 2688 EinwohnerInnen auf einen km². Die durchschnittliche Haushaltsgröße beträgt 1,86 Personen und 1-Personen-Haushalte machen 52,7% aus. Es gibt 906 Arbeitsplätze je 1000 EinwohnerInnen. 50 078 EinwohnerInnen waren durchschnittlich 2007 arbeitslos. Davon erhielten 30,4% SGB III und 69,6% SGB II. Der Anteil an Langzeitarbeitslosen beträgt 40,5%, der der Frauen 42,6%. Die Stadt Frankfurt beherbergt 34 877 Betriebe, wovon 88,4% Kleinbetriebe mit bis zu neun Beschäftigten sind.

2 Der Fachbereich Drogenhilfe

Der Fachbereich Drogenhilfe ist neben den beiden Fachbereichen Jugendhilfe und Behindertenhilfe einer der Fachbereiche des Vereins Arbeits- und Erziehungshilfe e.V. (vae). Angebote des Fachbereichs Drogenhilfe sind:
- Fachstelle Prävention: Planung, Durchführung und Unterstützung von suchtpräventiven Maßnahmen zur Gesundheitsförderung sowie Information bei Fragen zu Sucht, Drogen und Prävention
- drop in Fachstelle Nord für Jugendberatung und Suchtfragen: Beratung für suchtgefährdete und suchtmittelabhängige Jugendliche, Erwachsene und Angehörige; sekundärpräventive Maßnahmen

- Jugend- u. Drogenberatung Höchst: Beratung für suchtgefährdete und suchtmittelabhängige Jugendliche, Erwachsene und Angehörige; sekundärpräventive Maßnahmen
- Berufliche Qualifizierung für junge Frauen und Männer: Poggibonsi Schulrestaurant (Maßnahme für noch nicht ausbildungsreife weibliche Jugendliche und junge Volljährige), LackZack Lernwerkstatt Maler (Maßnahme für noch nicht ausbildungsreife männliche Jugendliche u. junge Volljährige), Schulungszentrum Lange Straße, Eibe Projekt
- Kontaktladen »Café Fix« mit Medizinischer Ambulanz: Niederschwelliges Angebot der Drogenhilfe im Rahmen der Überlebenshilfe mit Methadon-Ambulanz und Arbeitsprojekt
- Fachklinik für Drogenentzug: Klinischer Entzug von Suchtmittelabhängigen (mit und ohne medikamentöse Unterstützung)
- Übergangseinrichtung für Drogenabhängige: Orientierungsphase für Drogenabhängige nach dem Entzug
- Fachklinik Reddighausen: Langzeitentwöhnungsbehandlung entsprechend den Vorgaben der Rentenversicherungsträger
- Frauenberatungsstelle: Beratung und Betreuung drogenabhängiger Frauen mit Frauencafé (niederschwellige Einrichtung)
- Therapeutische und Betreute Wohnformen: Therapeutische Wohngemeinschaften Wolfsgangstraße mit Aufnahmewohngruppe Schlossstraße (Vollstationäre Einrichtung für Suchtmittelabhängige im Rahmen der Eingliederungshilfe gem. SGB XII), Betreutes Wohnen für Suchtkranke Höchst (Nachsorge im Rahmen der Eingliederungshilfe zu selbstbestimmtem Leben in betreuten Wohnmöglichkeiten im Rahmen der Eingliederungshilfe gem. SGB XII), Betreutes Wohnen für Substituierte (Betreuung Substituierter im Rahmen der Eingliederungshilfe zu selbstbestimmtem Leben in betreuten Wohnmöglichkeiten gem. SGB XII)
- Methadonsubstitutions-Ambulanz Wetzlar

3 Drogenhilfe in Frankfurt am Main

Um das aktuelle Angebot der Drogenhilfe in Frankfurt am Main zu verstehen, ist ein kurzer Blick in die Geschichte notwendig.

3.1 Zur Geschichte

Die erste Drogenszene in Frankfurt bildete sich Mitte der 1960er bis Mitte der 1970er Jahre aus der Studenten-, Hippie- bzw. Schülerbewegung, die sich aus dem politischen Kontext heraus und durch den damit verbundenen gesellschaftlichen Umbruch gebildet hatte und ihren Protest mit Ausrufen wie zum Beispiel »High sein – frei sein!« öffentlich bekannt machten. Damals wurde hauptsächlich THC und LSD konsumiert. Die erste »offene« Szene bildete sich 1966/1967 am »Marshall-Brunnen« vor der Ruine der Alten Oper und im Folgenden auf der sogenannten »Haschwiese« (zwischen Alter Oper und Stadtbad Mitte). Ab Mitte der 1970er Jahre konnten vermehrt Heroin-Konsumenten beobachtet werden.

Im Folgenden werden für den Zeitraum von 1980 bis 1992 einige zentrale Veränderungen innerhalb der Frankfurter Drogenpolitik und -hilfe aufgeführt.

- Feb. 1980: Auflösung der »Haschwiese« (»Schandfleck der Innenstadt«; Polizeipräsident Gemmer: »Kriegsschauplatz Frankfurt«)
- Szene fortan in der Innenstadt, später am Kaisersack
- 1982: Eröffnung des M 41 (Drogennotdienst) in der Münchnerstraße
- Städtische Politik: Repression, Verfolgung, Kriminalisierung, Abstinenz
- Verstärktes Auftreten von HIV/AIDS
- 1987: erstes Spritzentausch-Programm der Aids-Hilfe in Szenenähe (500 bis 700 Teilnehmer täglich)
- 1988: Bus-Spritzentausch-Projekt des vae am Kaisersack
- 1988: erstes Substitutionsprogramm Methadon; beschränkt auf 25 Frauen (Indikation: Beschaffungsprostitution, HIV) – es handelte sich um keine drogenpolitische, sondern eine seuchenhygienische Maßnahme
- Seit 1989: Kooperation/Risikominimierung
- ab 1989: SPD/Grünen-Regierung
- Gründung des Drogenreferates
- zunächst Duldung der »offenen« Szene in der Taunusanlage => vae-Spritzentausch-Bus
- 1989: Eröffnung der Krisenzentren:
  - Café Fix, Moselstraße (vae)
  - Café Rudolph, Rudolphstraße (Aids-Hilfe; heute La Strada, Mainzer Landstr.)
  - Drogennotdienst Elbestraße (jj; vormals M 41)
- 1990: Magistrat der Stadt FFM stimmt Methadon-Substitution zu (5000 bis 7000 Konsumenten, 30 Plätze im Stadtgesundheitsamt)
- Winter 1990: Verlagerung der Kaisersack-Szene in die B-Ebene Hbf, Räumung
- 1992: Anstieg der Drogentoten-Zahlen, Ausbau der Substitution, Forderung nach Heroin-Vergabe

- Frühjahr 1992: Ankündigung Räumung B-Ebene & Taunusanlage durch Oberbürgermeister von Schoeler
- März 1992: Räumung der B-Ebene (ca. 400 Junkies, Obdachlose) durch Bahnpolizei und Bundesgrenzschutz im Einvernehmen mit der Montagsrunde (Drogenhilfe, Polizei, Ordnungsamt, Staatsanwaltschaft,...)
- 1992: Überlegungen, die Europäische Zentralbank (EZB) in Frankfurt anzusiedeln, verursachen viel Bewegung in der Drogenhilfe.

3.2 Das Café Fix – Kontaktladen mit medizinischer Ambulanz, betreutem Einzelwohnen für Substituierte und Arbeitsprojekt

Der vae im Café Fix arbeitet mit der Pyramide nach Maslow als Modell. Ausgehend von den physiologischen Grundbedürfnissen (z.B. Hunger, Durst, Dach über dem Kopf, Ruhe), werden die darauf aufbauenden Sicherheitsbedürfnisse (Schutz vor Krankheit, Wohnung, Versicherungen), Sozialen Bedürfnisse (Kontakt, Freundschaft, Aufnahme) (=> Defizitbedürfnisse) und bei deren Stabilisation die Geltungsbedürfnisse (Anerkennung, Selbstständigkeit, Unabhängigkeit) und Selbstverwirklichungsbedürfnisse (Entwicklung und Entfaltung) (=> Wachstumsbedürfnisse) befriedigt.

Der Kontaktladen Café Fix ist die größte niederschwellige Drogenhilfeeinrichtung in Frankfurts Innenstadt. Er befindet sich direkt im Frankfurter Bahnhofsviertel und verfügt über einen Cafébereich, der bis zu 55 Klientinnen und Klienten Platz bietet, und Arbeitsprojekte mit 50 zusätzlichen Plätzen. Fast 350 KlientInnen besuchen die Einrichtung täglich und etwa 100 PatientInnen sind täglich in der medizinischen Ambulanz. Es wird auch täglich eine Sprechstunde für Drogenabhängige, die nicht substituiert werden, angeboten.

Nachdem sich ab Mitte der 1980er Jahre die Situation der Drogenabhängigen in Frankfurt immer mehr zuspitzte und der Bedarf an einer zusätzlichen Art Hilfsangebote deutlich wurde, wurde die Idee von Krisenzentren entwickelt. Der vae beteiligte sich von der ersten Stunde an mit einer praktischen Maßnahme, dem Spritzentausch. Bis dato war es für intravenöse Drogengebrauchende schwierig, eine sterile Spritze zu erhalten. Benutzte Spritzen wurden von einem zum anderen weitergegeben mitsamt der oft enthaltenen Keime, d.h. mit einem hohen Infektionsrisiko. Das HI-Virus mit seiner Folgeerkrankung Aids breitete sich ebenso aus wie Hepatitis- und andere Krankheitserreger.

1988 zogen MitarbeiterInnen des vae mit einem Bäckerfahrrad in die Taunusanlage, einem zu damaliger Zeit beliebten Szene-Treffpunkt. Vorn auf dem Fahrrad befand sich ein großer Karton mit sterilen Spritzen und Nadeln, hinten ein geschlossener Eimer mit einer Einwurföffnung. Einmalig wurden Spritzen verteilt, danach im Verhältnis von 1:1 getauscht. So wurde gleichzeitig verhindert, dass gebrauchte Spritzen die Gegend unsicher machten. Die Abhängigen, die sich im Park aufhielten, reagierten erst irritiert, überwanden dann schnell ihr Misstrauen und stellten sich dann brav in einer Reihe an, um gebrauchte gegen sterile Spritzen zu tauschen.

Weiterhin wurden die bereits bestehenden Streetwork-Teams durch einen Arzt verstärkt, so dass direkt vor Ort medizinische Hilfe geleistet werden konnte. Vom Paritätischen Wohlfahrtsverband erhielt der vae als Leihgabe einen Campingbus, so konnte der Spritzentausch auf festere Füße gestellt werden. Zusätzlich wurde ein Angebot an belegten Brötchen, Stückchen, heißen und kalten Getränken installiert, das von der Klientel gern angenommen wurde. Auch wurden die im Bus arbeitenden SozialarbeiterInnen zunehmend für Gespräche und ggf. Beratung nachgefragt.

Während sich die Umbauarbeiten in der Liegenschaft des zukünftigen Kontaktladens in der Moselstraße hinzogen, wurde der Bedarf an einer medizinischen Akutbehandlung der Drogenabhängigen immer dringender, so dass sich das ärztliche Team im Februar 1990 entschloss, eine provisorische Ambulanz in einem Bauwagen vor der Baustelle Moselstraße einzurichten. Am 27. September 1990 öffnete der Kontaktladen *Café Fix* in der Moselstraße 47 in Frankfurt/Main seine Türen. Er wurde vom ersten Tag an stark frequentiert. Mittlerweile wurde die Konzeption weiterentwickelt und viele Angebote sind hinzugekommen, andere wurden ausdifferenziert.

Das Café Fix hält folgende Angebote bereit:
- Cafébereich: Das Café ist montags bis freitags von 10 Uhr bis 17.30 Uhr und samstags von 12 Uhr bis 16.30 Uhr geöffnet. Es bietet Aufenthaltsmöglichkeiten, eine Theke mit Snacks und alkoholfreien Getränken, mittags frisch gekochtes, warmes Essen, einen Kickertisch, Schach und weitere Spiele. Das Café hat eine Hausordnung, an die sich alle BesucherInnen und KonsumentInnen illegaler Drogen zu halten haben, da sonst ein Hausverbot droht. Der Drogenhandel und -konsum ist im Haus verboten, ebenso Gewalt gegen Personen oder Sachen. Über das Café läuft auch der Zugang zu den anderen Angeboten des Kontaktladens: dem Hygienebereich, den SozialarbeiterInnen, den Arbeitsprojekten und der medizinischen Ambulanz. Die studentischen MitarbeiterInnen an

der Theke im Eingangsbereich stellen den Kontakt zwischen den BesucherInnen und den verschiedenen Abteilungen des Café Fix her und stehen als AnsprechpartnerInnen zur Verfügung
- Sozialarbeit: Das Café Fix hält mehrere Teams von SozialarbeiterInnen bereit, die eine breite Palette von Leistungen für die KlientInnen anbieten:
  – Beratung bei allgemeinen und psychosozialen Problemen
  – Krisenintervention
  – Betreutes Einzelwohnen
  – Schuldenberatung
  – Psychosoziale Betreuung
  – Strukturierte Programme zur Selbstkontrolle und Reduzierung des Beikonsums bei Substitutionsbehandlung (AKST)
  – Vermittlung/Begleitung in Krankenhäuser, ambulante Therapien, Betreutes Wohnen, Langzeittherapie
  – Beratung und ambulante Betreuung für Senioren (45 J. +) mit langjährigem Drogenmissbrauch; Rentenberatung, Lebensberatung, Vermittlung in angemessene Einrichtungen
  – Ambulante Substitutionsbehandlung mit Psychosozialer Begleitung nach § 35 BtMG nach Abstimmung mit der Generalstaatsanwaltschaft Frankfurt (Medizinische Behandlung, PSB, Arbeit und Beschäftigung).
- Hygienebereich: Der Hygienebereich des Cafés kann von allen KlientInnen nachmittags, nach Anmeldung kostenlos genutzt werden. Es gibt Duschen, eine Kleiderkammer, Waschmaschinen, eine Frisöse für die Haarpflege, Fußbäder sowie einen Spritzentausch (gebrauchtes gegen sauberes Geschirr im Verhältnis 1:1), bei dem auch Zubehör (Ascorbin, Tupfer, etc.) vorgehalten wird.
- Arbeitsprojekte: Seit Beginn des Jahres 2005 werden in Kooperation mit dem Job Center Rhein Main 23 Halbtagsstellen gemäß SGB II § 16 Abs. 2 (1,50 Euro-Jobs) angeboten. Außerdem gibt es Halbtagsstellen im Projekt »Fegerflotte«, das im Auftrag der Stabsstelle »Sauberes Frankfurt« durchgeführt wird. Im Projekt »Arbeit statt Strafe« können Geld- bzw. Freiheitsstrafen abgearbeitet werden, die von der Staatsanwaltschaft in gemeinnützige Arbeitsstunden umgewandelt wurden. Das Arbeitsprojekt wird von drei ArbeitserzieherInnen angeleitet. Insbesondere für die Beschäftigten nach SGB II werden alle Schritte unterstützt, die zur Aufnahme regulärer Beschäftigung oder zur Qualifizierung der Arbeitskraft führen. So gibt es die Vermittlung in fachpraktische Erprobungen in Betrieben des Ersten Arbeitsmarktes. Außerdem werden regelmäßig

Gespräche geführt, Selbst- und Fremdeinschätzungen der Arbeitsleistungen vorgenommen, Zwischen- und Abschlussberichte für das Job Center geschrieben und eine Überleitung zu den Persönlichen Ansprechpartnern (PAP) der Arbeitsvermittlung vorgenommen. Das Café bietet über die Arbeitsprojekte Betätigungsmöglichkeiten in den Gebieten: Kleiderkammer, Wäscherei, Küche, Renovierung, Putzen/Raumpflege, Haarpflege, Hausmeisterei, Gärtnerei, Kurierdienst und Stadtreinigung (Fegerflotte).

- Medizinische Ambulanz: An das Café Fix angeschlossen ist eine medizinische Ambulanz, in der eine Ärztin und zwei Ärzte mit verschiedenen Schwerpunkten arbeiten:
  – Allgemeinmedizinische Sprechstunde
  – Behandlung bei HIV- und Hepatitis- Infektionen und anderen Suchtfolge-Erkrankungen
  – Gesundheitsberatung, auch für Angehörige
  – Erste Hilfe und Notfall-Einsätze
  – Akupunktur
  – Integrierte Substitutionsbehandlung nach BUB-Richtlinien mit psychosozialer Betreuung
  – Ambulante Substitutionsbehandlung mit Psychosozialer Begleitung nach § 35 BtmG.
- Substitution: Die integrierte Substitutionsbehandlung mit psychosozialer Betreuung nach BUB-Richtlinien findet an 365 Tagen im Jahr statt (in Schaltjahren 366). An Wochentagen sind die Vergabezeiten von 9.00 bis 11.00 Uhr und 17.00 bis 17.30 Uhr. Am Wochenende und an Feiertagen findet die Vergabe von 11.00 bis 12.30 Uhr statt. Die Substitution steht maximal 120 PatientInnen zur Verfügung und erfolgt als integrierte medizinische Behandlung mit psychosozialer Betreuung nach den BUB-Richtlinien. Die Substitution erfolgt hauptsächlich mit Methadon, in einigen Fällen auch mit Buprenorphin, Subutex und Suboxone.
- Betreutes Einzelwohnen: Das Betreute Einzelwohnen hat neun Plätze. Klientinnen und Klienten, die allein in eigener Wohnung wohnen, werden von einer Sozialarbeiterin betreut und in unterschiedlichen Lebensbereichen und Problemlagen professionell unterstützt.

4 Streetwork im Spannungsfeld zwischen Prävention und Kriminalisierung

Ausgehend von der Frage, ob eine offene Drogenszene, d.h. öffentlicher Konsum, hygienisch unhaltbare Zustände und damit einhergehende betroffene Bürgerinnen und Bürger, in Frankfurt wirklich sein müssen bzw., ob dies menschenwürdig ist, wurde im Juni 2004 eine Initiative von mehreren Organisationen/Einrichtungen gestartet. Das Drogenreferat, das Ordnungsamt und das Polizeipräsidium der Stadt Frankfurt und die Träger der Drogenhilfe im Bahnhofsviertel starteten das Projekt OSSIP (Offensive Sozialarbeit Sicherheit Intervention Prävention), das sich speziell an die offene Szene im Bahnhofsviertel und dort insbesondere an langjährige Drogenabhängige ohne Anbindung an das Hilfesystem, stark auffällige Personen und noch nicht auf der Szene festgesetzte Neuankömmlinge richtet. Aus dem Kontaktladen Café Fix wurde hierfür eine Kollegin beauftragt. Die Initiative hat als Aufgabe und Ziel zuoberst die Reduktion des öffentlichen Konsums. Es soll aber auch eine aufsuchende, aktive Kontaktaufnahme zur Zielgruppe hergestellt werden, die eine personenbezogene Initiierung und Koordination von Hilfen und die Einzelfallhilfe ermöglicht. Des Weiteren sollen durch die Initiative verstärkt Szenebeobachtungen und Informationsvermittlung stattfinden und die Rückführung auswärtiger DrogenkonsumentInnen vorangebracht werden. OSSIP ist in drei Phasen aufgebaut:

- Phase 1: Die erste Phase ist von der Festsetzung und Kommunikation der Regeln und der Suche nach Kooperationspartnern geprägt. Als Regeln wurden folgende Ankerpunkte festgesetzt:
  - Kein öffentlicher Drogenkonsum
  - Kein öffentlicher Drogenhandel
  - Keine Szenebildung
  - Keine Ruhestörung
  - Keine Verschmutzung des öffentlichen Raumes.

  Die Kooperationspartner bestehen aus Ämtern, Krankenhäusern und Obdachloseneinrichtungen.
- Phase 2: In der zweiten Phase geht es darum, die oben genannten Regeln durch einen stark erhöhten Polizeieinsatz und Angebote zur Hilfe durchzusetzen. Dafür ist eine gute Kommunikation, d. h. Absprachen zwischen der Polizei und der Drogenhilfe und Aufklärungsarbeit bei den Beamten, sehr wichtig bzw. unerlässlich.
- Phase 3: Die dritte Phase ist von aufsuchender und nachlaufender Kontaktaufnahme, Vermittlungen, Begleitungen, Einzelfallhilfe, Rückkehrhilfen und Case Management geprägt.

Schlusswort

Mit Blick auf Streetwork lässt sich festhalten: Streetwork ist zwar oft umstritten, wird aber grundsätzlich in den meisten Städten und Gemeinden als wirkungsvoll betrachtet. Der Kontakt zu Klientel ist wichtig. Streetwork ist schon lange ein wichtiges Standbein der Drogenprävention bzw. Drogenhilfe und braucht mehr denn je gesellschaftliche, politische und rechtliche Anerkennung.

Offene Drogenszenen in den letzten 20 Jahren:

Die Frankfurter Taunusanlage 1988 (links) und 2008 (rechts)

Literatur

http://www.cafefix.de/ (05.09.2008)
http://www.frankfurt.de/sixcms/detail.php?id=2811&_ffmpar[_id_inhalt]=7526 (05.09.2008)
Schneider, Wolfgang (2006): Was ist niedrigschwellige Drogenhilfe?, auf: http://www.indro-online.de/nda.htm (11.06.2008)

Streetwork in Wochenendszenen – Jugendarbeit zwischen Alkohol und Party

Guido Gulbins/Isabell Stewen

Jedes Wochenende treffen sich in ganz Deutschland Jugendliche und junge Erwachsene, um gemeinsam die Nächte durchzumachen. Ob in ländlicher Großraum-Disko, der Dresdener Neustadt, dem Kölner Ring oder auf der Reeperbahn: Unterschiedlichste Jugendkulturen und Nationalitäten verschmelzen vor und in den Klubs und Diskotheken zu einer großen Wochenendszene. Bis hierher gut und im Sinne der adoleszenten Schaffung von Freiräumen wünschenswert. Was aber, wenn die Stimmung kippt? Wenn das nächtliche Vergnügen den friedlichen Partycharakter einbüßt und sich in kriminelle, exzessive und gewalttätige Szenarien verwandelt? Die Antwort scheint vermeintlich einfach: Dann muss die Polizei eingreifen. Um des Friedens willen. Also werden die Jugendlichen, von denen der Großteil tatsächlich in Ruhe feiern möchte, mit einer massiven Polizeipräsenz und einem Bewachungsstatus (Kameras etc.) konfrontiert, wie sie sonst nur bei brisanten Fußballspielen zu erwarten sind. Die Stimmung wird auch durch den steigenden Alkoholkonsum gereizt bis aggressiv, und die friedliche Partyatmosphäre kann getrübt werden. Um dieser Art von ordnungspolitischer Repression ein sozialpädagogisches Pendant an die Seite zu stellen, gibt es mittlerweile die ersten Streetworkprojekte, die ihre Einsatzgebiete zwischen Ein-Euro-Pubs, Clubs und Diskotheken haben.

Im Folgenden werden zuerst die Ergebnisse und offenen Fragen des Workshops »Hilfe in der Nacht – Nachhaltigkeit von Streetwork zwischen Alkohol und Party« im Rahmen des Bundesweiten Streetworkertreffens 2008 in Höchst dargestellt. Im Anschluss veranschaulicht die Konzeption und Evaluation »*Pro Meile* – Aufsuchende Jugendarbeit auf der Bremer Diskomeile« anhand der ersten Auswertungen der dreimonatigen Phase des Pilotprojekts, wie eine solche Arbeit erfolgreich in die Praxis umgesetzt werden kann und gefühlt bis messbar tatsächlich sinnvoll ist, so dass die Jugendlichen und jungen Erwachsene diese positiv besetzen und letztlich sogar von ihr profitieren.

Workshop: »Hilfe in der Nacht – Nachhaltigkeit von Streetwork zwischen Alkohol und Party«

An dieser Stelle werden alle Ergebnisse dokumentiert, welche die Gruppe gemeinsam erarbeitet hat. Eine Wertung entspricht also dem Konsens der Teilnehmer. Offene Fragen und Kritikpunkte stammen ebenso aus dem Plenum wie Verbesserungsvorschläge und Tipps. Da die Teilnehmer aus den unterschiedlichsten Tätigkeitsfeldern von Streetwork arbeiten, gilt es, vorab die gravierendsten Unterschiede zur »herkömmlichen« Arbeit speziell in den Bereichen Setting und Grenzen festzustellen, ohne jedoch ausführlich über die Arbeit des Projekts *Pro Meile* zu informieren.

Das Setting ist geprägt durch das Antreffen und Aufeinandertreffen stark alkoholisierter Jugendlicher und eine aggressiven Stimmung, die mit zunehmender Dunkelheit vorherrschender wird. Die Gruppenkonstellationen unterscheiden sich zur »typischen« Streetworkklientel durch Alter und Geschlechterrolle, die Gruppen sind deutlich größer als im normalen Arbeitsalltag. Es handelt sich vorwiegend um lose Cliquen unterschiedlichster Herkunft (Nationalität, Jugendkulturen etc.). Die Verbindung von Party, Alkohol und Drogen ist einzigartig, die Situation gleicht einem »Bienenstock« bzw. mit zunehmender Party-Dauer und parallel zunehmender Polizeipräsenz einem »Pulverfass«. Die Grenzen des Projekts sind vor allem dann erreicht, wenn es seitens der lokalen Wirtschaft instrumentalisiert werden soll, beispielsweise zur Klärung der Interessenlage der Gastronomie. Darüber hinaus zeigt sich eine deutliche Grenze beim Umgang mit exzessivem Alkohol- und Drogenkonsum, der größtenteils unberechenbar und somit in den meisten Fällen auch unkontrollierbar ist. Die persönlichste Grenze ist wohl das Aufeinandertreffen von Professionalität und dem Abenteuer »Selbsterprobung«: Wie weit kann ich gehen? Was traue ich mir zu? Habe ich die Situation im Griff? Wann wird es zu gefährlich? Eine weitere Grenze ist überschritten, wenn das Projekt als eine Art Konflikt-Coach/Manager oder ständiger Ansprechpartner für Beschwerden der Anwohner herhalten soll.

Neben den Grenzen und den besonderen Settingbedingungen zeigen sich weitere Unterschiede aber auch Spannungsverhältnisse. Zum einen stellt sich die Frage, ob Streetwork als Störfaktor wahrgenommen wird oder als Kontrollinstanz fungiert? In Bezug auf den Arbeitsauftrag zeigt sich, dass Streetwork hier einen eher beobachtenden, beratenden aber natürlich auch helfenden Charakter besitzen soll, und damit nicht als explizite Einzelfallhilfe organisiert ist. Ein Spannungsverhältnis besteht zwischen dem ordnungspolitischen Auftrag einerseits und dem Agieren nach Fachstandards andererseits. Mit anderen Worten: Das Projekt muss professionell, transparent und zuverlässig arbeiten, um nicht letztlich als Störfaktor im Party-Setting, bzw. als instrumentalisierte Kontrollinstanz diskreditiert zu werden.

Mit diesen gesammelten Ergebnissen und einem anschließenden Vortrag über *Pro Meile* begeben sich die Teilnehmer in Kleingruppen, um anhand zweier vorgegebener (fiktiver) unterschiedlicher Beispiele aufsuchender Jugendarbeit in Wochenendszenen, die Praktikabilität eines solchen Vorhabens zu untersuchen.

Pro Meile – Streetwork auf der Bremer Disko Meile. Konzeption und Evaluation

In seiner Sitzung vom 27. Juni 2006 hat der Jugendhilfeausschuss des Landes Bremen die Einleitung einer Reihe von jugendpolitischen Maßnahmen zur Erhöhung der Sicherheit auf der Bremer Disko Meile, kurz Meile zugestimmt. Eine dieser Maßnahmen ist das Pilot Projekt *Pro Meile*. Vorausgegangen war zum damaligen Zeitpunkt eine Reihe von gewalttätigen Vorkommnissen mit kriminellem Hintergrund, wie es im offiziellen Jargon heißt. Tatsächlich handelte es sich um gewalttätige Fehden rivalisierender Türstehergruppen um die Vorherrschaft auf der Meile. Den Höhepunkt stellte eine Schießerei dar, bei der auch Unbeteiligte schwer verletzt wurden und ein anschließender »Vergeltungsschlag«, bei dem ein 19-Jähriger starb, eine Kette von Maßnahmen (Null-Toleranz-Strategie der Polizei, Großrazzien, Hausdurchsuchungen und Schließungen) nach sich zog. Zeitungen titelten »Tatort Disko – Drohgebärden und privater Terror« (Bremen 4U, Ausgabe 2/2006) und zeichneten das Bild des gesetzlosen, von organisiertem Verbrechen dominierten Areals. Logische Folgen waren verschreckte Besucher und massive Einbußen der Betreiber und letztlich ein sehr schlechtes Image der Diskomeile, das über die Verbreitung in der überregionalen Presse auch auf Bremen abfärbte. In einem halbjährigen Prozess wurde unter Federführung von VertreterInnen der Senatorin für Arbeit, Frauen, Gesundheit, Jugend und Soziales (u.a. zuständig für den Jugendschutz) und unter Trägerschaft des Vereins zur Förderung akzeptierender Jugendarbeit (VAJA e.V.), letztlich die o.g. Maßnahmen eingeleitet: Die Einrichtung einer Anlauf- und Beratungsstelle sowie eines mobilen Betreuungsteams auf der Meile. Ein Projekt, das seitdem unter dem Namen *Pro Meile* fungiert. Als Anlaufstelle und unterstützende Instanz der Jugendlichen, bewusst ohne repressive Handhabe und ohne einen originären Auftrag der Disko-Betreiber. Im Folgenden wird die Konzeption und die Evaluation des Pilot Projekts (September 2006 bis Dezember 2006) von *Pro Meile* beschrieben. Dieses Projekt ist in seiner Form und Ausführung auf den Standort Bremen zugeschnitten. Eine Übertragbarkeit auf andere Städte und Gebiete ist grundsätzlich zwar denkbar, aber nur unter modifizierten Bedingungen umsetzbar.

1 Praxisbezogene Ausgangspunkte

Vereinzelte Diskotheken sind zwar täglich geöffnet, die meist frequentierten Tage sind aber Freitag und Samstag. Ein durchschnittlicher Abend an einem Wochenende auf der Meile lässt sich in drei Phasen einteilen (diese Einteilung basiert auf den Ergebnissen der vorab durchgeführten Erhebung, vgl. Punkt 2). Bis ca. 0.00 Uhr verhält es sich ruhig auf der Meile. Erste Besucher flanieren vor den Diskotheken und Kneipen, die Stimmung ist weitgehend ruhig. Die zweite Phase ist die Prime Time, die ungefähr bis 4 Uhr andauert. Zu beobachten ist ein enormer Strom an Besuchern, die sich teilweise stark alkoholisiert auf dem engen Bürgersteig bewegen, wobei es immer wieder zu kleinen Reibereien, Wortgefechten und manchmal auch handfesten Auseinandersetzungen kommt. Die Fluktuation erreicht in dieser Phase ihren Höhepunkt. Gerade die Jüngeren »switchen« zwischen den Diskotheken und 1-Euro-Pubs, wo der Alkohol günstiger ist. Die Situation ist unübersichtlich, hektisch und der Lautstärkepegel nimmt zu. Die Atmosphäre ist angespannt. Im Strom der Besucher versuchen Türsteher und Polizei den Überblick zu behalten. Seit 2008 kommen der Polizei dabei Überwachungskameras zu Hilfe. Die letzte Phase läutet das Ende der Nacht ein. Die Meile beginnt sich ab vier Uhr langsam zu leeren. Während viele den Heimweg antreten, kommt es aber gerade in den frühen Morgenstunden zu Auseinandersetzungen. Alkoholisiert, aufgedreht und womöglich unzufrieden (Ärger mit Polizei/Türstehern/Freunden) wird aus einem kleinen Wortgefecht schnell eine handfeste Schlägerei, in der sich der gesammelte Frust entlädt. Neben den Besucher der Diskos und Kneipen nutzen auch andere Personengruppen die Anonymität der Menge: Obdachlose, Drogenabhängige und Dealer bewegen sich genauso auf der Meile wie Rocker-Chapter, rechtsextreme Hooligans und kriminelle Banden, denen es hauptsächlich um die »Türen« der Clubs und um Drogengeschäfte geht. All jene, die mit jugendpolitischen Maßnahmen nicht erreicht werden (wollen), beeinflussen nicht zuletzt aufgrund ihres bedrohlichen Auftretens und ihres Gewaltpotentials die Stimmung auf der Meile, die von vielen Besuchern als bedrohlich, beängstigend und gefährlich wahrgenommen wird. Gerade Letztere bilden dementsprechend die Zielgruppe der Streetworker.

2 Empirische Werte

Eine Untersuchung (narrative Interviews mit halbstandardisierten Fragebögen) im Auftrag der zuständigen senatorischen Behörde, hatte das primäre Ziel, die Gewalterfahrungen, das gefühlte Sicherheitsempfinden und vor allem die Struktur (Geschlecht, Alter, Gruppen etc.) der Besucher auf der Meile einzufangen. Gleichzeitig konnten anhand der teilnehmenden Beobachtung wichtige Erkenntnisse bezüglich des nächtlichen »Ablaufs« gesammelt werden. Die Erhebung, die auf der Meile und bewusst nicht in den Diskotheken und 1-Euro-Pubs gemacht wurde, umfasst 130 Interviews mit 450 Jugendlichen und jungen Erwachsenen im Alter von 15 bis 22 Jahren. Um einen breiten Querschnitt zu bieten, wurde an drei verschiedenen Nächten zu jeweils drei verschiedenen Uhrzeiten interviewt und beobachtet. Im Folgenden soll lediglich auf einige der für die Arbeit besonders wichtigen Items eingegangen werden.

2.1 Die Besucher

Im Schnitt sind die Besucher 18 Jahre alt und bewegen sich in Gruppen von bis zu fünf Personen. Die Zahl der männlich dominierten Gruppen ist dabei höher als die der Frauen. Die Befragten kommen zu knapp drei Vierteln direkt aus Bremen. Immerhin knapp 80 Prozent kommen regelmäßig, wobei vier von fünf Besuchern die Diskotheken-Besuche als Grund benennen. 80 Prozent gaben Deutschland als Herkunftsland an. Die Zahl der Befragten mit ausländischer Herkunft erscheint dagegen erstaunlich gering, wobei anzumerken ist, dass viele der Befragten einen Migrationshintergrund erwähnten, aufgrund ihres deutschen Passes aber dementsprechend antworteten. Die meisten Befragten sehen sich nicht als Angehörige einer Jugend(sub)kultur. Vereinzelt sind ein paar Punks, Skater oder Emos zu beobachten, diese bilden aber eine Minorität.

2.2 Stimmung und Konsumverhalten

Nach der eigenen Stimmungslage befragt, antworten knapp 70 Prozent, dass sie »fröhlich« bis »gut gelaunt« sind. Fast ein Viertel spricht sogar von einer »Euphorie«. Lediglich dreizehn Personen gaben an, »schlecht gelaunt« und sogar »leicht aggressiv« zu sein. Um die Stimmung auf der Meile zu beleuchten, wurden die Teilnehmer gefragt, wie sicher sie sich auf der Meile fühlen. Das Ergebnis scheint erstaunlich, fühlen sich doch knapp drei Viertel trotz der o.g. Vorfälle »sicher« bis »relativ sicher«, also lediglich 27,2% »weniger sicher« bis »unsicher«. Umso paradoxer scheint dieses Ergebnis, wenn man sich die Zahl derer anschaut, die »direkt von Gewalt auf der Meile betroffen« waren (28,4%) und derer, die »schon mal einen gewalttätigen Vorfall beobachtet haben« (41,5%). Hierbei muss zwar betont werden, dass es sich bei einem Großteil (70%) um verbale Gewalt handelte, diese Erfahrungen aber ausreichen, um die Stimmung grundsätzlich als »negativ« zu bewerten (46,1%), was immerhin knapp der Hälfte aller Befragten entspricht. Bei der Wahl der Getränke geben drei Viertel an, »Bier« und »Mixgetränke« (z. B. Wodka-Red Bull) zu bevorzugen. Lediglich 1,2% konsumieren keinen Alkohol. Nicht nur aus Sicht des Jugendschutzes ist dies ein alarmierendes Ergebnis. Auf die Frage nach dem »Alkoholpegel« antworten dementsprechend auch drei Viertel, dass sie »angetrunken bis betrunken« sind. Diese explosive Mixtur aus (verbalen) Gewaltdelikten und extremen Alkoholkonsum kann die Party schnell kippen lassen. Ein Resultat ist die o.g. negative Stimmung, die von der Meile ausgeht.

2.3 Türsteher und Polizei

Ein zentraler Reibungspunkt sind die Türsteher und deren teilweise nur schwer nachvollziehbare Türpolitik. Von den 137 Aussagen bezüglich der Türsteher fallen 124 (94,8%) negativ aus. Knapp 40% geben dabei als größtes Problem an, dass Türsteher »aggressiv, gewaltbereit, provozierend und Unruhe stiftend« seien. Jeder Zehnte gibt sogar an, sich »aufgrund ethnischer Zugehörigkeit diskriminierend behandelt« zu fühlen. 20% haben kein Vertrauen in die Türsteher und halten sie schlicht für »inkompetent«. Das Verhältnis zwischen Türsteher und Publikum ist eindeutig gestört. Nicht zuletzt aufgrund ihrer vermeintlichen Rolle im organisierten Drogenhandel, ihrer vereinzelten Zugehörigkeit zur rechtsextremen Szene und ihrer scheinbar willkürlichen Türpolitik (»Du kommst hier nicht rein«), haftet ihnen ein äußerst fragwürdiges und schlechtes Image an. Die Meinung über die Polizei vor Ort ist zwar ausgewogener, aber auch nicht unbedingt positiv. So fallen von insgesamt 97 Aussagen bezüglich der Polizei 52 (53,6%) negativ aus. Ein großer Vorwurf lautet, »die Polizei ist nicht da, wenn man sie braucht« (16,5%) und »bietet trotz Präsenz keine Sicherheit« (10,3 %). Die Befragten fordern eine positivere Außendarstellung der Polizei. Der Wunsch nach ziviler Streife wird geäußert. Hier könnte man vermuten, dass dieser Forderung eine Abschreckung seitens der dominant auftretenden, uniformierten und bewaffneten Einsatztruppe vorausgegangen ist.

2.4 Fazit

Hauptsächlich sind die Besucher in gemischtgeschlechtlichen Gruppen unterwegs. Die Stimmung ist anfangs gut, kippt aber mit zunehmendem Alkoholkonsum. Bedenklich hierbei ist der hohe Anteil von Mischungen mit »hartem« Alkohol, der gerade bei den Jüngeren unverhältnismäßig konsumiert wird. Die Besucher haben eine ausgesprochen schlechte Meinung zu den Türsteher auf der Meile. Willkür, Bedrohungen, Inkompetenz, Gewalt und Diskriminierungen sind nur einige Vorwürfe und Stichworte, die in diesem Zusammenhang geäußert wurden. Nur ein wenig besser wird die Polizei beurteilt, der zwar Passivität, aber auch mangelnde Präsenz vorgeworfen wird, was im Umkehrschluss auf den Wunsch nach mehr Polizei und damit auf ein vergrößertes Sicherheitsgefühl hindeutet.

3 Zieldimensionen

Das Team von *Pro Meile* will auf niederschwelliger Basis Ansprechpartner vor Ort sein und als feste Institution und Anlaufstelle wahrgenommen werden. Es geht darum, flexibel auf die individuellen Themen, Sorgen und Ängste der Jugendlichen einzugehen und ihnen als Erwachsene ein offenes Ohr zu bieten. Das Jugendhilfe-Angebot sieht hier vor, als alternativer Gesprächspartner zu Schule und Elternhaus zu fungieren und ohne Wertungen und erhobenen Zeigefinger für Jugendliche da zu sein. Gleichzeitig tritt das Team bei schwerwiegenderen Fällen und Problemlagen als Vermittler und Begleiter zu fachspezifischen Jugendhilfeeinrichtungen und zur Polizei und/oder medizinischer Versorgung auf. Diese meist individuelle Hilfe erleichtert Jugendlichen, Konsequenzen ihres Handelns besser tragen zu können und Ohnmachtsgefühle abzubauen. Ziel ist es, aus Frustration, (unterdrückter) Wut, Ohnmachtsgefühlen und Hilflosigkeit resultierende Gewaltpotentiale durch Gespräche und Zuhören zu vermindern. Jugendliche kompensieren diese Gefühle und individuellen Erlebnisse durch lautes Auftreten und raumeinnehmendes Gebaren, das Aufmerksamkeit und Anerkennung einfordern soll. Da Jugendliche auf der Diskomeile mit Freunden unterwegs sind, können sich individuelle Problemlagen wie ein Domino-Effekt auf Freunde und/oder andere Jugendliche übertragen bzw. diese davon in Mitleidenschaft gezogen werden. Hier versucht *Pro Meile* als Gesprächspartner anzusetzen. Das dadurch verursachte Gefühl, nicht mehr allein zu sein, fördert die positive Stärkung der Jugendlichen und trägt zum Sicherheitsgefühl bei. Sich seine Ängste und Sorgen von der Seele zu reden, schafft bei den Jugendlichen ein Gefühl der Erleichterung und kann somit Entspannungsmomente schaffen. Das kann punktuell einen Frustrationsabbau bewirken und eine Veränderung im Partyverhalten nach sich ziehen. Gefühle und Erlebnisse bewusst machen und verbalisieren zu können, kann eine Eskalationsspirale unterbrechen und eine gefühlte Sicherheit innerhalb eines Freundeskreises bewirken.

4 Indikatoren der Zielereichung

Streetwork auf der Bremer Diskomeile ist durch das Diskotheken-Milieu und das sich dort aufhaltende Klientel geprägt. Es muss damit partiell verändert, auf dieses Milieu und die dort anzutreffende Zielgruppen zugeschnitten werden und seine modifizierte Berücksichtigung finden. Hier kann im Vergleich zum Konzept der Aufsuchenden Jugendarbeit mit Cliquen und Szenen nicht mit einer langfristigen Begleitung und einer prozesshaften Beziehungsarbeit gerechnet werden. Die Indikatoren der Zielerreichung müssen demnach auf den Einsatzort Diskomeile angelegt und angepasst werden.

4.1 Akzeptierender Ansatz

Der akzeptierende Ansatz sieht hier u.a. vor, den Arbeitsort und die Arbeitsbedingungen anzunehmen. Das bedeutet, die vorherrschenden Bedingungen der Nacht, die laut aus den Diskotheken schallende Musik, den anfallenden Müll auf den Straßen und auch die Präsenz von Polizei zu billigen und sich darin aufsuchend bewegen zu können. In Bezug auf die Zielgruppe muss vorerst das Partyverhalten und der damit einhergehende Alkoholkonsum als meist hinzunehmende Begleiterscheinung akzeptiert werden. Die Akzeptanz bezieht sich dabei konkret auf das (alkoholisierte) Auftreten in (Klein-)Gruppen, auf der Suche nach Spaß, Flirten, Tanzen sowie sehen und gesehen werden. Dies bedeutet in der Konsequenz, dass der Alkohol- und Drogenkonsum sowie politische Einstellungen Jugendlicher nur begrenzt berücksichtigt und in Frage gestellt werden können.

Dies zeigt sich als besondere Erschwernis in der Bearbeitung von Bedürfnis- und Bedarfslagen, da in diesen Momenten nur begrenzt Konfliktlösungen angedacht werden können.

4.2 Streetwork

Streetwork findet in diesem Milieu der Bremer Diskomeile vorrangig auf der Straße bzw. dem Bürgersteig statt. Das Team bewegt und verhält sich in dieser Szenerie eher passiv und beobachtend. Im Falle von durch den beobachtenden Charakter wahrzunehmenden aggressiven oder eskalierenden Stimmungen von Jugendlichen verändert sich das Rollenverhalten, da je nach Eskalationsgrad auf die negative Stimmung aktiv bzw. interventiv eingegangen wird. Gleichzeitig bietet die Anlaufstelle auf der Meile Jugendlichen die Möglichkeit Streetworker anzusprechen oder auch einen Rückzugsraum für längere, intimere Gespräche.

4.3 Freiwilligkeit

Das Angebot, das den Jugendlichen auf der Diskomeile unterbreitet wird, basiert auf Freiwilligkeit. Die Jugendlichen nehmen die Mitarbeiter als Ansprechpartner wahr und machen von dem Angebot freiwillig Gebrauch. Sie lassen sich aus eigenem Antrieb auf ein Gespräch über selbstgewählte Themen und Inhalte ein. Der Streetworker bietet sein offenes Ohr, hört zu und versucht mit den Jugendlichen zusammen, das Problem zu lösen, die eingebrachte Bitte oder den Hilferuf zu bearbeiten. Dies reicht von aktivem Zuhören und dem »sich mal ausquatschen können« über die gemeinsame Suche nach Lösungen, die mit Hilfe von Jugendhilfeeinrichtungen und Institutionen, die mit dieser Problematik befasst und für diese zuständig sind, entwickelt werden können. Jede Entscheidung und jede nachfolgende Begleitung geschieht nur in Absprache mit den Jugendlichen und im parteilichen Rahmen. Daraus kann auch ein zweites oder auch ein mehrmaliges begleitendes Treffen mit dem Jugendlichen in die Woche erfolgen.

4.4 Authentizität

Die Authentizität richtet sich an alle Mitarbeiter, und vorrangig an die Semi-Professionellen und ehrenamtlichen Kräfte, da sie nicht vollständig eine sozialpädagogische Rolle einnehmen können. Sie agieren intuitiv mit fachlich-pädagogischen Grenzen, kommen als Zivilpersonen ihrer Zivilcourage nach und stehen in Balance zwischen Qualifizierung und persönlicher Motivation. Aufgrund wechselnder Teamkonstellationen von einer Nacht zur anderen, muss immer wieder Wert auf Absprachen, Offenheit, konstruktive Kritik und offene Fragestellungen gelegt werden.

5 Arbeitsbereiche

Die Bremer Diskomeile erstreckt sich südlich des Bahnhofvorplatzes über den Straßenzug Rembertiring bis hin zur Eduard-Grunow-Straße und bezieht den Herdentorsteinweg und Auf-der-Brake mit ein. Die circa 1,5 Kilometer lange Strecke ist auf beiden Seiten der Hochstraße von Diskotheken, Kneipen und Clubs gesäumt. Die jugendliche Zielgruppe frequentiert aufgrund des Angebots vorrangig nur die eine Seite des Rembertirings, die dementsprechend die Hauptroute der Mitarbeiter ist. Eingeschlossen werden hier auch die Innenhöfe, die Zugänge zu einer weiteren Diskothek, einer Spielothek und Geschäfte für den Erotikbedarf sind. Hier ist auch, vor einer Diskothek gut einsehbar, die feste Anlaufstelle des Teams, ein ziviler Kleinbus der Polizei platziert, so dass die ankommenden Besucher vom Hauptbahnhof diesen schnell wahrnehmen können. Die eine Hälfte des Teams hält sich gut sichtbar in der Nähe des Kleinbusses auf. Der andere Teil des Teams läuft seine Route über die Diskomeile, ohne Diskotheken oder Kneipen zu betreten. Dies kann innerhalb des jeweils eingesetzten Teams im Laufe der Nacht im Rotationsverfahren wechseln. Die vorrangige Ansprechbarkeit auf der Straße soll vor allem einer zu großen Vermischung zum Diskothekenmilieu vorbeugen.

6 Kooperations- und Netzwerkarbeit

Ein Modellprojekt wie *Pro Meile* benötigt ein Fundament, das aus Kooperationen, Netzwerken und Öffentlichkeitsarbeit besteht. Es basiert auf breiter Akzeptanz und gegenseitiger Wertschätzung. Im Folgenden sollen die wichtigsten Kooperations- und Netzwerkpartner skizziert werden.

6.1 Kinder- und Jugendschutz

Wichtigster Kooperationspartner ist in diesem Fall die Abteilung Kinder- und Jugendschutz der Senatorin für Arbeit, Frauen, Gesundheit, Jugend und Soziales, da das Modellprojekt das Ergebnis des Bedarfs an jugendpolitischen Maßnahmen aus dem Hause der Senatorin (dieser Abteilung) darstellt.

6.2 Polizei

Essenziell für die reibungslose Durchführung des Projekts ist es, eine kooperative Ebene mit der Polizei herzustellen. Das ist aus dem Grund wichtig, da man zwar gleichzeitig, aber mit unterschiedlichen Ansätzen auf relativ engem Raum arbeitet. Versteht sich die Polizei als ein repressiver Ordnungshüter, verfolgt *Pro Meile* eher einen sozialpädagogischen Ansatz, um als gleichwertiger Partner und zuverlässiger Zuhörer wahrgenommen zu werden. Um den Gefahren einer »rivalisierenden Konkurrenz« entgegenzuwirken, ist eine professionelle Zusammenarbeit unabdingbar. Letztlich ist die Zusammenarbeit bzw. der Dialog im besten Falle produktiv. So ermöglicht die gegenseitige Akzeptanz als wichtiger Partner z. B. eine Weitervermittlung in die jeweiligen »Zuständigkeitsbereiche«.

6.3 Diskotheken/Türsteher

Wichtige Voraussetzung für eine erfolgreiche Arbeit auf der Meile ist die Zusammenarbeit mit den Betreibern der Diskotheken, Kneipen und Imbissstuben. Diese sollten ein Interesse an der Arbeit eines mobilen Teams von Streetworkern und Ehrenamtlichen haben, da dieses nicht nur situativ vor Ort handelt, sprich eventuell beruhigen, sondern auch langfristig für ein verbessertes Sicherheitsgefühl, also eine positivere Stimmung sorgen kann. Von der letztlich alle und gerade die Betreiber profitieren. Da die Arbeit von *Pro Meile* ausschließlich auf der Straße stattfindet, ist hier die Präsenz und somit der Zugang zu den Jugendlichen und jungen Erwachsenen eher gewährleistet als in den lauten Diskos und Kneipen, sollten die Diskobetreiber diese Arbeit durch Hilfestellungen (Toiletten-Nutzung, Lagerräume zur Verfügung stellen) unterstützen. Diese Zusammenarbeit darf nicht in der Sackgasse zu den Betreibern enden, sie muss bis zu den Türstehern funktionieren, da diese oftmals eine Scharnierfunktion zwischen Disko und Straße bilden. Zum besseren Verständnis ist es dienlich, die Arbeitsmethoden und -bereiche des *Pro Meile*-Teams möglichst transparent zu gestalten. So dürfen Problemfälle nicht in die Hände der *Pro Meile*-Mitarbeiter »abgeschoben« werden. Umgekehrt muss das Team den Zuständigkeitsbereich und die Methoden der »Türpolitik« akzeptieren. Gerade im Bereich der Türen ist es daher wichtig, für gegenseitig klare Verhältnisse zu sorgen und sich zu respektieren, um nicht als Konkurrenz bzw. als kontraproduktive Instanz wahrgenommen zu werden.

6.4 Weitervermittlung/Netzwerkarbeit

Vor Ort wird das Team mit unterschiedlichen Problemlagen konfrontiert. »Kleinere« Sorgen und Nöte können eventuell sogar direkt vor Ort bearbeitet werden. Teilweise handelt es sich aber auch um Probleme, die nicht innerhalb eines Gesprächs gelöst werden können und nachhaltige Betreuung/Beratung bedürfen: Drogen-/Alkoholsucht, gewalttätige und/oder sexuelle Übergriffe (auch innerhalb der Familie), Obdachlosigkeit oder psychische Extremlagen wie Borderline, um nur einige zu nennen. Durch eine gute Netzwerkarbeit sind die Mitarbeiter vor Ort in der Lage, Jugendlichen und jungen Erwachsenen mit hohem Bedarf, eine Hilfestellung zu geben, indem sie Informationen, Adressen und Flyer über öffentliche Einrichtungen (Mädchenhaus, Jungenbüro, Drogen- und Berufsberatung etc.) und andere soziale Institutionen (Wohngruppen, Arbeitsvermittlung etc.) erhalten. Diese Netzwerkarbeit ist von immenser Bedeutung, da das Team zwar aufgrund seiner limitierten zeitlichen und personellen Kapazitäten eine Betreuung über die Dienstzeiten hinaus nicht zu leisten im Stande ist, eine Weitervermittlung aber trotzdem initiiert werden kann und in vielen Fällen intensivere Hilfestellungen ermöglicht.

7 Rahmenbedingungen

Die Arbeitszeiten für das Team und die Ehrenamtlichen sind jeweils Freitagnacht und Samstagnacht von 22.00 Uhr bis 3.00 Uhr.

7.1 Personelle Strukturen

Das mindestens sechsköpfige Team vor Ort setzt sich aus einem Pool von drei hauptamtlichen Mitarbeitern, vier Praktikanten der Hochschule Bremen (Fachbereich Soziale Arbeit) und ca. 15 Ehrenamtlichen mit unterschiedlichen Qualifikationen und Vorkenntnissen zusammen. Vor Ort arbeitet das *Pro Meile*-Team mit mindestens einer hauptamtlichen Kraft, drei Praktikanten und zwei bis drei Ehrenamtlichen, die das Team ergänzen. In der jeweiligen Zusammenstellung wird auf Parität in der Geschlechterverteilung und die Balance zwischen professioneller Erfahrung (Hauptamtlichkeit) und freiwilligem Engagement (Ehrenamt) geachtet.

7.2 Standards

Alle Mitarbeiter tragen eine einheitliche Weste mit gut erkennbarem *Pro Meile*-Logo. Diese ist zudem noch mit dem Zusatz «Streetwork« und dem Vornamen der Person versehen. Ein ziviler Kleinbus, von der Polizei gestellt, dient als »Büro«, Treffpunkt und Anlaufstelle. Durch ein großes Banner mit der (Graffiti-)Aufschrift »Meilen Point« ist der Bus als *Pro Meile*-Station für alle gut erkennbar. Im Bus befinden sich neben Infomaterial und anderem Zubehör (Kondome etc.) auch der Erste-Hilfe-Kasten, sowie Getränke (Wasser, Cola, Tee und Kaffee), die den Jugendlichen und jungen Erwachsenen bei Bedarf zur Verfügung gestellt werden können. Als Lagerraum für Westen, Materialien und Getränke dient ein Raum in einer angrenzenden Diskothek, die dem Team ebenfalls kooperativ freie Toilettennutzung gewährt. Das Team ist mit zwei Diensthandys ausgestattet. Deren Nummern werden jeweils am Anfang einer Schicht mit den diensthabenden Zugleitern der Polizei abgeglichen, so dass ein schneller und direkter Kontakt in der Nacht jederzeit möglich ist.

7.3 Fachliche Begleitung/Reflexion

Alle Mitarbeiter erhalten in regelmäßigen Abständen Schulungen und Fortbildungen. Feste Themen sind Streetwork, Teamarbeit, Erste Hilfe und ein Deeskalationstraining. Andere Themen wie Drogen, Rechtsextremismus und Hartz IV werden aufgrund aktueller Ereignisse und je nach Bedarf der Mitarbeiter angeboten und diskutiert. Das Team um die Hauptamtlichen und Praktikanten tagt, offen für interessierte Ehrenamtliche, wöchentlich, u. a. um Einsätze vor- und nachzubereiten, sowie die aktuellen Tagesdokumentationsbögen auszuwerten. Letztere werden von jedem Team ausgefüllt und beinhalten u. a. die Items: Kontakte (männlich/weiblich), Gesprächsthemen, Anzahl Beratungen (Themen), Anzahl Einzelhilfen, Kooperation mit Polizei, besondere Vorfälle und Sonstiges. Diese wöchentlichen Sitzungen können auch Raum für Klärung teaminterner Konflikte oder anderen Schwierigkeiten (Arbeitsbedingungen etc.) bieten. Sollten diese Probleme den Rahmen übersteigen (Beispiel: Ein Ehrenamtlicher hat Schwierigkeiten, das Erlebte – Gewalttaten, Alkoholmissbrauch, Lärm etc. – zu verarbeiten) bietet VAJA die Möglichkeiten an, eine vereinsinterne Praxisberatung zu nutzen, in der gezielt auf spezielle Themen eingegangen wird. Außerdem steht dem gesamten Team eine vereinsexterne Supervision zu Verfügung. Neben diesen Instrumenten ist ein Stammtisch entstanden, der initiiert von den Ehrenamtlichen, eine weitere, gesellige Ebene der Reflektion bietet. Gerade in einem solchem Arbeitsfeld ist ein Austausch auf allen Ebenen von enormer Wichtigkeit. Besonders in Hinblick auf die Unerfahrenheit der ehrenamtlichen Mitarbeiter ist dieser, letztlich auch zur Gewährleistung ihrer physischen, vor allem aber psychischen Stabilität und Gesundheit unerlässlich und mit so viel Raum wie notwendig zu versehen.

8 Ergebnisse des Pilotprojekts

Die Auswertungen der Tagesdokumentationen ergaben, dass *Pro Meile* als Modellprojekt positiv von der Zielgruppe der Jugendlichen aufgenommen wurde. Dank der Hauptamtlichen und geschulten Mitarbeiter, den übersichtlichen und einheitlichen Westen, dem vorhandenem Kleinbus für den Aufenthalt und das Führen von Einzelgespräche konnten die Aufgaben umgesetzt werden. Die Themen, mit denen die *Pro Meile*-Mitarbeiter von Seiten der Jugendlichen konfrontiert werden, sind breit gefächert und facetenreich. So individuell wie die Besucher, sind auch die Gespräche, Fragen und Geschichten, die an das *Pro Meile*-Team herangetragen werden. Dennoch lassen sich die Inhalte in Bereiche einteilen, die sich teilweise überschneiden und voneinander abhängen. Das häufigste Thema ist die Situation auf der Meile, die Unsicherheiten und Ängste, aber auch die positiven Aspekte, wie die Musik, das Tanzen, etwas Erleben und das gemeinsame Feiern mit Freunden. Viele Jugendliche teilten in Gesprächen mit, dass sie der Polizeipräsenz und den Türstehern skeptisch gegenüberstehen und den Ordnern einen Teil der angespannten Stimmung auf der Disko-Meile zuschreiben. Fremdenfeindliche Tendenzen sind laut der Jugendlichen an den Türen immer noch an der Tagesordnung. Auch das sehr gemischte Klientel und ein beträchtlicher Alkohol- und Drogenkonsum wird von einigen Jugendlichen immer wieder als Inhalt in Gesprächen, wenn es um die Problematik auf der Meile geht, aufgegriffen. Vereinzelt suchen die Jugendlichen das Gespräch mit den Streetworker, wenn sie Beratung bei Drogenmissbrauch, Depressionen, Verhütung oder bei Fällen von Selbstverletzung benötigen. An solche Unterhaltungen mit den Jugendlichen schließen sich häufig Gespräche über ihre eigene persönliche Situation an. Die Jugendlichen teilen dem *Pro Meile-Mitarbeiter* z. B. Aktuelles und Vergangenes aus ihrer Schule mit oder klären über den derzeitigen Stand ihres Bildungsweges oder der Ausbildung bzw. Lehrstellensuche auf. Auch Inhalte wie Arbeit, Arbeitslosigkeit und Studienwunsch bzw. die Suche danach sind Teil der Gespräche, die durch ein hohes Maß an Perspektivlosigkeit, Lebensunsicherheit und Zukunftsangst geprägt sind. Oft ergeben sich auch politische Meinungsaustausche im Allgemeinen, aber auch rund um die Meile. Von aktuellen politischen Geschehnissen aus Berlin, über die bremische Landespolitik, die Arbeitsmarktpolitik, bis hin zu der Problematik durch die Präsenz der rechtsextremen Szene bzw. einzelner Protagonisten auf der Meile sind Gegenstände der Diskussionen. Die Inhalte reichen von Problemen in ihrer Lebenswelt wie Stress mit den Eltern, Krach mit dem besten Freund, Trennung von der Freundin bzw. dem Freund und dem damit verbundenen Frust und Liebeskummer, über Fragen zur Sexualität, zu Geschlechtskrankheiten, Verhütung, Schwangerschaften und Hilfsangebote für junge Menschen. Die Streetworker vor Ort und am Meilenpoint erreichen pro Nacht im Schnitt 60 jugendliche Personen, die auch als Gäste in den Diskotheken anzutreffen sind, über *Pro Meile* informiert werden und die Gesprächs- und Deeskalationsangebote von den Streetworker suchen und annehmen. Das Angebot wird mehr von männlichen Jugendlichen wahrgenommen und verstärkter beim mobilen Teil des Teams genutzt als an der Anlaufstelle genutzt.

9 Rückschlüsse und Ausblick

Um eine Verstetigung des Projekts auf der Diskomeile möglich zu machen und eine zielführende Arbeit gewährleisten zu können, wurde das Modellprojekt evaluiert und reflektiert. Daraus ergaben sich Verbesserungsvorschläge und eine erhöhte Bedarfsermittlung für ein Projekt solcher Art. Mit der Vielfalt an Flyern und Infobroschüren wurde gezielt auf Fragen und Probleme der Jugendlichen eingegangen. Es ist wichtig, den Flyerstand ständig aktuell zu halten um damit optimal arbeiten zu können, da ein Flyer oftmals der Beginn eines Gesprächs ist. Da die Polizei leider nicht immer garantieren kann, dass der als Anlaufstelle genutzte Bus pünktlich vor Ort ist, bzw. auch manchmal gar nicht gebracht wird, sollte zukünftig eine (bestenfalls) feste und eigene Einsatzzentrale eingerichtet werden. Ein geschützter Raum ist gerade bei Einzelgesprächen überaus wichtig. Im Hinblick auf die vermehrten Konflikte (Schlägereien, Raub, Drogenprobleme, Aggressionen), die sich auf der Meile zutragen, ist es besonders wichtig, nicht überwiegend mit Laien und ehrenamtlichen Mitarbeiter zu arbeiten, sondern gezielt hauptamtliche Mitarbeiter einzusetzen, die Erfahrungen mit der Gewaltbereitschaft und der aggressiven Haltung unter Jugendlichen haben, um flexibel auf die daraus entstehenden Spannungen und Probleme eingehen zu können. Darüber hinaus bedarf es in diesem Projekt einer Koordinations- und Organisationsstelle, um die anstehenden, regelmäßigen Aufgabenstellungen, die über die Nacht hinausgehen, bearbeiten zu können. Das *Pro Meile*-Team sollte aus Personen bestehen, die regelmäßig miteinander zusammen arbeiten und aufeinander eingespielt sind, denn nur so kann auch nonverbal kommuniziert werden, so dass jeder aus dem Team weiß, was mit bestimmten Gesten gemeint ist. Eine Einsatzverstärkung auf zwei Hauptamtliche würde zumindest in der Samstagnacht dem Projekt die Möglichkeit geben, alle Aufgabenfelder zu optimieren und noch gezielter auf die Jugendlichen einzugehen. Bei der Arbeit auf der Meile ist es wichtig und notwendig, Kontakt zu den Türstehern, Diskobetreibern und zu der örtlichen Polizei zu haben, um sich gegenseitig bei Konflikten zu unterstützen. Daran sollte auch in Zukunft weiter gearbeitet werden, um das Miteinander noch zu verbessern. Daher ist es wichtig, dass dieses Projekt verlässlich für die Jugendlichen und für die auch jung gebliebenen Gäste der Diskotheken vor Ort ist.

»push & pull« – Empowerment und Partizipation in der stadtteilorientierten Mobilen Jugendarbeit. Von der Burgerbude in die amerikanische Botschaft

Frank Dölker

Das Projekt soll benachteiligten Jugendlichen die Möglichkeit geben, ihren Stadtteil zu erschließen. In sozialer Gruppenarbeit können die jungen Leute lernen, Aktivitäten selbstständig zu planen und zu organisieren. Integraler Bestandteil des Projekts ist die Einbindung verschiedener Kooperationspartner und Netzwerke. Das Konzept sieht vor, ausschließlich an den Stärken der Jugendlichen anzusetzen und ihnen damit die Möglichkeit zu bieten, selbst aktiv im Stadtteil zu werden. Handlungsleitend für das gesamte Projekt ist das Konzept des Empowerment, ursprünglich hervorgegangen aus der US-amerikanischen Bürgerrechtsbewegung. Radikal an den Stärken der Adressaten im Gemeinwesen anzusetzen, impliziert notwendigerweise das ausschließliche Anwenden partizipativer Methoden. Mobile Jugendarbeit versteht sich in diesem Zusammenhang nicht als Hilfeinstrument professioneller Sozialarbeit, sondern begreift sich als Ressourcengeber und Moderator. Ziel ist es, den Jugendlichen die Möglichkeit zu geben, sich selbst als Akteure von selbstbestimmten und selbstorganisierten Veränderungsprozessen in der eigenen Lebenswelt zu begreifen.

Das Projekt »Push and pull« wendet sich an Jugendliche, die im neu gegründeten Stadtteil Fulda Münsterfeld zu Hause sind. Das Projekt wurde im Herbst 2008 begonnen und für die Dauer eines Jahres angelegt. Adressaten sind eine Clique Jugendlicher, ca. 10 Mädchen und 6 Jungs im Alter zwischen 13 und 16 Jahren, die im Stadtteil leben. Alle Jugendlichen haben einen sogenannten Migrationshintergrund. Dies spielt allerdings in der Gruppenzusammensetzung keine Rolle. Bemerkungen über nationale und kulturelle Identitäten wurden von uns in der Zusammenarbeit mit den Jugendlichen in deren sprachlichen Äußerungen bisher nicht wahrgenommen. Ethnisierenden Tendenzen wollen wir keinen Vorschub leisten und deshalb das Thema ihres kulturellen Hintergrunds im Projekt nicht thematisieren.

Das Münsterfeld war bis 1993 eine amerikanische Kaserne und beheimatete das Black-Horse Regiment der US-Armee. Nach dem Wegzug der amerikanischen Soldaten aus Fulda wurde der Leerstand genützt, um preiswerte Wohnungen anzubieten. Im Laufe der letzten fünfzehn Jahre hat sich dort ein Stadtteil etabliert, der aus soziologischer Sicht als »benachteiligtes Quartier« bezeichnet wird. Unter den Jugendlichen wird der Stadtteil als »Kaserne« oder schlimmer »Getto« bezeichnet. Die Jugendlichen behaupten von sich selbst, in der Kaserne oder im Getto zu leben, ein Stadtteil, auf den man in der Regel nicht stolz zu sein scheint. Wer dort lebt wird stigmatisiert: »Du lebst in einer Ausländergegend.« Oder: »Du lebst in der Kaserne.« Die stigmatisierte Zuschreibung bestimmt den Alltag der dort lebenden Jugendlichen. Im Stadtteil gibt es keine Lebensmittelgeschäfte, keine Gaststätte und keine Infrastruktur für den täglichen Bedarf. Auch sind kaum attraktive Angebote für die Jugendlichen vorhanden oder die wenigen Angebote, beispielsweise sportliche Aktivitäten von Fuldaer Vereinen, die die von den Amerikanern geschaffene Infrastruktur im Stadtteil nützen, werden nicht wahrgenommen.

Die Schüler und Schülerinnen des Stadtteils gehen in einem anderen Stadtteil zur Schule, die einzige Schule im Stadtteil ist eine Sonderschule. Dort wurde die Schulsozialarbeiterin immer wieder von Schülern gefragt, warum Türschilder, Feuerwege oder Hinweisschilder in englischer Sprache beschriftet sind, wo doch nur die wenigsten Schüler Englisch lernen. Die Antwort lautete stets, dass dies eben eine amerikanische Schule gewesen sei, weil das ganze Wohnviertel früher eine amerikanische Kaserne gewesen war. Die Sozialarbeiterin erklärte den Jugendlichen, dass dies mit der Geschichte des Stadtteils zu tun habe, und verwies auf die Besatzungsgeschichte des Stadtteils Münsterfeld durch die Amerikaner. Dies ist den meisten Jugendlichen im Stadtteil nicht bewusst, obwohl sie ihren Stadtteil als Kaserne bezeichnen, ist ihnen der historische Hintergrund, nämlich die Tatsache, dass der Stadtteil wirklich eine amerikanische Kaserne war, nicht unbedingt deutlich.

Eine Konzeptidee war geboren: Die Schulsozialarbeiterin und die Streetworker entwickelten die Idee, ein Projekt im Stadtteil durchzuführen, das seinen Ausgangspunkt am Türschild der Sonderschule nimmt, nämlich »push and pull«. Ausgehend von dem Türschild beabsichtigten wir, mit den Jugendlichen aus dem Stadtteil zur Erschließung des Stadtteils eine Spurensuche durchzuführen. Der Name »push and pull« ist auch in seiner Doppeldeutigkeit als Metapher für die Anstrengungen und Bemühungen der Streetworker in der Arbeit mit ihren Adressatengruppen zu sehen. Pädagogische Interventionen, ob direkt oder indirekt, ob für die Jugendlichen transparent oder im Verborgenen wirkend, haben immer das Ziel, die

Adressaten irgendwohin zu drücken, zu bugsieren, zu führen (push) oder wegzuziehen, zu entfernen, fernzuhalten (pull).

In der Projektplanung waren für uns in der direkten Arbeit mit den Jugendlichen folgende Fragen handlungsleitend:
1. Warum gibt es englischsprachige Schilder im Stadtteil?
2. Wer hat den Stadtteil gebaut und vorher genutzt?
3. Welchen Einfluss hatten die Amerikaner auf den Stadtteil und die Stadt Fulda?
4. Welchen Einfluss hatten die Amerikaner im Bundesland Hessen und Deutschland?
5. Welchen Einfluss hatten die Amerikaner auf unsere Bundeshauptstadt Berlin?
6. Welchen Einfluss hat die amerikanische Kultur auf unser Lebensgefühl?

Wir wollen mit den Jugendlichen untersuchen, welchen Einfluss die US-amerikanische Kultur auf ihr jetziges Leben hat und ihnen dabei behilflich sein, ein kulturelles Bewusstsein für ihren Lebensstil zu entwickeln und dabei folgende Ziele anvisieren:
1. Das Projekt «Push & Pull» soll benachteiligten Jugendlichen die Möglichkeit geben, sich ihren eigenen Sozialraum besser bewusst zu machen und ihren Stadtteil Schritt für Schritt zu erschließen.
2. In Form von sozialer Gruppenarbeit zur Vorbereitung und Durchführung der Aktivitäten sollen die Jugendlichen lernen, ein Projekt selbstständig zu planen und zu organisieren.
3. Integraler Bestandteil des Projekts ist die Einbindung verschiedener Kooperationspartner und Netzwerke, die im Stadtteil schon tätig sind.
4. Das Projekt soll einen Betrag zur außerschulischen Bildung leisten und Jugendliche befähigen, sich aktiv mit ihrem Lebensumfeld zu befassen.
5. In einem ganzheitlichen Konzept soll das Projekt verstärkt die Eltern der Kinder und Jugendlichen einbeziehen und in regelmäßigen Abständen attraktive Angebote machen.
6. Im Sinne des Konzepts des Empowerment setzt das Projekt nicht an Defiziten, sondern an den Stärken der Jugendlichen an. Das Projekt schafft hierfür die notwendigen Rahmenbedingungen durch Vermittlung von Erfolgserlebnissen und der Stärkung des Selbstbewusstseins.
7. Das Projekt soll Impulse geben und durch eine verstärke Öffentlichkeitsarbeit auf infrastrukturelle Problemlagen aufmerksam machen.
8. Das Projekt soll durch seinen partizipativen Charakter Jugendliche zu aktiven selbstbewussten Akteuren im Stadtteil machen, die Verantwor-

tung übernehmen, damit ungünstigen Entwicklungen vorbeugen und somit auch präventiv wirken.

Die Stadt Fulda beabsichtigt mit diesem Projekt, eine sozialräumliche Mobile Jugendarbeit im Stadtteil zu etablieren. Mit dem Projekt sollen erste Strukturen geschaffen werden. Durch flankierte Maßnahmen soll die Mobile Jugendarbeit bei den Jugendlichen mehr an Attraktivität und Kontinuität gewinnen.

Die Jugendlichen sollen sich durch die Anwendung sozialräumlicher Methoden wie »Stadtteilfotografie« und »Nadeln« dem Stadtteil und der amerikanischen Kultur in kleinen Schritten nähern. Dazu wollen wir uns mit der jüngeren deutschen Geschichte an Originalschauplätzen in der Rhön, an der ehemaligen Grenze zwischen NATO und Warschauer Pakt, BRD und DDR, in der Stadt Fulda, und in Berlin auseinandersetzen. Unter dem Motto »facing history – facing ourselves« wollen wir bei den Jugendlichen Impulse setzen und Interesse wecken, ein Bewusstsein dafür zu entwickeln, dass die Geschichte eines Ortes immer auch die momentane Gegenwart spiegelt und unsere Persönlichkeit und unsere Identität beeinflusst und mitprägt.

Die folgenden Eckpunkte markieren den Projektverlauf:
1. *Spurensuche im Stadtteil.* Zuerst wollen wir uns mit Fotokameras auf Spurensuche begeben und Bilder im Stadtteil machen, die die amerikanische Geschichte des Stadtteils dokumentieren. Hier werden sozial räumliche Methoden angewendet: in kleinen Gruppen gehen wir durch den Stadtteil spazieren und suchen mit den Jugendlichen nach Stellen, die darauf hindeuten, dass der Stadtteil ursprünglich ein amerikanischer Stadtteil war. Deutlich wird dies an Straßennamen, wie Washingtonallee, Flemmingstraße, Black Horse Straße, Eisenhowerstraße. Sichtbar ist es an einem Spielfeld für American Football und für Baseball. Auffällig sind Nummerierungen der Häuser, diese wurden einfach mit Farbe und Pinsel aufgetragen, groß und bunt. Auffällig sind die riesigen Panzergaragen, Panzerreparaturanlagen, der Tower vom Airfield, die vielen kleinen einfachen Funktionsgebäude, die jetzt von kleinen Firmen benützt werden, vorher waren dies Verwaltungsgebäude und kleine Werkstätten. Prägnant ist der Eisenzaun, der noch um das gesamte Wohngelände besteht, sowie NATO-Zaun, der noch das eine oder andere Gebäude absichert. Einige Jugendliche haben auch schon erwähnt, dass ihre Wohnungen anders gestaltet sind als Wohnungen von Freunden und Verwandten in anderen Stadtteilen. Alle Wohnungen verfügen über Einbauschränke, es gibt

keine Dielen, die Wohnungstür führt direkt in den Wohnraum. Die Fenster sind deutlich größer, die Wohnungen insgesamt sehr geräumig. In einem zweiten Schritt führen wir mit den Jugendlichen Nadelmethoden durch, um Orte zu markieren, die für den Projektverlauf eine Rolle spielen können. Gleichzeitig wollen wir mit der Nadelmethode erfahren, an welchen Orten sich die Jugendlichen besonders gerne aufhalten, welche Orte für sie attraktiv sind, an welchen Orten sie nicht geduldet sind, welche Orte sie für im Frühling und Sommer geplante Vorhaben (Flohmarkt, Fußballturnier, große Spielaktion, Openairkino) geeignet halten. Dazu ist geplant, mit einem Kran aus 60 m Höhe von verschiedenen Positionen aus den gesamten Stadtteil von oben aus der Luft zu fotografieren. Im dritten Schritt werden wir die Dinge fotografieren, die aussagen, dass der Stadtteil ein amerikanischer Stadtteil gewesen ist.

2. *Der US-amerikanischen Kultur auf der Spur.* Ebenfalls mit Fotokameras wollen wir uns in Fulda der US-amerikanischen Kultur im Alltag der Jugendlichen nähern. Dabei wollen wir untersuchen, welche Spuren wir von der US-amerikanischen Kultur in unserem Alltag finden. Dies können zum Beispiel Werbungen, Lebensmittelketten, Getränke, Kleidung, Kleidungsgeschäfte, Musikstile, Autos usw. sein. Den Jugendlichen ist nicht bewusst, dass die meisten Gebrauchtgegenstände und Alltagsgegenstände, die sie benützen (oft in ihrem Leben auch Lebensmittel), einen direkten Bezug zur US-amerikanischen Kultur haben. (Coca-Cola, Hiphop, Ford, Opel, Chrysler, McDonald's, New Yorker, Fast Food, Nike, Modebewusstsein, Kleidungsstil, Google, Yahoo, Jeans, Basketball).

3. *Spurensuche in der Rhön.* An der Grenzgedenkstätte Point Alpha zwischen Thüringen und Hessen und an anderen Orten in der Rhön wollen wir uns der innerdeutschen Geschichte und damit dem politischen Einfluss Amerikas auf unser Land und unsere Kultur nähern. Hier werden wir beginnen, uns mit dem Naziregime auseinanderzusetzen, um zumindest in groben Zügen historisch verständlich zu machen, warum die Amerikaner überhaupt 1945 als Besatzungsmacht in einigen Teilen der BRD stationiert wurden. Hier soll ausgearbeitet werden, welchen großen Einfluss die Bemühungen der Amerikaner auf unser Demokratieverständnis hatten. Die Jugendlichen setzen sich mit der innerdeutschen Geschichte direkt am Ort des Geschehens auseinander.

4. *Spurensuche in Berlin.* Als Abschluss des Projekts beabsichtigen wir eine Reise nach Berlin durchzuführen, um die Originalschauplätze der ehemals geteilten Stadt aufzusuchen, und vor Ort die Geschichte Deutschlands besser zu verstehen. Wir wollen hier eine »Brücke« aus dem Stadt-

teil Münsterfeld in die Bundeshauptstadt Berlin »schlagen«. Wir wollen den Jugendlichen zeigen, dass ihr Stadtteil, in dem sie jetzt leben, einen wichtigen Baustein in der Entwicklung eines demokratischen Staates darstellte. In Berlin beabsichtigen wir Checkpoint Charlie, East Side Gallery, die amerikanische Botschaft und den Bundestag zu besichtigen. Eine ganztägige Wanderung entlang des ehemaligen Mauerverlaufs soll uns markante Punkte aufspüren lassen.

5. *Identitätsbildung.* Parallel zu diesen gesamten Aktionen führen wir mit einzelnen Schülern individuelle Biografiearbeit durch. Es handelt sich dabei um Jugendliche, deren Väter US-amerikanische Soldaten sind und deren Mütter Deutsche und die zum ganz überwiegenden Teil mit ihren allein erziehenden Müttern oder deren neuen Lebenspartnern zusammenleben. Gemeinsam mit diesen Jugendlichen wollen wir uns ihrer biografischen Herkunft in den USA nähern und eine innerfamiliäre Spurensuche beginnen. Während eines Wochenend-Workshops mit den Jugendlichen in der Rhön werden wir mit ihnen über ihr Lebensgefühl im Stadtteil sprechen. Ausgehend von Hollywood Filmen, die wir gemeinsam ansehen, in denen Jugendliche in Stadtteilen die Hauptrolle spielen, wollen wir uns der Frage nähern, ob ihre Lebenssituation im Stadtteil Münsterfeld Parallelen zu Jugendlichen in US-amerikanischen Stadtteilen aufweist. An dieser Stelle wäre es schön, wenn es uns gelänge, dass die Jugendlichen ihr eigenes Zusammenleben mit anderen im Stadtteil wertschätzen könnten, als das was eigentlich »Amerikaner-sein« ausmacht: nämlich das selbstverständliche und friedliche Zusammenleben aller Kulturen.

6. *Fotoausstellung.* Wenn die hessenweite Wanderausstellung »60 Jahre Amerikaner in Hessen« nach Fulda kommt, werden die Bilder aus dem Stadtteil, die mit den Jugendlichen angefertigt haben, Bestandteile der Ausstellung werden, und von Fulda aus in weiteren Städten Hessens zu sehen sein (u.a. noch in Frankfurt, Kassel, Wiesbaden). Die Fotos, die wir mit den Jugendlichen angefertigt haben, werden auf A3-Format zweifarbig mit Photoshop so bearbeitet werden, dass eine zweidimensionale, plakative Pop-Art-Ästhetik entsteht. Die laminierten Bilder werden exakt symmetrisch auf an Wänden montierten Gittern mit Draht befestigt, so dass aus jeweils 12 bis 16 A3-Bildern ein riesiges Gesamtbild entsteht.

7. *»Wir im Münsterfeld« – Jugendliche machen und verkaufen Hamburger.* Wir wollen den Jugendlichen die Chance geben, ihren Stadtteil nicht mehr nur als sozialen Brennpunkt, Kaserne oder Getto wahrzunehmen, sondern wir wollen, dass sie ein »cooles« Lebensgefühl für ihren Stadtteil

entwickeln können und dass sie ein Bewusstsein entwickeln, in einem Stadtteil zu leben der ganz eng mit dem verknüpft ist, was unseren freiheitlichen und demokratischen Staat maßgeblich ermöglicht hat. Mit unseren Aktivitäten im Stadtteil, wie zum Beispiel der regelmäßig stattfindenden Hamburger Bude, wollen wir erreichen, dass die Jugendlichen selbst im Stadtteil aktiv werden und ihr Leben selbst dort verbessern. Sie sollen spüren, dass sie für Verhältnisse selbst verantwortlich sind, dass sie aber auch die Möglichkeit haben, wenn sie sich zusammenschließen und sich gut organisieren, Zustände zu ändern und damit ihre Lebensqualität erhöhen. Gemeinsam mit dem deutsch amerikanischen Freundschaft und Kontaktsportverein DAFKS Fulda führen wir schon seit sieben Jahren im Stadtteil jeden ersten Freitag im Monat Mitternacht Basketball durch. Der Verein verfügt über eine mobile Hamburger Bude, die er uns einmal monatlich zur Verfügung stellt. Die Hamburger Bude wird direkt im Wohngebiet aufgestellt. Während am Anfang beim ersten Mal Vereins Mitglieder die Hamburger zubereitet und verkauft hatten, konnten beim zweiten Mal schon Bewohnerinnen des Stadtteils für diese Arbeit aktiviert werden. Ab dem dritten Mal haben dann die Jugendlichen das Geschehen selbst in die Hand genommen und verkaufen pro Abend circa hundertfünfzig selbst gebratene Hamburger. Diese Abende dienen den im Stadtteil arbeitenden Streetworkern, um mit vielen Jugendlichen, Kindern, und auch deren Eltern, sehr informell, locker und zwanglos ins Gespräch zu kommen. Ausgehend von einem radikalen Konzeptansatz des Empowerment und der Partizipation, setzen wir in unserer Arbeit bei den Jugendlichen nur ausschließlich an deren Stärken an und bieten von Anfang an Settings, die es ihnen ermöglichen, selbst Akteure im Stadtteil zu werden.

8. *Das Amerikabild der Jugendlichen.* Die Frage, welches Bild von Amerika wir den Jugendlichen vermitteln wollen, ist in unserem Projekt nachrangig. Wir möchten uns mit den Jugendlichen auf eine Reise begeben, um die Geschichte des Verhältnisses der beiden Staaten USA und BRD in den letzten Jahren ein wenig zu beleuchten. Bekanntermaßen waren die letzten acht Jahre unter Bush nicht gerade Glanzlichter dieses Verhältnisses. Da einige Väter dieser Jugendlichen in der US-Armee waren oder auch noch sind, werden wir an dieser Stelle sehr viel Zurückhaltung üben und versuchen (durchaus berechtigte) Kritik zu vermeiden. Es liegt uns fern, den Jugendlichen ein Amerikabild zu zeigen oder zu vermitteln. Unser Interesse ist es, dass die Jugendlichen ein Verständnis dafür bekommen, dass ihre kulturelle Identität, aufgrund familiärer Hin-

tergründe, und auch aufgrund ihres selbst gewählten Stils sehr stark von der US-amerikanischen Kultur beeinflusst ist. Wir möchten die Jugendlichen in die Lage versetzen, einen eigenen Zugang, eventuell einen breiter gefächerten Zugang als bisher, zur US-amerikanischen Kultur zu ermöglichen. Ein wichtiges Schlagwort in unserem Konzept ist das Motto »Facing history – Facing ourselves«, angelehnt an ein pädagogisches Konzept: Indem ich mich mit meiner eigenen Geschichte auseinandersetzte, finde ich einen besseren Zugang zu mir selbst.

9. *Kooperation mit der Hochschule Fulda.* Das Projekt ist Bestandteil eines Vertiefungsmoduls »sozialräumliches Arbeiten« am Fachbereich Sozialwesen der Hochschule Fulda, dieses Seminar wird von Frau Professor Dr. Ritter und von mir gemeinsam seit einigen Jahren durchgeführt. Die Studierenden müssen im Rahmen dieses Vertiefungsmoduls pro Person 150 h in der Zeit von Oktober bis April ableisten. Eine Gruppe von vier Studierenden, zwei Männer und zwei Frauen sind von Anfang an in das Projektgeschehen involviert. Alle Schritte des Konzepts wurden mit den Studierenden gemeinsam erörtert, erarbeitet und durchgeführt. Es ist wichtig, dass die Studierenden hier ganz eigenständig erste Schritte in die sozialpädagogische Praxis der Sozialraumarbeit gehen können. Das Projekt bietet die fantastische Gelegenheit, dass die Studierenden alleine und im Team mit einzelnen Jugendlichen oder der Gruppe Erfahrungen sammeln können und diese dann gemeinsam mit mir reflektieren und nächste Schritte ausprobieren. Meine Erwartungen an die Studierenden sind sehr hoch, sie mussten von Anfang an einmal pro Woche mit den Jugendlichen sozialpädagogische Gruppenarbeit durchführen. Sie mussten von Anfang an mit den Jugendlichen gemeinsam oder mit deren Müttern die Hamburger Bude betreiben. Dies erfordert von den Studierenden eine sehr hohe Verbindlichkeit. Alle inhaltlichen Arbeiten, wie zum Beispiel sozialräumliches Methoden (Stadtteilfotografie, Nadeln), Gruppenarbeit, aufsuchende Arbeit im Stadtteil und auf dem Pausenhof der Schule werden von den Studierenden alleine durchgeführt, es gibt ein wöchentliches Planungstreffen mit allen involvierten Personen und für die Studierenden eine wöchentliche Reflexion ihrer Tätigkeit an der Hochschule. Das Projekt versteht sich als Beginn von sozialräumlicher Mobiler Jugendarbeit im Stadtteil. Es ist derzeit geplant, die Aktivitäten und das Engagement der Hochschule und der Stadt Fulda im Stadtteil als festes Angebot zu etablieren. Durch die enge Verknüpfung von Streetwork und Hochschule entstehen Synergie-Effekte, die für die Studierenden ein praxisorientiertes Theorie geleitetes lernen und experimentieren

ermöglichen. Für die Stadt Fulda bietet sich die Möglichkeit kostengünstig Mobile Jugendarbeit auf einem sehr hohen fachlichen Niveau anzubieten.

Arbeit im Netzwerk. Schon seit mehreren Jahren betreibt die evangelische Kirche im Stadtteil einen kleinen Jugendklub, der mit einer halben Stelle und einigen Honorarmitarbeitern in erster Linie Kindern ein Angebot macht, aber auch gelegentlich Jugendlichen die Möglichkeit bietet den Club zu nutzen. Von Anfang an war die Bereitschaft der Kirchengemeinde vorhanden, uns ihre Clubräume einmal die Woche zu einem festen Termin für unsere Gruppenarbeit zur Verfügung zu stellen. An Wochenenden können wir die Clubräume ebenfalls jederzeit für unsere Aktivitäten nützen. Die Sozialarbeiterin der oben genannten Sonderschule beteiligt sich einmal im Monat an der Hamburger Bude und beteiligt sich an Aktivitäten im Stadtteil wie zum Beispiel Stadtteilfotografie oder der Organisation von Ausflügen. Dass sie über sehr gute Kontakte zu Bewohnern des Stadtteils verfügt, wirbt sie bei den Eltern, dass diese ihre Kinder ermutigen an unseren Aktivitäten teilzunehmen. Die Haupt und Realschule in die der überwiegende Teil der Schülerinnen und Schüler des Stadtteils gehen ermöglicht uns problemlos jederzeit aufsuchende Arbeit auf dem Schulgelände und im Schulhaus durchzuführen, einzelne Lehrer führen mit uns gemeinsam Freizeitangebote, zum Beispiel Kanufahrten, Fußball – oder Basketballturniere und Medienprojekte durch. Ein im Stadtteil angesiedelter Verein, dessen Ziel die Stärkung des Gemeinwesens darstellt, unterstützt uns, indem wir die großzügigen Räume des Vereins jederzeit nutzen dürfen. Alle Akteure im Stadtteil, dazu gehören auch die Mitarbeiter des allgemeinen sozialen Dienstes im Jugendamt sowie Vertreter von Sportvereinen, treffen sich in einem Stadtteilarbeitskreis, um dort gemeinsame Vorhaben zu vernetzen und sich gegenseitig über wahrgenommene Entwicklungen im Stadtteil zu informieren.

Zusammenarbeit mit Eltern. Elternarbeit ist im Arbeitsfeld Mobile Jugendarbeit fast gar nicht etabliert und auch nur in ganz wenigen Konzepten deutschlandweit erwähnt. Wir versuchen im Stadtteil Münsterfeld modellhaft neue Wege zu gehen und als Adressaten der mobilen Jugendarbeit nicht nur die Jugendlichen selbst zu begreifen, sondern von Anfang an auch Kontakt zu den Eltern zu bekommen. Methodisch gelingt uns dies durch das strikte Anwenden des Empowerment Ansatzes. Dadurch vermeiden wir den Blick auf Defizite. Das führt dazu, dass die Jugendlichen nicht argwöhnisch werden oder skeptisch, wenn wir mit ihren Eltern sprechen und umgekehrt erleben uns die Eltern nicht als Sozialarbeiter die mit ihnen über Probleme ihrer Kinder und Jugendlichen sprechen wollen. In den Gesprächen, die wir mit den Eltern auf der Straße führen geht es in erster Linie darum, die Jugendlichen für ihr Engagement zu loben, anzuerkennen, und durch aktivierende Befragung (eine weitere Methode der sozialräumlichen Forschung) bei den Eltern das subjektive Lebensgefühl im Stadtteil zu erfassen und Veränderungspotenziale, Veränderungswünsche und Bereitschaft zur Mitarbeit bei den Erwachsenen herauszufinden und dann auch zu aktivieren. In den Sommermonaten beabsichtigen wir mit Jugendlichen Freizeiten durchzuführen, hier wollen wir gezielt Väter oder Mütter ansprechen uns dabei zu begleiten. Wir planen in den Sommerferien eine Vater-Sohn Freizeit und wollen zu diesem Zweck regelmäßige Elterntreffs zur Vorbereitung von gemeinsamen Aktionen in den Räumen des oben genannten Vereins initiieren.

Öffentlichkeitsarbeit und Finanzierung. »Tut Gutes und redet darüber«. Ein gutes Projekt benötigt finanzielle Mittel und großzügige Rahmenbedingungen. Die Stadt Fulda finanziert das Projekt über das Budget von Streetwork Fulda. Flankierend wurde bei Aktion Mensch »die Gesellschafter »ein Antrag gestellt und bewilligt. Eine Jugendfreizeit, die im Sommer mit den Jugendlichen durchgeführt wird, wird in Finnland stattfinden, hier arbeiten wir in einem europäischen Netzwerk, die Gesamtkosten zur Teilnahme an dieser Freizeit belaufen sich auf circa hundert Euro pro Person, davon kann die Stadt Fulda bis zu fünfzig Prozent tragen. Die Frankfurter Rundschau fand das Projekt so attraktiv, dass am 27.1.2008 in der Deutschlandausgabe ein ganzseitiges Feature über das Projekt »push & pull« erschienen ist. Auch der Deutschlandfunk hat am 14.2.2008 sehr ausführlich in seiner Sendung »Das Wochenendjournal« berichtet.

Bericht in der Frankfurter Rundschau vom 27.01.2008:

Nach dem Abzug der US-Armee
Spurensuche in der Burger-Bude

Von Thomas Witzel

Andre Thomas hat sich schon immer über die englischen Straßennamen in seinem Viertel gewundert: Washingtonallee, Eisenhowerstraße, Black-Horse-Straße. Mandy und Majlinda finden, dass eine Straße in ihrem Viertel sie stark an die Wisteria Lane aus der US-Serie »Desperate Housewives« erinnert. Und Luba hat festgestellt, dass es viele Schilder in englischer Sprache gibt, obwohl kaum noch ein Amerikaner hier wohnt.

Die jungen Leute haben sich auf Spurensuche in ihrem Stadtteil begeben. Ihr Stadtteil, das ist das sogenannte Münsterfeld, bis vor 15 Jahren noch Housing Area der amerikanischen Kaserne »Downs Barracks« in Fulda. Heute, nach dem Wegzug des Black-Horse-Regiments, leben in den preiswerten Wohnungen Familien verschiedener Nationalitäten. Der Stadtteil gilt als »sozialer Brennpunkt«. Die einzige Schule hier ist eine Sonderschule. Entsprechend stigmatisiert empfinden sich die hier lebenden jungen Menschen.

Erste Schritte in die Praxis

Frank Dölker hat sich des Themas angenommen. Und das Projekt Push & Pull initiiert. Der Dozent an der Hochschule Fulda in den Bereichen sozialräumliches Arbeiten und interkulturelle Kompetenz, hat vier Studenten aus dem Fachbereich Sozialwesen über ein Seminar, das er gemeinsam mit Professorin Martina Ritter am Fachbereich Sozialwesen durchführte, für das Projekt gewinnen können. Mirjam Parche, Sophia Witzel, Florian Bauer und Kai Waldmann sind von Anfang an in das Projektgeschehen involviert gewesen. Dölker, der auch pädagogischer Mitarbeiter im Amt für Jugend und Familie bei der Stadt Fulda im Bereich Mobile Jugendarbeit/Streetwork ist, hat, wie er sagt, »die jungen Sozialwesen-Studenten eigenständig ihre ersten Schritte in die sozialpädagogische Praxis der Sozialraumarbeit gehen lassen«.

Und dabei hat sich einiges entwickelt: erst mal der Name des Projekts. Push & Pull, angelehnt an die immer noch überall im Viertel sichtbaren Beschriftungen aus US-Zeit. Und übertragen wohl auch als Synonym und Arbeitsbeschreibung zu interpretieren für die Mühe, die auf die jungen Streetworker zukam und -kommt – anstoßen und mitziehen würde man die jungen Menschen im Problemviertel schon müssen, um ihr Vertrauen zu gewinnen und sie vom Projekt zu überzeugen.

Diese Zeit des Kennenlernens und des Abbaus von Misstrauen auf beiden Seiten ist überstanden. Die Zwischergebnisse können sich sehen lassen. Donnerstags treffen sich die Streetworker-Studenten mit Kindern und Jugendlichen aus dem Viertel zur Gruppenstunde im Jugendraum Casino. Hier hat Katharina Fuhrmann, Sozialarbeiterin der benachbarten Haimbacher Kreuzkirche, Hausrecht. Und die Projekt-Leute sind Gäste.

Großen Anteil am positiven Verlauf von Push & Pull hat auch der örtliche deutsch-amerikanische Freundschaftsverein und Kontaktsportverein mit seinem rührigen Vorsitzenden Winfried Jäger. Seit sieben Jahren veranstaltet der in der ehemaligen Kaserne Mitternachts-Basketball, und das zentrale Projekt vor Ort, die mobile Hamburger-Bude, stellt der Verein kostenlos zur Verfügung.

Einmal im Monat steht die Bude nun im Viertel, und Kinder, Jugendliche oder Eltern bereiten dann zusammen mit den Streetworkern Hamburger zu. Mehr als 150 Stück der klassischen amerikanischen Spezialität sind auf diese Weise beim letzten Buden-Tag unter die Leute gekommen.

Kontakte festigen

Häufige Schulhofbesuche sollen den Kontakt zwischen den Kindern und den Streetworkern festigen. In Zusammenarbeit mit der Sozialarbeiterin der Brüder-Grimm-Schule, Cordula Widmann, ist originär die Idee zu dem Projekt Push&Pull gereift. Sie war nämlich immer wieder von Schülern gefragt worden, warum die Hinweisschilder in englischer Sprache abgefasst sind, wo doch nur die wenigsten Schüler auf dieser Schule Englisch lernten.

Das war der Beginn der Spurensuche im Stadtteil, im Kreis, imLand und demnächst über die Grenzen hinaus in Berlin. Alles unter dem Schlagwort: »Facing history – Facing ourselves«.

»SALUT!«
Zwanzig Jahre BAG der Fanprojekte – Eine Glosse

Dieter Bott

Am 14. November 2009 feiert die Bundesarbeitsgemeinschaft (BAG) der Fanprojekte ihr 20-jähriges Bestehen in Dortmund. Den Festvortrag hält der renommierte Sozialwissenschaftler Wilhelm Heitmeyer, der zu Beginn der nun institutionell abgesicherten und vom Verein unabhängigen »Sozialarbeit mit Fußballfans« die nationale Orientierung und Gewaltfaszination der jugendlichen Szene untersucht und auch auf strukturelle Ursachen und Defizite der für sie zuständigen gesellschaftlichen Institutionen zurückgeführt hat. Die Kommerzialisierung des Profifußballs nimmt seinen Anhängern ihre frühere Bewegungsfreiheit. Die »Enteignung vormals selbstbestimmter Räume« (Heitmeyer) schwächt die jugendliche Selbstregulierung und Selbstverantwortung – verbunden mit Versitzplatzung und Verkäfigung. Dazu kommt eine alles und alle erfassende Überwachung.

Nach Heitmeyer findet neben dieser Enteignung zusätzlich auch eine Entwertung statt, indem der finanzielle Anteil, den die anwesenden Zuschauer einbringen, abnimmt gegenüber den dominierenden Fernseh- und Sponsorengeldern, deren Interessen die Rahmenbedingungen und den Ablauf bis hin zum Amateur-Fussballs immer stärker beeinflussen. Was der dem DFB und den mittlerweile vierundvierzig Fanprojekten verbundene Sportsoziologe Gunter Pilz kommerz- und repressionskritisch die »Eventisierung des Profifußballs« nennt, die diesem immer neue Besucherschichten erschließt, hat bei den organisierten traditionellen Fans keinen Beifall gefunden. Im Gegenteil: Vom Bündnis aktiver Fussballfans gegen Rechts (BAFF) bis zu diversen Ultra-Gruppierungen, die etwa seit 1997 nach und nach die Meinungsführerschaft in den Fanblöcken übernommen haben, regt sich Widerstand gegen »den größten Scheiß vom Merchandise«. Der kann so weit gehen, dass diese aktiven und für die Stimmung in der Arena unverzichtbaren Ultra-Fans die sponsorenabhängigen Vorgaben der Vereine ignorieren und übertreuerte Vereinstrikots durch ein dezentes eigenes »old-school outfit« ersetzen.

Die Kritik am großen Geld, die sich stets und besonders an Hoeneß und Bayern München festmachte, trifft allerdings auch die eigenen »Scheiß-Millionäre«, wenn sich die investierten Riesenbeträge nicht auszahlen.

Aber auch dort ‚wo sie einen Dorfverein kurzfristig zum Spitzenreiter der Liga machen, weckt diese enorme Förderung des modernen Fußballs keine Begeisterung bei den traditionellen Fans, die den Milliardär und Sponsor Hopp ins Visier nehmen, weil er zweifellos nicht selbstlos dort investiert, wo sich das Geld beinahe automatisch vermehrt und seinen hauseigenen Produkten das Attribut der Bodenständigkeit und der Popularität durch sein Fußball-Engagement hinzukauft. »Dass dich keiner leiden kann, stand nicht in deinem Business-Plan« schreiben Düsseldorfer Fans auf eins ihrer Banner. Übereifrige Zensurmaßnahmen gegen diese Art der Majestätsbeleidigung verderben als feudale Willkür das Klima und verschärfter Einsatz durch Polizei und Ordnungskräfte verhärten die Fronten.

Das ist die Stunde der unabhängigen Fanprojekte, ihrer zentralen Koordinierungsstelle (KOS) und der sie begleitenden Forschung (Pilz, Heitmeyer u. a.). Aufklärung, Vernunft und Versachlichung ist gegen die skandalisierende Medienberichterstattung aufzubieten. Die unabhängigen Fanprojekte vor Ort sind in ihrer Vermittlerrolle gefragt, damit die kooperationswilligen Kräfte vom Verein und der Polizei den jugendlichen Fans auf Augenhöhe begegnen und sich auch auf deren Interessenlage einlassen können. Dazu gehört ganz wesentlich die Plausibilität und Transparenz der Vergabe von Stadionverboten. Nur etwa zehn Prozent der von einem Stadionverbot betroffenen Fans nehmen dort, wo sie ihnen inzwischen angeboten wird, die Möglichkeit zu einer Stellungnahme aus ihrer Sicht wahr, höre ich von Thomas Schneider (DFL). Dass dieses resignative, weil erfahrungsgesättigte Desinteresse der betroffenen Fans an ihrer eigenen Verteidigung (»Gegen ein Polizeiprotokoll hast du so gut wie keine Chance«) als Schuldeingeständnis gewertet wird, zeigt die Szeneferne des verwalteten Fußballs.

Wenn die Fanprojekte den 20. Jahrestag ihres Zusammenschlusses in der BAG mit durchschnittlich 1,8 Mitarbeitern pro Projekt zelebrieren, anstatt spätestens bis zu diesem Datum die ihnen seit 1992 (Nationales Konzept Sport und Sicherheit) zustehenden mindestens drei fest angestellten Mitarbeiter verbindlich zu fordern, dann stellt sich die Frage, wie man die berechtigten Interessen der Jugendlichen mit so wenig Kräften vertreten kann, wenn man es schon nicht schafft, die legitimen eigenen Interessen durchzusetzen. Als Seismografen der jugendlichen Fußball-Subkultur haben die Fanprojekte frühzeitig Kenntnis von den Stimmungen in der Fankurve – und können beurteilen, wie diese sich aufbauen. Es ist nicht nur klassische Sozialarbeit und aufsuchende Jugendarbeit, Einzelfallhilfe und Gruppenbetreuung, die von den vereinsunabhängigen Sozialarbeitsprojekten mit überwiegend sportlichen Angeboten betrieben wird. Es sind nicht nur die Service-Leistungen für besorgte Eltern und den Verein, wenn zum Auswärtsspiel ein betreuter Bus für Jugendliche unter 18 Jahre bereitgestellt wird und es ist nicht nur gut fürs Image gegenüber den Behörden, wenn Fußballturniere der Projekte auch gegnerische Fangruppen integrieren können und dem Rassismus symbolisch die rote Karte gezeigt wird. Das alles sind Tropfen auf den heißen Stein, die strukturell nicht greifen können!

Es fehlen jugend- und kulturpolitische längerfristige Angebote und Partizipation fördernde Interventionen der Projekte. Dazu müssen die Bundesligavereine und ihre Verbände allerdings auch bereit sein. Die von Wilhelm Heitmeyers Bielefelder Forschungsgruppe jährlich erhobenen Befindlichkeiten der »deutschen Zustände« geben keinen Anlass zum Jubel. Die empirisch erhoben Werte beispielsweise zum Sexismus und zur Homophobie, zu Rassismus und Antisemitismus verlangen nach Gegenmaßnahmen, die ohne eine personelle und finanzielle Verstärkung der Fanprojekte nicht zu leisten sind.

Eine detaillierte Untersuchung zur »Menschenfeindlichkeit«, speziell im Fußball-Milieu kann die erste Heitmeyer/Peters-Studie aus den 1980er Jahren[1] auf den neusten Stand bringen. Wilhelm Heitmeyer will mit seinem, die Fremdenfeindlichkeit erweiternden Begriff der Menschenfeindlichkeit, besonders die Verachtung und Ausgrenzung von Schwachen und Prekären, Verlierern und Opfern ins Bewusstsein heben. Speziell im Fußball-Milieu können die Forschungen von Gunter Pilz sinnvoll ergänzt und erweitert werden, weil hier der traditionelle »Anti-Intellektualismus« und das »verhängnisvolle Härte-Ideal« (Adorno) beinahe unreflektiert abgefeiert werden – gegen »Memmen und Weicheier, Schattenparker und Frauenversteher«. Woher das Geld für diese Studie nehmen? Wenn alle Hersteller von überflüssigen und ästhetisch minderwertigen Fanartikeln samt der unsäglichen Maskottchen für ihre Geschmacksverirrungen einen Obolus entrichten, dann ist die halbe Miete schon zusammen. Die andere Hälfte zahlen DFB und DFL aus ihrer Portokasse, weil sie diese Zumutungen solange schon toleriert haben. Mit Grausen erinnern wir uns an die EM letztes Jahr, ein »Sommermärchen« für die »Merchandiser«. Erinnern wir uns noch?

Blicken wir zurück auf die Weltmeisterschaft: »Sogar Kontaktlinsen, Klobrillen, Fertiggerichte, Schokoriegel, Kochtöpfe, Bikinis, Wäsche und

---

[1] Jugendliche Fußballfans, Juventa Verlag

Tooor-ten. Der WM-Wahn nervt«. Selbst die Illustrierte »Bunte« hat sich in ihrer Ausgabe vom 11. Mai über die »Marketing-Hooligans« während der Weltmeisterschaft 2006 beschwert: Fußbälle werden von der Werbung als Blickfang und Ausrufezeichen eingesetzt. Von der Apotheke bis zur Bäckerei, vom Blumengeschäft bis zur Postbank und Bahn: Es gibt keine fußballfreie Zone mehr. Oder doch? Wie sieht es im Jahr 2008 aus? Nur eine Europameisterschaft – und das nicht mal im eigenen Land. Da dürfte sich doch der Reklamerummel in Grenzen halten.

Haste gedacht! Bereits am Freitag, 16. Mai 2008 erreicht mich ein besorgtes Rundschreiben von meinem Vertragspartner. An »alle Mitglieder von GMX. Betreff: Jetzt warm jubeln!« Er schreibt: »Lieber Herr Bott, den WM-Sommer vor zwei Jahren haben wir noch in bester Erinnerung: Die Fahnenmeere, die Hupkonzerte, die jubelnden Fans und die fantastische Stimmung – die ganze Republik eine Fanmeile! Wenn in drei Wochen die EM 2008 bei unseren Nachbarn Österreich und Schweiz startet, hoffen viele auf eine Neuauflage dieses »Sommermärchens«. Aber kriegen wir das aus dem Stand noch einmal so hin? Wir meinen: Ein bisschen Vorbereitung muss schon sein! Sind die Fähnchen staubig und zerknittert? Ist die Fan-Schminke womöglich schon ranzig? Wissen Sie, wo man sich zum »Public Viewing« trifft? Und hängt der Spielplan schon an prominenter Stelle? Sie sehen: es gibt noch eine Menge zu tun. Ihr GMX Team.«

Also packen wir es an! *Jetzt geht's los.* Der größte Scheiß vom Merchandise wird ausgezeichnet! Wo immer Produkte oder Personen sich in ihrer Sprache oder Bilderwelt dem Fußball anverwandeln, um sich besser zu verkaufen – und das Ganze die Peinlichkeitsschwelle überschreitet und Abwehr und Überdruss provoziert – werden Preise vergeben. Den Vogel abgeschossen in der Kategorie »Religiöser Kitsch und sportlicher Tinnef« hat Chefredakteur Arnd Brummer vom evangelischen Magazin »chrismon« in seiner Kolumne »Was ich notiert habe«. Wer die Maiausgabe noch nicht entsorgt hat und sich eine dilettantische Geschmacklosigkeit zumuten möchte, der lese auf Seite 20 die »Folge 92«. Für den a-religiösen Leser, der sich über frömmelnde Peinlichkeiten nicht mehr aufregen kann, muss an dieser Stelle das Zitat der Überschrift genügen. Sie lautet – ohne Flachs: »Nur mal 'ne Frage, ich bin ja nicht gläubig: Wie ist das mit Gott? Dann pfiff der Schiedsrichter ab«. Und dieser Hirnriss ist nur die Überschrift!

Im Schlecker Magazin, gültig bis 31. Mai, war das »Soundshirt Deutschland« von 29,99 Euro auf 24,99 Euro reduziert. In schwarz-rot-gold prangt in Fußballerdeutsch das Bekenntnis »Ich steh auf dich« auf der Vorderseite. Der enorme Preis begründet sich wohl mit einem besonderen Clou. Das T-Shirt »spielt (die) Melodie der Nationalhymne«. Den 2. Preis für den Monat Mai erhielt übrigens der Billig-Anbieter »plus – preise runter und mehr« für sein »Sammy Toilettenpapier mit Fußballmotiven und Rasenduft, 3-lagig, 10 mal 150 Blatt zum Aktionspreis von 1,99 Euro – nur kurze Zeit«.

Als heißer Kandidat für einen der Preise wird das Angebot von »Fressnapf – alles für Ihr Tier« hier angezeigt. »Mitmachen und tolle Preise abstauben unter www.wuff-meisterschaft.de Olé, Olé, Olé, Olé – das wird ne runde Sache!«

Auf Seite 9 der Werbebroschüre wird die »Fußball Torwand für Katzen« für 1,99 Euro angeboten, »inklusive Plüschball«. Für den treuesten Begleiter des Menschen gibt es beinahe alles in den schwarzrotgoldenen Gesinnungsfarben seines Herrchens oder Frauchens: Das Halstuch für 2,99 Euro, das zweiteilige Pfotenbänderset für 0,99 Euro, das schwarzrotgoldene Hunde Liegekissen für 9,99 Euro, die Lederkurzleine, die Nylonleine und der Hundehalsband-Anhänger – alles in schwarzrotgold. Nur die Fleecedecke für 4,99 Euro ist in grün-weiß gestaltet, weil sie ein Fußballfeld abbildet.

Dem Hunde- oder Katzenfreund, dem jetzt nach Trost und Stärkung zumute ist, werden »Jeffos EM-Stars-Backwaren in Fußballform empfohlen (2,99 Euro).« Und ganz im Ernst, ein »Schwanzwedler Hundebier aus alkoholfreier Rinderbrühe in einer 0,33l-Flasche für 1,99 Euro.« Es gibt den »Knabberspaß für Fußball-Nager«. Wenigstens unsere gefiederten Freunde und auch die Wasserbewohner bleiben bisher, soweit ich das sehe, von nationalem Brimborium und der Fußballeuropameisterschaft verschont. Und auch das wollen wir würdigen und auszeichnen: fußballfreie Zonen und Personen der Gesellschaft, die sich nicht dem fußballbedröhnten Party-Nationalismus anpassen. Ausgerechnet die Ulk- und Betriebsnudel Matthias Riechling hatte angesichts des Fußballopportunismus der Künstler vor der WM 2006 tapfer erklärt: »Da mache ich nicht mit. Das ist doch Massenhysterie!« Ob er auch diesmal durchhält? Hoffentlich bleiben wenigstens die religiösen Traktätchen EM-frei? Oder die Pferdeblätter für kleine Mädchen? Wie halten es die jüdischen und die muslimischen Gemeinden, wenn schon ihre christlichen Mitspieler ihre Türen und Tore für WM-Fernsehübertragungen geöffnet haben?

Wer auf die spirituellen Schöngeister und Fundamentalisten aus der Öko-Szene baut, den muss ich enttäuschen. Der Großanbieter »Biogarten« beispielsweise bewirbt seine Kundschaft mit einem Aktionsrabatt von zehn Prozent von Mai bis Juni 08: »Nutzen Sie die Fußballbegeisterung für ihr Umsatzplus: *Allos Soccer Cookies* – der ideale Knusperspaß zur EM 2008 mit dem Krümelmonster als Fußballstar.«

In meinem Düsseldorfer Fachhochschul-Seminar werden wir die neusten EM- und WM-Scheußlichkeiten auszeichnen, aber auch die Widerstandskraft der Fußball-Resistenz lobpreisen und die fußballfreien Zonen weiterempfehlen. Wohin aber mit all dem Propaganda-Schwindel und Werbe-Tinnef, der sich bis dahin angesammelt hat? Wer macht Vorschläge? Bei Grundsteinlegungen offizieller Gebäude werden die gerade aktuelle Tageszeitung, ein paar Münzen und Alltagsgegenstände in einer Schatulle mit eingemauert. Um eines fernen Tages, wenn von den Gebäuden »der Wind bleiben wird, der durch sie hindurchging« (Brecht), den Nachfahren von den damaligen Zeitläufen Zeugnis zu geben. Eine feierliche Bestattungs-Zeremonie am Ende der Spielzeit, damit die Marsmenschen eines schönen Tages bestaunen können, welchen Schwachsinn uns die national kolorierte Werbe- und Fußballindustrie heutzutage zumutet.

Leistungsbeschreibung in der Mobilen Jugendarbeit/ Streework

Dieter Wolfer

Im Folgenden stelle ich eine Auflistung der Leistungen in Tabellenform vor.[1] Ich habe aus unterschiedlichen Bundesländern Leistungsbeschreibungen für die Mobile Jugendarbeit/Streetwork und Drogenarbeit verglichen. Die Form, an die ich mich hier halte, ist die, wie sie bei unserem Träger in Dresden verwendet wird, diese wiederum entwickelte sich im »Wirksamkeitsdialog« in Dresden. Die vorgeschlagene Form soll jedoch nicht statisch, sondern als *ein* Vorschlag zur Gliederungsmöglichkeit verstanden werden[2]. Die Diskussion soll in der jeweiligen Einrichtung bzw. im Team entfacht und dann mit der öffentlichen Fachberatung geführt werden. Hierbei leisten die jeweiligen Landesarbeitsgemeinschaften gerne Beratungsdienste. Für eine Organisationsentwicklung empfiehlt sich in jedem Falle externe Beratung und Begleitung. Bei Einrichtungen und Angeboten der Mobilen Jugendarbeit/Streetwork sollen

- Konzept
- Qualitätsbeschreibung und
- Leistungsbeschreibung

erstellt sein, um adäquat handeln zu können. Empfohlen werden folgende Anlagen, die zum Teil Grundlage von Förderanträgen sind, wie z. B. bei der Landeshauptstadt Dresden:[3]

- Netzwerk- bzw. Kooperationskarte
- Stellenbeschreibung
- Werdegang der Mitarbeitenden bzw. Übersicht der Qualifikationen
- Übersicht zu den Einsatzstellen

---

[1] Bei der 23. Streetworktagung der Bundesarbeitsgemeinschaft Streetwork/Mobile Jugendarbeit e.V. und des Burckhardthauses e.V. vom 23.-27. Juni 2008 in Höchst/Odw. oblag es Hartmut Wagner und Dieter Wolfer, den Workshop zur Leistungsbeschreibung von Mobiler Jugendarbeit/Streetwork zu leiten

[2] Vgl. Leistungsbeschreibung: Streetwork Winzerla, Jena 2003 http://www.jugendclub-hugo.de/leistungsbeschreibung/leistungsbeschreibung.pdf 03.Juni 2008; Leistungsbeschreibung Offene Tür, Nachbarschaftsheim Wuppertal e.V., 2004 http://www.nachbarschaftsheim-wuppertal.de/arbeitsbereich/ot/Leistungsbeschreibung.pdf 03.Juni 2008 und Leistungsbeschreibung §§ 11/ 13 SGB VIII Treberhilfe Dresden e.V. 2009. Die Vorarbeit zu vorliegender Gliederung wurde von Hardy Heutger und Dieter Wolfer erarbeitet. Die Leistungsbeschreibung der Treberhilfe Dresden e.V./Busprojekt Jumbo wird im Organisationsentwicklungsprozess mit dem Team laufend weiterentwickelt. Die Leistungsbeschreibung wird im Zusammenhang der Qualitätsbeschreibung weiterentwickelt

[3] www.fachkraefteportal.info/foerderungdd 23. März 2009

I.) Allgemeine Angaben und Besonderheiten zum Träger und zum Angebot

1.-2. Allgemeine Angaben	Angaben des Trägers	Bemerkungen
1. Angaben zum Träger		
1.1. Kurzdarstellung des Trägers	Der Verein XY e.V. ist anerkannter Träger der freien Jugendhilfe ... (oder das Jugendamt XXX ist kommunaler Träger von Maßnahmen der Jugendhilfe ...).	Die Projekte bzw. Einrichtungen sind der Fachabteilung Kinder- und Jugendförderung (KiJuFö) zugeordnet. Der Träger ist Mitglied des Spitzenverbandes S sowie Mitglied der LAG M und Mitglied der BAG Streetwork.
1.2 Leitbild des Trägers	Es werden junge Menschen in besonderen Lebenslagen und im öffentlichen Raum begleitet. Es wird Beratung, Begleitung und Unterstützung angeboten.	Der Träger bietet Hilfeleistungen zur Gesellschaftlichen Integration. Es werden Angebote zur Prävention, d. h. Gefährdungen für Kinder und Jugendliche sollen vermieden werden.
2. Angaben zur Einrichtung/Projekt		
2.1 Arbeitsfeld	- Mobile Jugendarbeit - Streetwork in der Drogenszene	Die Projekte integrieren die Arbeitsprinzipien: Arbeit mit Einzelnen, Arbeit mit Gruppen/Cliquen, Gemeinwesenarbeit, Arbeit in Gremien (z. B. Stadtteilrunden/ AG Streetwork)
2.2 Gesetzliche Grundlagen des Angebotes	Die angebotenen Hilfeleistungen basieren auf den Vorgaben der §§ (1, 11 bzw.) 13 SGB VIII	Gemäß Jugendhilfeplan von ... bzw. Förderbescheid vom ...
2.3 Adressaten	Junge Menschen in besonderen Lebenslagen, die den größten Teil ihrer (Frei-) Zeit im öffentlichen Raum verbringen (oder junge Menschen im Stadtteil XY).	Primär Gruppe • 12 bis 24 Jahre Sekundäre Gruppen • Kinder und Jugendliche von 6 bis 27 Jahre Tertiäre Gruppen • Familien, Anwohner, Gewerbetreibende

2.4 Personal

2.4.1 Anzahl		Die Anzahl des Fachpersonals orientiert sich am Bedarf der Jugendämter (KiJuFö). Zurzeit sind 2 berufserfahrene Sozialpädagogen/innen Vollzeit beschäftigt.	Der/die Sozialpädagoge/in haben (mehrjährige) Berufserfahrung in der Straßensozialarbeit / Streetwork
2.4.2 Qualifikationen		Das Studium der Sozialpädagogik an Fachhochschulen bzw. Universität mit Abschluss Diplom PädagogIn bzw. Diplom SozialpädagogIn ist Voraussetzung (anerkannte Fachkraft).	Ein/e Sozialpädagoge/in mit Zusatzqualifikation Erlebnispädagogik.
2.4.3 Weitere Fachkräfte			Für das Projekt sind u.a. Rechtsanwälte, Psychologen tätig.
2.4.4 Sonstige Kräfte (Praktikanten/ Freiwillige/Zivildienstleistende)		Der Träger bildet zeitgleich im Durchschnitt ca. eine/n Praktikantin/en im ½ Jahr aus. Dem Projekt ist ein Zivildienstleistender zugeordnet.	Der Träger unterhält enge Kooperation(en) mit der Fachhochschule und ist »zertifizierte Praxisstelle Soziale Arbeit«. Die Einrichtung ist als Zivildienststelle vom Bundesamt für Zivildienst anerkannt.
2.5 Angaben zu räumlicher und sächlicher Ausstattung:		Anlaufstelle XXX, XL-Straße 2, 00001 Musterhausen	Die Anlaufstelle befindet sich im Stadtteil XY. Der Stadtteil zeigt Entwicklungsbedarf und ist geprägt durch sozialen Wohnraum.
2.5.1 Raumgröße			Beratungsräume, Aufenthaltsraum, Küche, WCs, Duschmöglichkeit, Waschmöglichkeit und Ruhezone; Es sind 100 m² vorhanden.
2.5.2 Außengelände			Es ist eine Terrasse mit 100 m² vorhanden. Diese wird zum Grillen genutzt.
2.5.3 sonstige Ausstattung		Computer-Zugang	Der Klientel stehen 2 Computer zur Nutzung zur Verfügung.
		Fuhrpark	Es steht ein Kleintransporter zur Verfügung.
		Erreichbarkeit	Die Mitarbeiter verfügen über Diensthandy.
		Ausrüstung Erlebnispädagogik	Um eine geeignete Erlebnispädagogik anzubieten existiert ein umfangreiches Arsenal an sicherheitsgeprüften Materialien

Bisher haben wir die Struktur von Träger und Angebot betrachtet. U.U. ist der Träger, die Einrichtung oder das Angebot mehr oder weniger beim öffentlichen Träger bekannt und kann deshalb detaillierter oder in gestraffterer Form erfolgen.

II) Aus Ziel & Leistung ergibt sich die Qualität

Hier unternehmen wir nun den Versuch die Ziele, die Struktur, die Prozesse und die Ergebnisse des speziellen Angebotes, aber im Allgemeinen und mit den handlungsleitenden Prinzipien und im Bezug zu Handlungskonzepten zu betrachten. Hier sollte auf das Wesentlichste beschränkt werden. Zudem soll eine Trennung von Qualitätsbeschreibung sowie von Leitungsbeschreibung erfolgen. Die vorgeschlagene Form der Gliederung kann sowohl als speziellere und angebotsspezifische Leistungsbeschreibung, als auch als Grundlage der Qualitätsbeschreibung dienen.

1. Ziel	Beschreibung durch den Anbieter	Evaluation & Dokumentation
1.1 Allgemeine Beschreibung des Angebotes im Bezug zu Zielen	Das Projekt ist ein Kinder- und Jugendhilfeangebot. Es ist eine niedrigschwellige und aufsuchende Form der Jugendsozialarbeit (§ 13 SGB VIII).	Beratung durch die Fachaufsicht bzw. Dachverbände
1.2 Arbeitsprinzipien	Die Adressaten formulieren den Unterstützungsbedarf. Die Angebote sind a) freiwillig, niederschwellig und aufsuchend sowie lebenswelt- bzw. sozialraumorientiert, b) akzeptierend und wertschätzend, c) flexibel, d) mobil und e) aktivierend. *Freiwillig:* Die Mitarbeiter suchen regelmäßig die Person oder Gruppen/Cliquen in deren Lebenswelt bzw. Sozialraum auf. Sozialpädagogische Beratung wird offeriert. Die freiwillige Willensäußerung entscheidet über die Annahme bzw. Ablehnung der Beratungs-, Begleitungs- bzw. Betreuungsleistung. *Akzeptierend:* Der (junge) Mensch gilt als aktiver Protagonist, als Experte seiner bzw. Expertin ihrer Lebenswelt. Alternative Lebensweisen werden akzeptierend angenommen. Es wird in bestimmten Szenen mit den Menschen gearbeitet. Es wird auf Gefährdungen hingewiesen. Die (jungen) Menschen erfahren wertschätzenden Umgang. *Flexibel:* Die Hilfe richtet sich inhaltlich und zeitlich nach den Bedürfnissen der Person bzw. Gruppe/Clique.	

	Mobil: Mitarbeiter halten sich regelmäßig an den mobilen Treffpunkten der (jungen) Menschen auf. Aktivierend: Die Aktionen und Projekte wirken aktivierend im Sozialraum bzw. im Gemeinwesen.		
1.3 Wirkungsziele (bezogen auf Kinder, Jugendliche Eltern, Peer-Group, Personen im Gemeinwesen)	• Vermeidung von Ausgrenzung und Benachteiligung (junger) Menschen • Abbau von Stigmatisierungen • Einschränkung von Selbst- und Fremdgefährdungen • Integration von Heranwachsenden bzw. Jugendlichen (Gruppen) • Partizipation von (jungen) Menschen • Verbesserung der Lebenswelt bzw. des Sozialraumes • Förderung des sozialen bzw. außerschulischen Lernens		
1.4 Handlungsziele (bezogen auf die Bereitstellung förderlicher Rahmenbedingungen)	• Regelmäßige Rundgänge (Streetwork bzw. Absicherung der Gehstruktur) • Etablierung Mobiler Treffs • Absicherung von Sprech-, Beratungs- bzw. Bürozeiten (Absicherung der Kommstruktur) • PC steht für Recherchen, Wohnungssuche bzw. für das Ausfüllen von Unterlagen/ Formularen zur Verfügung • Mitwirkung im Gemeinwesen (Vernetzung, Kooperation, Gremienarbeit) • Interessenarbeit mit und für die AdressatInnen • Kontaktaufbau zu (jungen) Menschen in besonderen Lebenslagen • Erreichen von (jungen) Menschen, die nicht oder kaum integriert sind • Beratung zur Lebenslage bzw. in Krisen und Notlagen – Gesprächsangebote in allg. Lebenslagen • Sozialräumliche Arbeit		
2. Struktur	**Beschreibung durch den Anbieter**		**Evaluation & Dokumentation**
2.1 Projekt-Leistungen (im Kontext Mobiler Jugendarbeit/ Streetwork, vgl. Fachstandards der AG, LAG und BAG Streetwork)	**Aufsuchende Arbeit** • Streetwork, am Dienstag bis Donnerstag im Stadtteil XY • Mobiler Treff, am Montag ein Mobiles Angebot im Stadtteil XXX • Präsenzzeit im Jugendtreff XL **Arbeit mit Einzelnen** • Sprech- und Beratungszeit am Montag von 9.00 bis 11.00 h und Freitag, von 14.00 bis 19.00 h • Geplant sind (auf Grund der Erfahrungen des Vorjahres): 96 Beratungskontakte		

	Arbeit mit Gruppen bzw. Cliquen • Jährliches Mitternachtsturnier (im Durchschnitt 30 Jugendliche) • Durchführung des Stadtteilfestes/Festivals XY (im Durchschnitt 1000 Besucher aus dem Stadtteil) • Präsentation/Stand im Jugendtreff XL zur Disco-Sommer-Party **GWA (sozialräumliche Arbeit)** • Teilnahme am Bürgerforum (alle 6 Wochen) • Stadtteilrunde XY • Auswertungsgespräche zwei mal im Jahr mit dem Bürgermeister sowie Wohnungsgenossenschaft • Kontakte zu Anwohnern und Gewerbetreibenden laufend **Sonstige Leistungen (Qualitätssicherung)** • Jahresbericht für alle Interessierten (Druck, Auflage 200 Stück) • Wöchentliche Teamberatung • Supervision (alle 6 Wochen) • Monatliche Dienstberatungen • Jährliche Klausur	
2.2 Kooperationen & Netzwerkarbeit	**Mitgliedschaft und Teilnahme an Mitgliederversammlung** • Spitzenverband S • LAG M • BAG Streetwork **Kooperationen mit Kooperationsvertrag** • Streetwork City • Jugendtreff XL **Kooperationen ohne vertragliche Vereinbarung** • Schule Nr. 1 • Jugendtreff XS **Netzwerke** • Rechtsanwälte • Ärzte • Firma XY • Wohnungsgenossenschaft	
3. Prozess	**Beschreibung durch den Anbieter**	**Evaluation & Dokumentation**
3.1 Weiterentwicklung	**Konzeptionierung:** (Sozial-)Pädagogische Konzeption der Einrichtung/Projekt wird jährlich überprüft und weiterentwickelt • Stellenbeschreibung • Qualitätsbeschreibung • Leistungsbeschreibung	

3.2 Kollegiale Beratung & Fallbesprechungen	(Fach-)Gremien • Alle zwei Monate Treffen mit der Fachberatung vom Jugendamt Abt. KiJuFö • Alle fünf Wochen Treffen der AG Streetwork mit Teilnahme der Fachberatung vom Jugendamt, Abt. KiJuFö • Alle acht Wochen Regionaltreffen der LAG M • Alle sechs Wochen Supervision • Alle zwei Monate AG Sucht	
3.3 Prozesse mit Klienten	**Partizipation** • Redaktionssitzung der Stadtteilzeitung »Szene« • AG Mitternachtsfußball • Teerunde in der Kontaktstelle (Planung von Aktivitäten) **Prozesse im Angebot** • Treffmöglichkeit (soziales Training) • Drogenfreie Räume • Selbstbestimmte Planung und Gestaltung • Kontaktaufbau • Beziehungsarbeit bzw. Vertrauensaufbau **Außerschulische Bildungsarbeit** • Begleitung von Lernprozessen • Soziales Lernen in der Gruppe, z. B. im erlebnisorientierten, freizeit- oder sportpädagogischen Bereich	
4. Ergebnis	**Beschreibung durch den Anbieter**	**Evaluation & Dokumentation**
4.1 Selbst-Reflexion	• Reflexionsprotokolle (anonymisiert) nach Streetwork bzw. MJA • Reflexionsauswertungen nach Angeboten bzw. Aktionen	– Feedback von Besuchern bzw. Klienten – Befragungen (Experten- bzw. Betroffenen-Interviews, Fragebogen X beigefügt als Anlage) – Zukunfts-Werkstätten etc.
4.2 Einholung von Fachberatung (Fremd-Reflexion)	Weiterentwicklung des Qualitätssicherungskonzeptes, mit externer Beratung (Organisationsentwicklung) Kollegiale Fall- und Fachberatung Fallsupervision ¼ jährliche Auswertung von Dienstberatungen Evaluation von Teamabsprachen Fachaustausch	
4.3 Transparenz	Auswertung der Jahresberichte, z. B. mit dem Spitzenverband bzw. dem Jugendamt	– Quartals-Berichte an die KiJuFö

Eine Qualitätsbeschreibung ist ähnlich gegliedert und gibt Aufschluss über Struktur-, Entwicklungs- und Prozessqualität und stellt die Wirkungs- und

Handlungsziele dar. Die Qualitätsentwicklungsbeschreibung baut auf der allgemeinen Leistungsbeschreibung auf.

Die einzelnen Mobilen-Treffs bzw. adressatenorientierte Streetwork kann in die spezielleren Leistungsbereiche gefasst und gegliedert werden.

Leistungs-bereich	Häufigkeit/ Umfang	Beschreibung	Methode	Evaluation
1. Kontaktladen	Von Dienstag bis Donnerstag: 13.00 bis 20.00 h	Punkclique im Stadtzentrum, häufiger Alkoholkonsum	Streetwork – aufsuchen der Clique	Reflexionsprotokoll
2. Mobiler Treff	Montag 15.00 bis 22.00 h	Stadtteilclique XP, Skater	MJA – Anfahrt mit Streetmobil	Reflexionsprotokoll
3. Freizeit-pädagogische Aktion	03. bis 06. Juni	Kanufahrt	EP, Kontaktvertiefung, Themenorientierung Gruppendynamik	Auswertung: Reflexion & Transfer

Diese Liste kann auch als Quartalsbericht an die Behörde dienen. Hier werden keine weichen Daten vermittelt. Sie dient der Transparenz zum wöchentlichen Leistungsangebot. Es wird die Form, Art und Weise der Arbeit dargestellt und in der Mobilen Jugendarbeit/ Streetwork eben nicht das unbedingte wo, mit wem und wann beantwortet.

Eine Aushandlung zur Leistungsbeschreibung findet zwischen dem Anbieter und der Fachberatung statt. Eine Arbeit an Qualitäts- und Leistungsbeschreibung macht in jedem Falle einen Dialog zum öffentlichen Träger von Nöten, denn die Fachberater(innen) müssen die Qualitäts- und Leistungsberichte interpretieren, verstehen lernen und somit die Darstellungsform sowie den Vertrauensschutz als Fachstandard mittragen. Auch hier nützt uns also eine optimale Darstellungsform recht wenig, wenn das Angebot und dessen Leistung nicht im einzelnen dialogisiert wird. Die Leistungsbeschreibung gibt Auskunft über die Tätigkeiten und sorgt für die nötige Transparenz zum öffentlichen Träger. Dabei ist die Anonymität und die Würde der sogenannten »Klienten« oder Adressat(inn)en zu achten. Gerade diese Achtung vor sensiblen Daten und persönlichen Informationen beschreibt die Qualität sozialpädagogischen Handelns.

Die Leistungsbeschreibung wird von beiden Seiten vertraulich behandelt. Sie enthält die notwendigsten Informationen, ohne spezielle Treffplätze, bspw. bei illegalen bzw. alternativen Handlungskonzepten oder Szenentreffs zu »verraten«. Die Möglichkeit der niedrigschwelligen Tätigkeit von Mobiler Jugendarbeit/Streetwork ist Hilfe- und Unterstützungsleistungen dort anzubieten, wo höherschwellige Hilfen nicht greifen. Gerade aus diesem Grunde erhält der Vertrauens- und Kontaktaufbau oberste Priorität in der aufsuchenden Sozialarbeit.

# III. Tagungsverlauf

23. Bundesweites Streetworktreffen
Streetwork: Handeln zwischen Kriminalisierung und Prävention

Burckhardthaus e.V. in Kooperation mit der BAG Streetwork/Mobile Jugendarbeit

Fachtagung vom 23.-27. Juni 2008 in Höchst/Odw.

Montag, 23.06.2008

Nachmittag:
- Begrüßung und Einführung (Stefan Gillich, Burckhardthaus)
- Begrüßung durch BAG Streetwork/Mobile Jugendarbeit (Frank Dölker)
- Vortrag Streetwork: Handeln zwischen Kriminalisierung und Prävention (Andreas Klose, FH Potsdam)

Abend: Projektmesse, »Markt« und Informationen aus dem Teilnehmendenkreis

Dienstag, 24.06.2008

Ganztägig: Arbeitsgruppen
1. Extrem hilfreich für Neueinsteiger: Basiswissen Streetwork/Mobile Jugendarbeit (Frank Dölker, Fulda/Stefan Gillich, Gelnhausen)
2. Medizinische Rundreise: Sexuell übertragbare Infektionen (Peter Wiessner, AIDS-Hilfe München/Helmut Hartl, Facharzt München)
3. Niederschwellige Beratung im Drogenbereich (Stefan Weber, Frankfurt)
4. Hilfe in der Nacht – Nachhaltigkeit von Streetwork zwischen Alkohol und Party (Guido Gulbins/Isabell Stewen, Bremen)
5. Sozialräumliche Konzept- und Qualitätsentwicklung in der Mobilen Jugendarbeit (Tom Küchler, Olbernhau/Dieter Wolfer, Dresden)

Abend: Präsentation der Arbeitsgruppenergebnisse

Mittwoch, 25.06.2008

Vormittag: Forum Prävention

Forum Prävention im Spannungsfeld von Ordnungspolitik, Sozialer Arbeit und Sozialraum
Prävention als Handlungsauftrag für Jugendhilfe und Polizei (Erwin Maisch, Polizeidirektor a.D., Fulda)

Nachmittag: Forum Straßenkinder
Überlebenshilfe auf der Straße als Aufgabe von Sozialer Arbeit (Uwe Britten)

Parallel stattfindende Workshops jeweils 1,5 Stunden
1. Forum Straßenkinder (Workshops ergeben sich aus dem Vortrag)
2. Streetwork international

Abend: Zusätzliches Angebot für Interessierte. Stellenbeschreibung und Leistungsvereinbarung: Kurzer Input und Austausch anhand der von den Teilnehmenden mitgebrachten Stellenausschreibungen und Leistungsvereinbarungen (Dieter Wolfer/Hartmut Wagner)

Donnerstag, 26.06.2008

Ganztägig: Arbeitsgruppen
1. Rassismus und sexuelle Diskriminierung im Fußball (Dieter Bott)
2. Strafverfolgung und Mobile Jugendarbeit/Streetwork: die Kunst, ein brisantes Verhältnis zu meistern (Matthias Reuting, Konstanz)
3. Motivierende Gesprächsführung (Hartmut Wagner, Pforzheim/Tom Küchler, Olbernhau)
4. Von der bunten Konsumwelt in die Schuldenfalle: Möglichkeiten und Grenzen im Streetworkeralltag (Mandy Grazek/Sandy Hildebrandt, Jena)

Präsentation der Arbeitsgruppenergebnisse

Abend: Fest

Freitag, 27.06.2008

Vormittag:
Integration durch Partizipation – Partizipation durch Anerkennung: Kreative Ideen der Beteiligung »Euer Schrott ist unsere Kunst«, Anja Fußbach, Bremen

Abschluss

Pressemitteilung 27.6.2008

Pädagogische Prävention ist erfolgreich.
Streetworker fordern mehr Vorbeugung

Vom 23. bis 27. Juni 2008 fand in Höchst im Odenwald das 23. bundesweite Streetworkertreffen statt. 100 Praktiker und Sozialwissenschaftler aus den Arbeitsfeldern Streetwork und Mobile Jugendarbeit aus Deutschland sowie Gäste aus Österreich, Italien und der Schweiz beschäftigten sich in Fachforen und in Arbeitsgruppen mit dem Tagungsthema »Handeln von Streetwork zwischen Kriminalisierung und Prävention«.

Veranstalter der Tagung waren, wie in den vergangenen Jahren, das Burckhardthaus, Evangelisches Institut für Jugend-, Kultur- und Sozialarbeit, sowie der deutsche Dachverband der Arbeitsfelder, die Bundesarbeitsgemeinschaft Streetwork/Mobile Jugendarbeit. In diesem Verband sind 1.200 Einrichtungen mit etwa 2.500 Mitarbeitern vertreten, die in Deutschland in zehn Landesarbeitsgemeinschaften organisiert sind.

Statt Menschen zu kriminalisieren und zu stigmatisieren, welche die Integration verhindern, sprechen sich die Tagungsteilnehmer dafür aus, Prävention auszubauen. Mit Prävention ist jedoch nicht die vielerorts zunehmende Form der Vertreibung von unerwünschten Personen aus den Einkaufszentren der Republik gemeint. Prävention meint vielmehr, durch pädagogische Konzepte ungünstig verlaufende Lebensentwürfe verändern zu können. Das bedeutet Menschen nicht aus ihren angestammten Plätzen in den Innenstädten zu vertreiben. Vielmehr geht es darum, das Thema zurückzugeben in die Stadtteile und Quartiere. Die passenden Lösungen können nur gemeinsam mit den im Quartier lebenden Menschen in einen Aushandlungsprozess gefunden werden. Dafür steht Streetwork zur Verfügung.

Notwendig ist, gefährdete Jugendliche frühzeitig zu erreichen, bevor Prozesse der Stigmatisierung und Ausgrenzung einsetzen. Selbst bei ungünstigem sozialen Status und defizitären Bildungsvoraussetzungen führen die allermeisten Jugendlichen mit beginnendem Erwachsenenalter wieder ein straffreies Leben. Veränderungsprozesse bei den benachteiligten Gruppen müssen an ihren Stärken ansetzen. Dieses Verständnis von Empowerment geht davon aus, dass jeder Mensch über eigene Fähigkeiten verfügt. Diese gilt es für Veränderungsprozesse zu nutzen.

Die BAG Streetwork/Mobile Jugendarbeit begrüßt die Annäherung von Streetwork und Polizei in den letzten Jahren. Grundlage einer gelingenden Arbeitsbeziehung ist ein fortwährender Dialog zwischen beiden Partnern, in dem die jeweiligen Aufträge und Rollen transparent und für alle Seiten klar formuliert werden. Gewinner sind die Adressaten von Streetwork, die aus dem Kreislauf von Repression und Vertreibung herausgeholt werden können. So können mit ihnen eigene Perspektiven entwickelt werden.

Frank Dölker
Für den Vorstand der BAG

Stefan Gillich
Dozent Institut Burckhardthaus
Streetwork/Mobile Jugendarbeit

Autorinnen und Autoren

Bott, Dieter, Jg. 1943, Fansoziologe und Adorno-Schüler, Lehrbeauftragter an der FH Düsseldorf

Britten, Uwe, Jg. 1961, studierte Germanistik und Philosophie und arbeitet heute als freier Lektor und Autor, Bamberg

Dölker, Frank, Jg. 1962, M.A., wissenschaftlicher Mitarbeiter Hochschule Fulda, Vorsitzender BAG Streetwork/Mobile Jugendarbeit, Beratung und Fortbildung in eigener Praxis

Gillich, Stefan, Jg. 1957, Dipl.-Soz.-Päd., Dipl.-Päd., Studium der Soziologie, langjähriger Dozent im Burckhardthaus, Referent für Gefährdetenhilfe im Diakonischen Werk in Hessen und Nassau, Frankfurt/M.

Grazek, Mandy, Streetwork Jena

Grohmann, Georg, Jg. 1985, Sozialpädagoge B.A., pädagogischer Mitarbeiter im Jugendbildungswerk, Amt für Jugend und Familie, Fulda

Gulbins, Guido, Jg. 1972, Dipl.-Sozialwissenschafter, Streetworker und Elternberater, Verein zur Förderung akzeptierender Jugendarbeit (VAJA e.V.), Bremen

Hildebrandt, Sandy, Jg. 1979, Dipl.-Sozialarbeiterin/Sozialpädagogin (FH), Streetwork Jena, Jugendamt Stadt Jena

Klose, Andreas, Jg. 1960; Soziologe; Vizepräsident der Fachhochschule Potsdam für Qualitätsentwicklung und -management; langjährige Erfahrung im Feld aufsuchender Arbeit, früher als Praktiker heute als Berater und Praxisbegleiter

Küchler, Tom, Jg. 1971, Diplom-Sozialpädagoge (FH); Systemischer Berater und Therapeut/ Familientherapeut (SG); Systemisch-lösungsorientierter Supervisor und Coach (isi berlin/SG) i.A.; langjährige Erfahrung im Bereich Streetwork/Mobile Jugendarbeit; hauptberuflich geschäftsführender Bildungsreferent beim Landesarbeitskreis Mobile Jugendarbeit Sachsen e.V. (www.mja-sachsen.de); nebenberufliche Aktivitäten als Systemsicher Berater, Therapeut, Supervisor, Coach, Trainer und Dozent; Informationen unter www.intaktdurchsleben.de

Poulsen, Irmhild, Jg. 1953, Dr. phil, Dipl.-Pädagogin, Leitung Burnout-Institut Phoenix, Lübeck, Stressbewältigung und Burnoutprävention für Fachkräfte aus Sozialen Tätigkeitsfeldern, Tagesworkshops, Seminare und Vorträge, www.burnout-institut.de

Stewen, Isabell, Jg. 1978, Staatl. Examinierte Pädagogin, Streetworkerin und Elternberaterin, Verein zur Förderung akzeptierender Jugendarbeit (VAJA e.V.), Bremen

Weber, Stefan, Dipl.-Sozialarbeiter FH, Verein Arbeits- und Erziehungshilfe e. V., Frankfurt

Wolfer, Dieter, Jg. 1966, Bankkaufmann (IHK); Dipl.-Sozialpädagoge (FH), Supervisor (MA, DGSv) i.A.; langjährige Erfahrung im Bereich Wohngruppenarbeit, Streetwork/Mobile Jugendarbeit, Management in sozialen Organisationen; hauptberuflich: Gesamtkoordination Treberhilfe Dresden e.V. (www.treberhilfe-dresden.de); Ehrenamt: Unterstützung der Fundación Jardín del Edén, Ecuador; nebenberuflich: Weiterbildung, Coaching, Supervision. Informationen unter www.wege-finden.com

Übersicht über Dokumentationen des Burckhardthauses

17. bundesweites StreetworkerInnen-Treffen 2002   14,90 Euro
*Standpunkte: Streetwork/Mobile Jugendarbeit zwischen
Fußballweltmeisterschaft und Bundestagswahl*
veröffentlicht unter Stefan Gillich (Hrsg.):
Streetwork/Mobile Jugendarbeit – Aktuelle Bestandsaufnahme
und Positionen eigenständiger Arbeitsfelder

18. bundesweites StreetworkerInnen-Treffen 2003   13,50 Euro
Streetwork/Mobile Jugendarbeit: Bewährtes und neue Herausforderungen
veröffentlicht unter Stefan Gillich (Hrsg.):
Profile von Streetwork und Mobiler Jugendarbeit –
Antworten der Praxis auf neue Herausforderungen (2004)

19. bundesweites StreetworkerInnen-Treffen 2004   12,90 Euro
Ausgegrenzt und abgeschoben – Streetwork als Chance
veröffentlicht unter Stefan Gillich (Hrsg.):
Ausgegrenzt und abgeschoben – Streetwork als Chance (2005)

20. bundesweites StreetworkerInnen-Treffen 2005   13,90 Euro
Professionelles Handeln auf der Straße
veröffentlicht unter Stefan Gillich (Hrsg.):
Professionelles Handeln auf der Straße.
Praxisbuch Streetwork und Mobile Jugendarbeit (2006)

21. bundesweites StreetworkerInnen-Treffen 2006   13,90 Euro
Streetwork konkret: Standards und Qualitätsentwicklung
veröffentlicht unter Stefan Gillich (Hrsg.):
Streetwork konkret: Standards und Qualitätsentwicklung (2007)

22. bundesweites StreetworkerInnen-Treffen 2007   12,90 Euro
Bei Ausgrenzung Streetwork?! Handlungsmöglichkeiten und Wirkungen
veröffentlicht unter Stefan Gillich (Hrsg.):
Bei Ausgrenzung Streetwork.
Handlungsmöglichkeiten und Wirkungen (2008)

11. Werkstatt Gemeinwesenarbeit (2001)   14,90 Euro
veröffentlicht unter Stefan Gillich (Hrsg.):
Gemeinwesenarbeit – Eine Chance der sozialen Stadtentwicklung (2002)

12. Werkstatt Gemeinwesenarbeit 2003   15,80 Euro
veröffentlicht unter Stefan Gillich (Hrsg.):
Gemeinwesenarbeit: Die Saat geht auf – Grundlagen und neue sozialraumorientierte Handlungsfelder (2004)

13. Werkstatt Gemeinwesenarbeit (2005)   15,80 Euro
veröffentlicht unter Stefan Gillich (2007):
Nachbarschaften und Stadtteile im Umbruch. Kreative Antworten der Gemeinwesenarbeit auf aktuelle Herausforderungen

(Preise zuzüglich Porto und Verpackung)
Weitere Infos zu Veröffentlichungen und Dokumentationen unter
www.burckhardthaus.de

Stefan Gillich (Hrsg)
Bei Ausgrenzung Streetwork
Bei Ausgrenzung Streetwork
Beiträge aus der Arbeit des Burckhardthauses Band 15
258 Seiten. Pb. 12,90 €. ISBN 978-3-89774-618-3

Stefan Gillich (Hrsg)
Streetwork konkret:
Standards und Qualitätsentwicklung
Beiträge aus der Arbeit des Burckhardthauses Band 14
218 Seiten. Pb. 13,90 €. ISBN 978-3-89774-542-1

Stefan Gillich (Hrsg)
Professionelles Handeln auf der Straße
Praxisbuch Streetwork und Mobile Jugendarbeit
Beiträge aus der Arbeit des Burckhardthauses Band 12
318 Seiten. Pb. 13,80 €. ISBN 978-3-89774-467-7

Stefan Gillich (Hrsg)
Ausgegrenzt & Abgeschoben
Streetwork als Chance
Beiträge aus der Arbeit des Burckhardthauses Band 11
200 Seiten. Pb. 12,90 €. ISBN 978-3-89774-411-0

Stefan Gillich (Hrsg)
Profile von Streetwork und Mobiler Jugendarbeit
Antworten der Praxis auf neue Herausforderungen · 2. Aufl.
Beiträge aus der Arbeit des Burckhardthauses Band 9
186 Seiten. Pb. 13,50 €. ISBN 978-3-89774-384-7

Stefan Gillich (Hrsg)
Streetwork/Mobile Jugendarbeit
Aktuelle Bestandsaufnahme und Positionen eigenständiger Arbeitsfelder
Beiträge aus der Arbeit des Burckhardthauses Band 8
226 Seiten. Pb. 14,90 €. ISBN 978-3-89774-266-6

TRIGA – Der Verlag
Feldstraße 2a · **63584 Gründau-Rothenbergen**
Tel.: 06051/53000 · Fax: 06051/53037
www.triga-der-verlag.de · E-Mail: triga@triga-der-verlag.de